América Latina y el Caribe:

Desarrollo, migración y remesas

Manuel Orozco

América Latina y el Caribe:

Desarrollo, migración y remesas

Orozco, Manuel
América Latina y el Caribe : desarrollo, migración y remesas. - 1a ed. - Buenos
Aires : Teseo; Facultad Latinoamericana de Ciencias Sociales - FLACSO, 2012.
384 p. ; 20x13 cm. - (Relaciones internacionales)
ISBN 978-987-1867-23-3
1. Migración. 2. Desarrollo. I. Título
CDD 338.9

FLACSO

Buenos Aires, Argentina
ISBN 978-987-1867-23-3
Editorial Teseo
Hecho el depósito que previene la ley 11.723
Para sugerencias o comentarios acerca del contenido de esta obra,
escríbanos a: **info@editorialteseo.com**
www.editorialteseo.com

Índice

Presentación

La migración internacional y las actividades económicas que los inmigrantes desarrollan con sus países de origen, además de las que ejecutan en el país receptor, se han convertido en una característica de la globalización. La movilización humana ha sido una constante en la historia de las sociedades, producto de coyunturas políticas, económicas y religiosas específicas de cada país o región, y de tendencias transnacionales ligadas a temas económicos, políticos y ambientales. La migración en los países centroamericanos, por citar un caso, es producto de realidades político-sociales y económicas complejas que poseen sus raíces en el colapso de un orden político y social heredado del siglo XIX, que se manifestó con las guerras civiles centroamericanas del siglo XX, cuyas consecuencias se viven aún en el siglo XXI. Este pasado centroamericano, al igual que el del Caribe, es compartido y posee una relación estrecha con la potencia hemisférica y global, los Estados Unidos.

La región latinoamericana y caribeña ha sido y continúa siendo el escenario de un constante flujo migratorio que ha generado otros diversos flujos. Se han constituido mercados para que los migrantes mantengan contacto y vínculo con sus países de origen. Se han consolidado redes y lazos de solidaridad entre el migrante en el país huésped y sus familiares en su país de origen. Estos vínculos incluyen demanda de servicios, inversión de capital, donaciones y remesas familiares. Más del 70% de estas personas envía dinero a sus familias como parte de la obligación de cuidar de aquellos que se quedan. Las transferencias de dinero y sus dinámicas no operan en un contexto vacío ni resultan únicamente de la relación entre el inmigrante y su familia, sino que pasan por una cadena de intermediación y de producción. La intermediación incluye todos los procesos de pago y ejecución de la transferencia de remesas. Estas, a su vez, afectan con fuerza la producción, aumentando las tasas de ahorro, de apertura de cuentas bancarias, de inversión y acumulación de activos en general, además de mejorar la situación económica de los receptores de los países de origen.

Este libro recoge un análisis riguroso basado en el trabajo de campo y revisión de los mercados de remesas en quince países latinoamericanos y del Caribe. Se estudian casos como México, Nicaragua, El Salvador, Honduras, Cuba, Estado Unidos, entre otros, tomando como referencia una serie de indicadores claves relacionados con la competencia en las transferencias de dinero. Además, esta publicación logra de manera exitosa que el lector se acerque a los actores clave en todo este proceso: los remitentes y receptores de remesas, que usualmente son relegados a un segundo plano y hasta invisibilizados. De esta manera, el texto logra proporcionar una mirada macro y una mirada micro del fenómeno de las migraciones, sus procesos y las redes que se construyen. Este texto explica las tendencias de los mercados de remesas a nivel mundial, pero a la vez ofrece un perfil descriptivo de los principales rasgos y características de los migrantes latinoamericanos en Estados Unidos.

Las remesas, además de su importancia respecto al ingreso nacional en los últimos años, representan un creciente porcentaje de las exportaciones de mercadería y turismo en países como Colombia, República Dominicana,

Honduras y México. Por ejemplo, en el año 2008 las remesas en Colombia constituyeron el 15% de las exportaciones totales de mercadería y el 199% en turismo; en Honduras, las remesas representaron el 46% de las exportaciones de mercadería y el 468% en turismo.

Por otro lado, los recursos recibidos, si bien poseen un fuerte sello familiar e individual, inciden de manera enérgica en las comunidades, tal como lo explica el presente estudio. Se ha pasado a programar una ayuda a la comunidad que trasciende los núcleos familiares. Al igual que la pobreza, la migración tiende a ser criminalizada, se adoptan políticas represivas que violan los derechos humanos, y usualmente se liga al crimen organizado cuando los sujetos sufren por el tráfico y la trata humana.

La FLACSO es un espacio regional autónomo para la producción de nuevo conocimiento, como un punto de encuentro, diálogo y cooperación entre la academia y el mundo de las políticas públicas, y como una instancia que contribuye a la integración y al desarrollo latinoamericano y caribeño. Por su parte, el *Inter-American Dialogue* busca acercar ciudadanos líderes de todo el hemisferio para construir lazos de cooperación entre los países del hemisferio occidental y una agenda regional que busque ante todo fortalecer los gobiernos democráticos, la igualdad social y el crecimiento económico. Es precisamente por la experticia, habilidad de unir a actores clave de distintos sectores, producir trabajos académicos de alto nivel y la efectividad en reducir la brecha que suele existir entre el campo de la investigación y la práctica, que FLACSO y el Diálogo son líderes para hacer frente a los desafíos que enfrentan América Latina y el Caribe, como la migración, la desigualdad social, la inseguridad, la corrupción, el tráfico y la trata de personas, entre otros.

Este trabajo constituye un esfuerzo conjunto entre de la Secretaría General de la Facultad Latinoamericana de

Ciencias Sociales (FLACSO) y el *Inter-American Dialogue* (IAD) por buscar una mejor comprensión de la forma en que las actividades económicas de los inmigrantes generan una serie de dinámicas que inciden sobre el crecimiento económico y el desarrollo de los países en América Latina y el Caribe.

Queremos agradecer especialmente a Manuel Orozco, autor de esta publicación. Sus contribuciones, visiones, conocimientos y edición han hecho de este libro un valioso trabajo. También queremos agradecer a Elisabeth Burgess y Neta Ascoli, participantes de este estudio, por sus aportes y su apoyo destacado en la investigación. A su vez, agradecemos a la Corporación Andina de Fomento y a Viamericas Corporation por el apoyo brindado a este proyecto. Un agradecimiento especial va dirigido a la asistente de investigación Isabel Álvarez Echandi, por el acucioso trabajo de compilación, traducción y organización de este libro.

Francisco Rojas Aravena
Secretario General
Facultad Latinoamericana de Ciencias Sociales
(FLACSO)

Michael Shifter
Presidente
Inter-American Dialogue

INTRODUCCIÓN. LAS REMESAS Y LA INVESTIGACIÓN ACADÉMICA: CONTRIBUCIONES Y LECCIONES

Manuel Orozco[1]

Los estudios académicos sobre las remesas de los trabajadores han sido históricamente limitados. Hasta el año 2000, se habían escrito menos de dos docenas de estudios que abordan la temática de las transferencias de dinero. Parte de este trabajo se basó en estudios realizados en otras regiones.[2] En América Latina, existen algunos estudios que fueron realizados en México (Massey, Taylor),[3] El Salvador (Segundo Montes) y el Caribe (Pastor). Esta área de trabajo se puede catalogar como huérfana, ya que su origen disciplinario no está del todo definido dentro de los marcos de estudio, ya sea de la economía, las finanzas, la antropología, la sociología o la ciencia política.

Hasta la década de 1990, el tema sobre las remesas familiares era poco conocido dentro de la academia y la política, y con frecuencia era una historia humana de interés que únicamente acaparaba algunas páginas en los periódicos y en los noticieros. Había muy pocos estudios sobre este tema en el ámbito académico, y casi ningún acercamiento desde la óptica de creación de políticas para el desarrollo de las comunidades. El análisis de las remesas en América Latina toma forma después de una serie de estudios que se llevan a cabo a finales de 1990, coordinados

---

[1]   Director del Programa de Remesas y Desarrollo del *Inter-American Dialogue* en Washington DC.

[2]   Lucas, Robert E. B. y Oded Stark (1985), "Motivations to Remit: Evidence from Botswana", *Journal of Political Economy*, vol. 93, pp. 901-918.

[3]   Taylor, J. Edward (1998), "The New Economics of Labour Migration and the Role of Remittances in the Migration Process", *International Migration*, núm. 36.

por *Tomás Rivera Policy Institute* (en adelante TRPI) y el *Inter-American Dialogue*.

Un informe del año 1997 acerca de las remesas familiares a América Latina inició un debate entre las instituciones de financiamiento, en particular, la Fundación Ford, acerca de las remesas como un eslabón clave entre los migrantes y sus países de origen.[4] La fundación procedió a financiar al TRPI y al *Inter-American Dialogue* para ampliar los estudios acerca de las remesas y los latinoamericanos como actores centrales en este proceso. Dicho proyecto produjo siete trabajos separados,[5] que abrieron un debate interesante. Un estudio publicado en el año 2000[6] identificó el mercado internacional y los costos de transacción de las remesas. Este estudio evidenció la importancia y el impacto que poseen las remesas en la macroeconomía, lo cual atrajo la atención de los hacedores de políticas. Por otra parte, también llamó la atención lo prohibitivamente caras que estas transacciones eran para los inmigrantes de bajos ingresos, y además, el informe presentó una metodología que permite medir los costos de transacción, más tarde adoptada por el Banco Mundial para medir los costos globales de las remesas.[7] En ese momento, aún no se había

---

[4]   De la Garza, Rodolfo; Manuel Orozco y Miguel Barahona (1997), *Binational Impact of Latino Remittances*, TRPI.

[5]   De la Garza, Rodolfo y Lindsay Lowell (2000), "The Developmental Role of Remittances in U.S. Latino Communities and in Latin American Countries, junio de 2000; Rafael Alarcón (2000), "The Development of Home Town Associations in the United States and the Use of Social Remittances in Mexico", abril de 2000; Louis DeSipio (2000), "Sending Money Home... for now: Remittances and Immigrant Adaptation in the United States", enero de 2000; J. Edward Taylor (2000), "Do Government Programs 'Crowd in' Remittances?", enero de 2000; Deborah Waller Meyers (1998), "Migrant Remittances to Latin America: Reviewing the Literature", mayo de 1998.

[6]   Orozco, Manuel (2000), *Remittances and Markets: New Players and Practices*, Washington DC, junio de 2000.

[7]   Disponible en línea: <http://remittanceprices.worldbank.org/>

logrado consolidar una discusión que buscara comprender de fondo cómo operan las transferencias de dinero y cuáles son los costos de remitir.[8]

Otro informe, publicado en el mismo año, analizó el papel de las asociaciones locales e identificó que los migrantes no sólo remiten de manera individual, sino que además buscan organizarse de manera colectiva para donar fondos a causas específicas.[9] Estos estudios abrieron un debate político de fondo en Washington sobre la relación existente entre los migrantes y el desarrollo en América Latina. En concreto, el informe evidenció la importancia y el peso que tienen las remesas en las economías de muchos países en desarrollo que poseen altas y medianas tasas de emigración. A partir de ese momento, el Banco Interamericano de Desarrollo y la Fundación Interamericana desempeñaron un papel preponderante en la ejecución de proyectos que vinculen las transferencias de remesas a proyectos de desarrollo. Unos años más tarde, en el año 2002, otras instituciones, tales como la Agencia de Estados Unidos para el Desarrollo Internacional, el Banco Mundial,[10] la

---

[8]   Romney, Lee (1999), "2 Money Wirers in Deal to Settle Lawsuits Courts: *MoneyGram, Western Union* will offer coupons to customers who sent funds to Mexico", *Los Angeles Times*, C, 1 (13 de mayo de 1999): Home edition. "Credit Unions Link Up in Effort to Cut High Cost of Money Transfers", *Los Angeles Times*, C, (6 de abril de 1999): 1.

[9]   Orozco, Manuel (2000), "Latino Hometown Associations as Agents of Development in Latin America", Washington DC, junio de 2000. Véase también Eeckoff, Katharine (1997), "Las asociaciones salvadoreñas en Los Ángeles y su rol para el desarrollo nacional", en Mario Lungo, *Migración Internacional y Desarrollo*, El Salvador, FUNDE: Fundación Nacional para el Desarrollo. FUNDE fue una de las instituciones pioneras en la observación del tema de las HTA.

[10]   Por ejemplo, el primer estudio del Banco Mundial sobre remesas tuvo lugar en el año 2003: Ratha, Dilip (2003), "Workers' Remittances: An Important and Stable Source of External Development Finance", *Global Development Finance*.

Organización Internacional para las Migraciones,[11] entre otras, iniciaron sus propios proyectos de investigación y el financiamiento de estudios sobre este tema.

En el año 2004, diversas instituciones bilaterales y multilaterales, tales como el Banco Interamericano de Desarrollo y el Fondo Internacional de Desarrollo Agrícola, decidieron comprometerse a trabajar sobre herramientas específicas que permitan el desarrollo en relación con las transferencias de remesas (ver, por ejemplo, el trabajo del Fondo Multilateral de Inversiones entre los años 2001 y 2008, que da especial importancia al acceso financiero y a la democracia financiera).[12]

El aporte académico procede en su mayoría de los académicos que trabajan principalmente en México (Lozano, Golding, Zárate-Hoyos), Colombia (Guarnizo), República Dominicana (Guarnizo y Portes) y Ecuador (Acosta).[13] Con posterioridad, la investigación se amplió para abarcar una agenda de trabajo más amplia y con un mayor número de estudiosos e investigadores jóvenes, avanzando de esta

---

[11] El trabajo más notable es el de la misión de la IOM en Guatemala, que desde el año 2001 realiza encuestas anuales sobre las remesas. La última que se completó fue en el año 2001.

[12] Terry, Donald (2005), *Beyond Small Change: Making Migrant Remittances Count*, Washington DC, IADB.

[13] Zárate-Hoyos, Germán (2004), "Consumption and Remittances in Migrant Households: Toward a Productive Use of Remittances", en *Contemporary Economic Policy*, vol. 22, núm. 4, pp. 555-565, octubre de 2004. Lozano Ascensio, F. (1997), "Remesas: ¿fuente inagotable de divisas?", *Ciudades* 35, julio de 1997, pp. 12-18. Guarnizo, Luis (1997), "El surgimiento de formaciones sociales transnacionales. Las respuestas de los Estados Mexicano y Dominicano a la migración transnacional", Mario Lungo, *Migración internacional y desarrollo*, El Salvador, FUNDE: Fundación Nacional para el Desarrollo. Villamar, D. y A. Acosta (2002), "Las remesas de los emigrantes ecuatorianos y sus efectos en la economía ecuatoriana", *Cartilla sobre Migración*, núm. 1, Quito, Plan Migración, Comunicación y Desarrollo. Goldring, L. (1996), "Blurring Borders: Constructing Transnational Community in the Process of Mexico-U.S. Migration", *Research in Community Sociology*, VI: pp. 69-104.

manera en la creación de cursos sobre remesas y desarrollo, o migración y desarrollo. Por otra parte, las agencias de cooperación internacional, así como algunas fundaciones, comenzaron a financiar proyectos de investigación sobre estas mismas temáticas.

Contribuciones

Algunas de las contribuciones más importantes fueron la introducción de los términos, el contexto y el método empírico que vinculan las remesas con el desarrollo. De esta manera, los estudiosos introdujeron nuevos hechos y términos a las redes de desarrollo de políticas antes desconocidas. Además de conceptualizar el término *remesa*, los investigadores introdujeron gradualmente diversos indicadores para analizar el tema de las remesas, tales como los costos de transacción, las asociaciones locales, el impacto macroeconómico, las transferencias en moneda extranjera, la generación de activos, el acceso financiero, entre otros.

Por otra parte, la investigación empírica ha mostrado algunas relaciones importantes entre las remesas, las economías locales y las familias que tienen un efecto directo sobre el desarrollo. Una contribución fundamental de los académicos ha sido la medición de las remesas en la balanza de pagos. Los estudiosos introdujeron herramientas importantes a través de las encuestas de hogares para medir la entrada y salida de las remesas. Otras contribuciones se produjeron en el ámbito del acceso al sistema financiero, demostrando que las remesas incentivan a las familias a ahorrar, y a su vez, a aumentar su riqueza y la independencia económica.[14]

---

[14]   Orozco, Manuel (2007), "Migrant Foreign Savings and Asset Accumulation", en Caroline Moser (ed.), *Reducing Global Poverty: The Case for*

Actualmente, la agenda de investigación se ha ampliado en parte debido a un intercambio de ideas entre los profesionales de la política y los académicos, así como con distintas organizaciones no gubernamentales (ONG). Esta agenda incluye temas relacionados con los reglamentos y las regulaciones, los activos, el mercado, las cuestiones macroeconómicas, entre otros.

Asuntos de políticas relacionados con las remesas

Asuntos de regulación

1. Marcos regulatorios de los pagos internacionales en moneda extranjera.
2. Cumplimientos de transacciones en moneda extranjera.
3. Medición de datos sobre las remesas y los métodos.

Mercado para las transferencias de dinero

1. Mejorar la competencia, reducir los costos y la informalidad.
2. Exenciones de impuestos o incentivos a la importación de artefactos tecnológicos para la transferencia de dinero.

Construcción de activos

1. Instrumentos alternativos de pago, tales como tarjetas de débito o banca móvil.
2. Aceleración del acceso financiero a través de cooperativas de crédito y MFI.

Asset Accumulation, Washington DC, Brookings Institution Press.

3. Comprometer a las instituciones bancarias para que proveen servicios financieros amplios (pagos, ahorros, crédito, mitigación del riesgo).
4. Apoyo a proyectos de inversión relacionados con las remesas y remitentes.
5. Enlazar las oportunidades de inversión con la transformación de la agricultura de subsistencia.
6. Diseñar productos que incluyan educación y servicios e salud.

Políticas del gobierno

1. Comprometer a los gobiernos a reflexionar acerca de su rol como facilitadores del medio ambiente.
2. Identificación de los mecanismos para la transferencia de conocimiento.
3. Llegando a la diáspora.

Políticas macroeconómicas

1. La macroeconomía de las remesas.
2. Reducción de la pobreza y distribución del ingreso.
3. Sistema financiero y las remesas.
4. Midiendo los flujos económicos de la diáspora.

Lecciones aprendidas

El compromiso y la contribución de los académicos no se han producido sin importantes desafíos. En primer lugar, las contribuciones académicas han incluido los errores de análisis y la adopción de supuestos no comprobados. A su vez, los hacedores de políticas a menudo han adoptado estrategias que no son conmensurables con la realidad en juego. En segundo lugar, la participación, entre académicos y profesionales, no siempre es de cooperación, y se producen más bien tensiones entre ambos grupos. Un factor que explica este problema es político.

En el primer caso, el tratamiento de las remesas en relación con el desarrollo se llevó a cabo con escasa prueba empírica y con los supuestos que tienen limitada importancia para el mundo del desarrollo, la economía o las ciencias sociales. Al mismo tiempo, los hacedores de políticas tomaron esos mismos supuestos que derivaron en políticas que hoy en día no poseen relevancia ni un impacto positivo destacable.

Por ejemplo, uno de los trabajos más problemáticos de investigación trata acerca de la utilización del término "uso productivo" de las remesas. Para muchos estudiosos y hacedores de políticas, había (y todavía existe) la suposición de que las personas utilizan las remesas de manera distinta a como utilizan otras fuentes de ingresos. Además, el uso de esas remesas suele ser para el consumo, y los hacedores de políticas deben canalizar las remesas para usos productivos.[15] El trabajo académico supone que los hogares receptores de remesas poseen exclusivamente una sola fuente de ingresos, las remesas, y en consecuencia, esas ganancias se utilizan tanto para el consumo como para la inversión. Las personas pertenecientes al campo de la política de desarrollo –en organizaciones gubernamentales y de desarrollo– diseñan programas para "canalizar las remesas a la inversión". El resultado final fue una serie de proyectos fallidos porque la suposición era (y aún continúa siendo) incorrecta. La comprobación empírica por los estudiosos o

---

[15]   Al respecto, véase: Torres, Federico A. (1992), *Uso productivo de las remesas en El Salvador, Guatemala, Honduras y Nicaragua*, México, CEPAL, septiembre de 1992; o Athukorala, P. (1992), "The Use of Migrant Remittances in Development: Lessons from the Asian Experience", *Journal of International Development* 4, núm. 5, pp. 511-529.

académicos ha hecho de esto una cuestión de clarificación conceptual y política con pocas excepciones.[16]

Sin embargo, trabajos de mayor profundidad han demostrado evidencia empírica importante. Primero, los receptores de las remesas no son totalmente dependientes de este ingreso; más bien la dependencia del ingreso de las remesas varía del 40 al 80%, dependiendo de la nacionalidad y localización de los hogares. En segundo lugar, las formas en que las personas manejan sus recursos no son diferentes a las de quienes son receptores de remesas; es decir, las personas que reciben remesas no gastan más de sus ingresos en el consumo. Por el contrario, un aumento de los ingresos derivados de las remesas aumenta los ahorros de la unidad familiar. Aunque existe cada vez más una mejor comprensión de esta diferencia empírica, muchos de los profesionales del desarrollo y estudiosos continúan hablando de las remesas y sus usos productivos, lo que refleja el predominio de un entendimiento normativo de los ingresos y la economía doméstica que un entendimiento teórico y empírico.

Otro error común dentro de algunos trabajos acerca de este tema de las remesas y las economías locales es el no poder conceptualizar de manera adecuada el contexto empírico de la migración, y definir el desarrollo sólo como la labor de las asociaciones locales y las donaciones que ofrecen como grupos a sus comunidades de origen. Para muchos estudiosos, estas donaciones constituyen "remesas colectivas" que se deben canalizar en proyectos de desarrollo productivo.[17] Al respecto, se habían planteado dos principales hipótesis. En primer lugar, que estas contribuciones en grupo eran equivalentes o iguales a las remesas

---

[16] Véase el análisis de Zárate (2004).
[17] Garcia Zamora, Rodolfo (2005), *Collective Remittances and the 3x1 Program as a Transnational Social Learning Process.*, s/r.

familiares, y que la mayoría de los migrantes invierten en las comunidades y no en sus familias. La primera suposición es incorrecta, ya que la transferencia de remesas a la familia no constituye una donación o un regalo, sino que es obligación de la familia velar por el bienestar de toda la familia. Los inmigrantes poseen diferentes formas de compromiso económico con su país de origen: el envío de remesas familiares es uno; la donación como grupo es otro; la inversión como un individuo es otra forma de compromiso; y el consumo de bienes y servicios del país de origen es una cuarta forma de participación económica. Estas actividades están relacionadas, pero se mantienen independientes. En ocasiones, los migrantes realizan envíos de remesas en conjunto a sus familiares con el fin de ahorrar costes de transacción, y al recogerlas, los receptores individuales distribuyen el dinero a las familias beneficiarias. Por lo tanto, las remesas colectivas existen, pero no en forma de donativos grupales. En segundo lugar, los escritos y las investigaciones retan la labor filantrópica de estas asociaciones de migrantes, sin poseer una idea clara sobre cómo cambiar las asociaciones para que trabajen en el desarrollo local. La mayoría de los académicos que escribieron sobre el tema no tenía ninguna experiencia en el desarrollo económico o social, sin embargo, esperaban que los migrantes lo hicieran mejor que ellos mismos, los que realizaban las recomendaciones. A su vez, las agencias de desarrollo pusieron en marcha proyectos que llegaron a conclusiones erradas, ya que esperaban que los migrantes invirtieran directamente en sus comunidades, ignorando la naturaleza privada de estos flujos. A la comunidad hacedora de políticas le ha tomado tiempo darse cuenta de que las remesas familiares y las donaciones son dos actividades completamente separadas, y que estas donaciones han sido denominadas de forma errónea como "remesas colectivas".

Sin embargo, la distinción entre la filantropía y el desarrollo continúa siendo un trabajo en proceso.

Estas dos referencias son ejemplos de varios errores que los investigadores han cometido. Otros ejemplos se refieren a términos tales como "diáspora" y "las remesas culturales". En el caso de los profesionales hacedores de políticas sobre la "diáspora", tomaron los conceptos muy a la ligera para hacer referencia a cualquier asociación de migrantes materialmente conectada como forma de proyecto local con su patria. Los académicos han hecho pocos esfuerzos para esclarecer aun más la distinción entre las diásporas y los migrantes, las asociaciones de migrantes o los migrantes transnacionales, por ejemplo. Este problema es particularmente importante, porque las agencias gubernamentales están trabajando cada vez más de manera activa para crear oficinas que les permitan llegar a sus diásporas teniendo el supuesto de que cualquier persona que viva en el extranjero es una diáspora. En los Estados Unidos, el Departamento de Estado ha creado un foro mundial sobre la diáspora que sirve para los que viven en los Estados Unidos y para los intereses de la política exterior estadounidense. Mantener estas distinciones relativas a lo que constituye una diáspora es muy importante, ya que los hacedores de políticas pueden tomar decisiones mejor informadas sobre a quién se acercan en este campo y cómo.[18]

Los círculos de la academia y la creación de políticas: el contexto de la migración y el desarrollo

A pesar de las dificultades que se presentan en el camino, el trabajo de las remesas ha mejorado sustancialmente desde todos los lados, académicos y hacedores de políticas (ya sean del gobierno, organizaciones no gubernamentales

---

[18]   Véase, disponible en línea: http://www.state.gov/s/partnerships/diaspora/

u organismos internacionales de desarrollo). Lo que puede resultar interesante es realizar una contribución que contextualice las remesas dentro de una migración más amplia y los nexos con el desarrollo.

Las remesas como una unidad de análisis en materia de desarrollo poseen una importante relación con la migración, y si bien son independientes de ella en algunos aspectos, son en parte un subproducto de la migración y el desarrollo. Por lo tanto, los hacedores de políticas pueden beneficiarse a partir de una mejor comprensión de cómo la migración y el desarrollo se cruzan, y a su vez, estar mejor informados acerca de los instrumentos de políticas y los asuntos específicos que requieren ser tratados. A continuación se exploran algunas ideas sobre cómo los temas académicos pueden contribuir aun más a este asunto.

La migración y el desarrollo como un acercamiento a la investigación y elaboración de políticas

La migración y el desarrollo están influenciándose mutuamente cada vez más. La movilidad internacional del trabajo ha seguido aumentando en alcance e intensidad, y seguirá siendo una característica importante de la vida política y económica latinoamericana. La emigración latinoamericana sigue un camino similar al del resto del mundo: el número de migrantes sigue creciendo, mientras que sus destinos se diversifican a países distintos de los Estados Unidos. El intercambio económico que se deriva de las remesas de los migrantes y otras actividades económicas consolida la posición de sus países de origen en la economía global. A pesar de la realidad de la migración, no hay país en América Latina que incluya la migración de manera sistemática en sus planes nacionales.

Los planes nacionales y las políticas de desarrollo son los instrumentos que guían a los países para avanzar en el desarrollo. Estas prioridades de desarrollo a menudo no coinciden con las realidades de la migración. La intersección entre migración y desarrollo ha sido un tema de importante discusión e interpretación. Para algunos, la intersección es causal, por lo que la migración es un subproducto del desarrollo, mientras que para otros, la causalidad es a la inversa (las teorías del *push-pull*, por ejemplo). Para otros, la intersección es funcional, es decir, cualquier impacto que la migración tenga sobre el desarrollo se considera como interrelacionado. Otra perspectiva sostiene que la migración es intrínseca al desarrollo de una sociedad como la unidad de análisis, en particular, ya que conduce a la movilidad laboral y la consolidación de relaciones económicas con el país de origen.

El trabajo empírico muestra que la relación entre migración y desarrollo es orgánica, que se cruza con *los determinantes de la movilidad laboral y el compromiso del migrante con la economía de su país de origen como los factores que conducen al desarrollo*. Hein de Haas afirma que "la migración no es una variable independiente que explica el cambio, sino que es una variable endógena, una parte integral del cambio mismo en el mismo grado que puede permitir más cambio".[19] Migración y desarrollo se constituyen una a otro en que el proceso de desarrollo va acompañado de diferentes dimensiones de la movilidad laboral y los intercambios económicos subsiguientes que se desarrollan en el proceso de migración.

Tanto la movilidad laboral como la participación económica de los migrantes generan una serie de relaciones que aumentan las opciones de generación de políticas. Estas relaciones son endógenas o de apalancamiento. En el primer caso, algunos aspectos de la relación son intrínsecos al proceso de migración y desarrollo (el acto de enviar el

---

[19]   Hein de Haas (1998), "Migration and Development", s/r.

dinero por sí tiene un efecto positivo sobre los hogares). En el segundo caso, son los aspectos de la relación que informan las características que, desde la perspectiva del hacedor de políticas, pueden ser aprovechadas para avanzar en el bien público (la formulación de políticas para incrementar los activos de los receptores de remesas). El bien común se refiere a los beneficios para los trabajadores migrantes, sus familias y la comunidad en general.

La movilidad de la mano de obra y el intercambio económico del migrante con su país de origen constituyen temas importantes para la creación de políticas constitutivas de las relaciones de promoción del desarrollo. Estos asuntos no son exhaustivos, pero reflejan la dinámica general de la migración y el vínculo con el desarrollo. Desde el punto de vista de políticas para el desarrollo, la movilidad laboral y el desarrollo comparten ciertas características que dependen de la demanda de calificaciones y de la disposición legal de la movilidad. La situación legal y las habilidades poseen efectos divergentes sobre el bien público. Cuanto más se encuentre en riesgo el migrante, menor será el impacto sobre el bien público. Al observar el intercambio económico que los migrantes mantienen con su país de origen, se facilita identificar algunas características que promueven el desarrollo y que son actividades económicas comunes entre los migrantes (el cumplimiento de las obligaciones familiares, la inversión, los productos básicos que consumen los países de origen, y la realización de actividades filantrópicas). Cada actividad tiene grados de efectos dependiendo de las capacidades de creación de activos para el bien público más amplio.

De esta manera, la relevancia académica y política de la relación entre migración y desarrollo es sumamente importante, porque la migración es una tendencia constante en el continente americano. Las dinámicas que explican la migración latinoamericana son muy variadas, interactuando con factores como los cambios demográficos, la movilidad laboral mundial, la feminización de la mano de obra, los mercados regionales económicos, los lazos transnacionales, y la estabilidad política. La disminución de la población en la mayoría de los países industrializados y de algunos países de América Latina ha llevado a una mayor demanda de mano de obra extranjera, que a su vez ha motivado a la gente a emigrar. Uruguay, por ejemplo, no experimenta crecimiento demográfico, y por lo tanto, se enfrenta a una grave escasez de mano de obra extranjera, lo que llevó a su presidente a implementar un programa de trabajadores huéspedes con sus países vecinos. Cada vez más mujeres están migrando a raíz de la demanda de trabajo en las fábricas textiles y en la industria de la hospitalidad. Los vínculos y las redes transnacionales resultantes de años de migración se han convertido en un conductor sólido y constante de la movilidad laboral. Incluso las condiciones políticas y la estabilidad del medio ambiente influyen en la migración, ya que poseen un impacto importante en la toma de decisiones de las personas de permanecer o abandonar su país. Haití y Cuba son dos ejemplos emblemáticos, pero no únicos. Los indicadores de un mayor desarrollo tanto en los países de origen como en los países de destino dan forma a las tendencias de los flujos migratorios internacionales.

A pesar de que las tendencias de la migración evolucionan y están determinadas por el desarrollo, los migrantes y la migración afectan el desarrollo en el país de origen. En los últimos diez años, las remesas se han convertido en un mecanismo bien conocido y de gran alcance a través del cual los migrantes elevan los ingresos de sus familias en su país de origen. Sin embargo, los mercados no competitivos para las transferencias de remesas y las regulaciones restrictivas reducen el impacto que las remesas podrían tener. El comercio nostálgico es otra forma en que los migrantes contribuyen económicamente a sus países, y las investigaciones preliminares sugieren que los inmigrantes importan cerca de 25 billones de dólares en productos nostálgicos en América Latina. Las contribuciones de los migrantes al desarrollo de su país van más allá de las interacciones económicas. Su compromiso político con los gobiernos extranjeros posee crecientes implicaciones políticas, mientras que los cambios culturales y las preferencias cambiantes son compartidos en las visitas a los países de origen. Las interacciones de los migrantes con sus países de origen afectan incluso a los flujos migratorios, ya que sirven de canales y vías para futuras formas de migración. El transnacionalismo, la política y el crecimiento económico interactúan para producir ciertas formas de migración internacional, que a su vez, crean una serie de vínculos que tienen un efecto sobre el desarrollo.

Este libro ofrece un análisis sobre la tendencia de las relaciones entre remesas y desarrollo para el caso de América Latina. Las remesas familiares representan el envío de dinero que el inmigrante manda como parte de su ingreso a sus familias en el país de origen. Este dinero es parte de un contexto global asociado con procesos migratorios y opera dentro de una realidad en donde las transferencias –y sus impactos en quienes reciben y sus países– han adquirido dimensiones propias de análisis. Tanto investigadores como quienes trabajan en política y desarrollo han puesto atención sustancial a esta realidad. Este libro ofrece un acercamiento al conocimiento empírico, teórico y de política en este tema.

Esta publicación es parte de un trabajo de más de una década de investigación de campo y ejecución de proyectos que recoge y analiza cómo las transferencias de dinero afectan a las economías, comunidades y familias en los países receptores de América Latina y el Caribe.

El capítulo primero presenta la dinámica migratoria a nivel global y regional y su incidencia sobre las remesas. El capítulo dos liga directamente las remesas con las finanzas, los pagos y los activos de los receptores. El tercer capítulo ofrece una visión panorámica de las dimensiones de las remesas que a nivel agregado alcanzan 68.000 millones de dólares hacia América Latina. Aquí, el capítulo ofrece también una aproximación a su relación con el desarrollo, elemento que opera como base para el análisis de los otros capítulos. El cuarto capítulo ofrece una caracterización de los inmigrantes latinoamericanos en Estados Unidos, sobre su condición social y económica vulnerable, analizando el impacto de la recesión sobre ellos. En el capítulo quinto tratamos de ofrecer una descripción del entorno de intermediación de dinero como parte de una industria que se ha conformado con redes de pago establecidas para garantizar su desarrollo. Los capítulos seis, siete, ocho y nueve analizan las tendencias de las remesas en varias regiones, el sector rural mexicano, América Central, Colombia y Cuba. Estos capítulos tratan de ofrecer una contextualización del entorno de remesas de acuerdo con ciertas características relacionadas con la generación de riqueza, intermediación y economía. Los capítulos siete y nueve analizan el vínculo y las políticas que se han diseñado en relación con migración y desarrollo, y realizan una reseña sobre las mejores prácticas y lecciones aprendidas. En el capítulo diez, abordamos una estrategia de desarrollo poco analizada, tal como es la educación financiera y su efecto en la bancarización y generación de ahorro. El libro concluye con una observación acerca del futuro de la migración y las remesas en relación con el desarrollo.

Las remesas tienen un efecto sobre las finanzas, y por ende, sobre el desarrollo, el cual, en un contexto competitivo, consiste en aumentar la disponibilidad de ingresos mediante el ahorro y el gasto. Al aumentar el ahorro, la remesa influye sobre la capacidad de generación de activos, de manera que crea posibilidades para el ahorro mismo y la inversión en actividades como la vivienda. En este sentido, las remesas operan como un factor que contribuye a aumentar los activos, líquidos y fijos, de quienes reciben remesa. Sin embargo, las manifestaciones de esta realidad varían de acuerdo al contexto del hogar y el país.

Capítulo 1. Migración y remesas en el contexto internacional

Introducción

La economía global crecientemente ha fortalecido su vínculo con la movilidad humana en la medida que eventos sociales, económicos y políticos van comprimiéndose en tiempo y espacio a una velocidad que aunque imperfecta integra masas de personas en el engranaje global, ya sea por el lado de la migración agrícola, el transnacionalismo, el tráfico de personas o la política misma. América Latina no está exenta de esta realidad, por lo que su conocimiento y análisis son importantes. De igual importancia es el entendimiento de la forma en que las actividades económicas de los inmigrantes generan una serie de dinámicas que inciden sobre el crecimiento económico y el desarrollo de los países. Este capítulo analiza la migración y la remesa en escala mundial y regional.

1. Migración internacional y remesas

La movilidad de la mano de obra internacional ha seguido aumentando, tanto en el alcance como en la intensidad. Castells y Miller se refieren a ello como "parte de una revalorización transnacional que se basa en remodelar las sociedades y la política del mundo" (2003: 7). El número de migrantes estimado oficialmente a nivel global es de 190 millones de personas. Se ha mostrado un aumento de países receptores de migrantes, provenientes de lugares tradicionales, así como de otros lugares menos tradicionales. De hecho, el 62% de los migrantes del mundo se encuentran en cinco regiones del planeta (véase el cuadro 1), y el resto está disperso en muchos países en desarrollo intrarregionales. Lo que es importante, sin embargo, es el hecho de que estas tendencias apuntan a una de las características claves de la globalización: la integración de los mercados mundiales está basada principalmente en lo regional, y la integración en el mercado laboral sigue ese patrón.

Cuadro 1
Distribución de los migrantes en el mundo

Región	Asia Sudeste	América del Norte	Europa occidental	Países árabes productores de petróleo	Rus / Kaz	Mundo
Asia del Este y océano Pacífico	59%	18%	7%	9%	1%	12%
Europa y Asia Central	27%	19%	53%	7%	97%	36%
América Latina y el Caribe	4%	48%	10%	2%	1%	16%
África del Norte y Medio Oriente	3%	3%	14%	27%	0%	8%
América del Norte	2%	3%	2%	1%	0%	2%
Asia del Sur	4%	5%	5%	48%	0%	14%
África Subsahariana	2%	4%	9%	6%	0%	12%
Total Global	5%	24%	20%	5%	8%	100%

Fuente: "Base de datos de la migratoria global", Centro de Investigación de Desarrollo de la Migración, Globalización y Pobreza, versión IV, marzo de 2007. Disponible en línea: http://www.migrationdrc.org/

La dinámica que explica la movilidad de la mano de obra internacional es variada y de interacción con varios factores; por ejemplo, cambios demográficos, movilidad laboral mundial, feminización de la mano de obra, mercados económicos regionales, vínculos transnacionales y estabilidad política. La disminución de la población en la mayoría de los países industrializados ha conducido a una mayor demanda de mano de obra extranjera, que a su vez ha motivado a personas a migrar. A modo de ejemplo, las estimaciones de las Naciones Unidas proyectan que cada año a partir de 2010-2050 migrarán un promedio de 2.3000.000 personas de países en desarrollo hacia países desarrollados. El número neto de migrantes internacionales entre 2005 y 2050 se registrará en 103 millones, cifra que contrasta ampliamente con el número esperado de muertes sobre nacimientos en los países en desarrollo (74 millones).[20]

La movilidad de la mano de obra aumenta en las mujeres cada vez más, resultando en parte debido a la demanda de mano de obra femenina extranjera que tiene un costo menor. Las mujeres están migrando cada vez más a los países de altos ingresos para trabajar en diversos sectores de la industria, tales como el trabajo doméstico, textiles y vestimenta, entretenimiento y agricultura, representando el 50% de la población total de migrantes en algunos casos. Las estadísticas oficiales muestran que la migración internacional de mujeres aumentó del 46 al 49% entre 1960 y 2005, y es probable que el número tienda a ser mucho mayor. Por ejemplo, los migrantes del sudeste asiático que trabajan en Japón, Hong Kong o Singapur son cada vez más mujeres. Por otra parte, la participación de las mujeres en la migración intrarregional también está en aumento.

El crecimiento económico regional también impulsa una demanda de mano de obra extranjera, donde algunas economías están creciendo rápidamente, apoyándose en los migrantes para incrementar su producción y en las condiciones que en sus países de origen son incapaces

---

[20]   Naciones Unidas (2006).

de competir o crecer de manera similar. Esta situación ha conducido a la identificación de "mercados emergentes" perceptibles en Asia y América Latina, donde las economías como China, México, Brasil, Malasia, Kazajstán, la India o Costa Rica están creciendo y dependen de mano de obra intensiva de migrantes, así como sus tasas de crecimiento; las exigencias de la competitividad requieren de una mayor fuerza de trabajo. La migración de mano de obra de Rusia a Kazajstán es un ejemplo importante de este flujo de migración global a escala regional: el movimiento contemporáneo de personas procedentes de Asia Central y del sur del Cáucaso en Rusia y Kazakstán (y más recientemente en Ucrania) es un resultado del creciente desarrollo en Rusia de las industrias de petróleo y gas, así como de la disminución de la población. La migración en Rusia es, en su mayoría, de países de la CEI: más del 90% de los migrantes en Rusia han llegado desde la comunidad de Estados independientes.[21] El auge de la construcción en Moscú, acompañado con la producción de petróleo, creó una demanda de mano de obra extranjera.

Los vínculos transnacionales también se han convertido en conductores importantes de la migración. Uno de los resultados más significativos de la mundialización y la migración ha sido la formación de familias transnacionales y sus comunidades, que se definen como grupos o familias que mantienen relaciones y conexiones que abarcan a las sociedades en el hogar. Los vínculos se forman entre las familias y a través de la tecnología; el costo de la migración incluye permanecer en contacto con sus familias en sus países de origen. Además, las personas van ampliando sus vínculos económicos y operan como vínculos entre las economías del país de origen y de países receptores,

---

[21]   Orozco (2007f).

promoviendo la interdependencia de la mano de obra migrante.

La estabilidad política es otra característica que influye en la migración. Aquellos países que son políticamente más estables y disfrutan de esa estabilidad durante largos períodos de tiempo, tienen menor migración que los países con mayores niveles de inestabilidad política. Esta situación no se limita a las situaciones de guerra y la violencia que causan las corrientes de refugiados. La figura siguiente muestra la relación negativa entre la migración y la estabilidad política en 160 países.

Gráfico 1
Migración y democracia

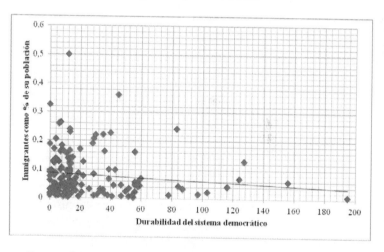

Fuente: datos compilados por el autor, *Polity IV* para sistema democrático y Centro de Investigación de Desarrollo de la Migración, Globalización y Pobreza para migración.

Factores tales como el transnacionalismo, la política, el crecimiento económico, la interacción, de diferentes maneras en las diferentes regiones, juntos o por separado, producen ciertas formas de migración internacional. A su vez, esta movilidad crea una serie de vínculos resultantes de las actividades económicas, culturales, sociales y de otras, entre los migrantes en el país anfitrión y el país de origen. Las actividades económicas que los migrantes mantienen con sus países de origen se examinan a continuación, especialmente en cuanto a remesas.

2. Remesas como una tendencia económica mundial

Los migrantes, hoy en día, están más implicados de forma sustantiva y más directamente en diferentes actividades económicas y sociales en sus países de origen. Esto es debido, en parte, a la dinámica de la globalización y a las nuevas oportunidades resultantes de la apertura política y económica de las sociedades en su hogar. La vinculación económica de un inmigrante con su país de origen se extiende a por lo menos cuatro prácticas que implican gastos o inversiones: las transferencias de remesas familiares; la demanda de servicios tales como telecomunicaciones, bienes de consumo o viajes; inversiones de capital; y donaciones de caridad a las organizaciones filantrópicas, así como recaudar fondos para la comunidad de origen del migrante.

La primera de ellas, las remesas, es la actividad económica migrante más importante y generalizada. Las transferencias de remesas son definidas en referencia a los trabajadores migrantes. Las remesas de trabajadores se entienden como el envío, por parte de los migrantes, de ingresos desde un país distinto al propio, a un familiar en su país o de origen, con el fin de cumplir ciertas obligaciones económicas y financieras. El punto de partida para las remesas es la migración de personas que responden a la compleja realidad del mercado de mano de obra extranjera, circunstancias políticas y/o emergencias que influyen en la decisión de trasladarse, a fin de cumplir con las responsabilidades en el hogar. [22]

En el contexto del receptor de los fondos y de un contexto de política de desarrollo, las remesas son una parte de los ingresos totales de la familia. Según la región del mundo y dentro de un país, la dependencia de los ingresos de las remesas representa entre el 50 y el 80% de todos los ingresos. La dependencia más alta se encuentra entre las poblaciones con migración de gran trabajo estacional; y la más baja, entre los que tienen más tiempo recibiendo otras fuentes de ingresos. En términos comparativos, los ingresos de los hogares son más grandes respecto a quienes no reciben remesas, normalmente en el 30%.[23]

Los bancos centrales han asumido la tarea de contabilidad para estos flujos, siguiendo algunas metodologías básicas.[24] Diversas fuentes de datos son utilizadas por los bancos centrales, entre ellas, sistemas de reportes de transacciones internacionales (RTI); presentación directa de informes por los proveedores de servicios de remesas, especialmente de los operadores de transferencia de dinero; y datos de encuestas de hogares utilizando diferentes metodologías. La primera fuente es el requisito típico de los gobiernos de exigir a los bancos informar acerca de cualquier transferencia de divisas internacionales. La segunda es proporcionada por la OTM de manera predominante. Una tercera fuente proviene de encuestas que

[22]   Orozco, Manuel (2006), "Consideraciones conceptuales, desafíos empíricos y soluciones para le medición de remesas", reporte presentado al Centro de Estudios Monetarios Latinoamericanos (CEMLA) durante la reunión en México DF del 1º de septiembre de 2005.

[23]   Estimaciones basadas en investigaciones realizadas a nivel mundial por el autor con información acerca del radio entre las remesas anuales recibidas y los ingresos anuales.

[24]   Millis, Bryanna; Manuel Orozco y Zaki Raheem (2008), "Análisis de datos sobre remesas: consideraciones prácticas sobre el diseño de la investigación y administración", *Microreporte*, núm. 119, s/r.

incluyen preguntas sobre quién recibe y cómo se reciben las remesas. La mayoría de los países dependen por lo menos de una fuente o de la combinación de dos o más de ellas. Un método eficaz consiste en confiar en los tres métodos. El Gobierno armenio, por ejemplo, utiliza datos de RTI y MTO, pero corre grandes encuestas de hogares para calcular el coeficiente de informalidad.[25] Uno de los retos de la recopilación de datos de RTI y OTM es determinar lo que constituyen las remesas entre todas las transferencias recibidas. No todas las transferencias bancarias o transferencias OTM son remesas de los trabajadores, y algunos bancos centrales dan a estas instituciones la discreción para decidir lo que constituye una remesa (normalmente, cuando es inferior a 1.500 dólares). Las encuestas no siempre son fiables, puesto que dependen de la experiencia de los peritos para saber cómo recopilar datos sobre cuestiones de migración. Los países donde el tamaño de la población inmigrante es conocido y los flujos informales son bajos tienen más éxito en obtener datos más precisos.

Estudios sobre las remesas han abordado al tema desde distintos ángulos. Sobre los factores determinantes, ha habido dos enfoques: en primer lugar, un enfoque asociado a las circunstancias materiales, que tiene que ver con dar forma a las transferencias de remesas (ingresos, educación y ocupación, riqueza y número de dependientes en el país de origen, informalidad de los mercados); un segundo enfoque es sobre las motivaciones del remitente. Aquí, la literatura ha argumentado que las motivaciones pueden ser altruistas, egoístas, contractuales o para mitigación de riesgo. Enfoques altruistas argumentan que los remitentes lo hacen como un mero sentido de satisfacción personal de ayudar a la familia. La perspectiva individual expresa que la gente envía remesas con el interés de obtener un retorno simbólico o material

---

[25]   Orozco (2008), *Armenia paper*, s/r.

en el futuro (propiedades, herencias, etc.). La perspectiva contractual ha mirado más bien la hipótesis de que la familia toma la decisión de invertir en un miembro de la familia a emigrar y remitir. El enfoque de mitigación de riesgo sostiene que las personas remiten a fin de prevenir riesgos futuros. Cada una de estas teorías ha sido probada y comprobada bajo diferentes estudios de caso, pero no existe evidencia concluyente. Además, hay desacuerdo en cuanto a si los marcos conceptuales corresponden a la complejidad de los desafíos de la vida real y la necesidad de remitir.

Mientras que los factores determinantes del envío no varían entre las nacionalidades, las frecuencias y las cantidades de dinero enviado fluctúan entre grupos. Los migrantes también conservan vínculos con sus países de origen por mantenerse en contacto a través de llamadas y visitas a su tierra. Compran y consumen productos alimenticios desde su país de origen como tortillas, carne, queso, ron y café, y gastan dinero en tarjetas de teléfono para llamar a sus familias. El 80% de los latinos compra tarjetas telefónicas y habla con sus familiares por teléfono en un promedio de dos horas al mes.

Las últimas dos prácticas implican donaciones e inversiones. En el caso de las donaciones, los migrantes recaudan fondos para ayudar a su ciudad de origen a través de grupos de la sociedad civil organizada. Pertenecer a una asociación de su ciudad de origen (HTA) es una importante actividad del migrante que puede proporcionar significativos recursos económicos para las comunidades. Por último, los migrantes a menudo también tienen un deseo de invertir en una propiedad o un pequeño negocio, dedicando entre 5.000 y 10.000 dólares a ello.

Aquí observamos los volúmenes globales de las remesas y algunas de sus características. El volumen estimado de las remesas puede ser conservadoramente alrededor de 400 millones de dólares. Mirando las regiones del mundo que se describen en el cuadro 2, se muestra las corrientes de todas las regiones del mundo, pero con diferencias dentro de algunas zonas regionales. En primer lugar, casi el 90% de todas las corrientes proceden de estas cinco regiones del mundo; 35 y 31% provienen de Europa Occidental y América del Norte, respectivamente. En segundo lugar, estos corredores regionales muestran variaciones en la dependencia de las remesas. La mayor parte de América Latina recibe de América del Norte, en especial, de los Estados Unidos, mientras que los africanos reciben en su mayoría de Europa occidental (véase el cuadro 2).

Cuadro 2
Distribución geográfica de remesas (como % de flujos totales recibidos)

Destino \ Origen	Asia Sudeste / Oceanía	América del Norte	Europa occidental	Rusia / Kaz	Países árabes productores de petróleo	África
Asia de Este y Océano Pacífico	37%	41%	12%	0%	1%	0%
Europa y Asia Central	5%	18%	46%	11%	1%	0%
América Latina y Caribe	2%	77%	15%	0%	0%	0%
Oriente Medio y África del Norte	2%	14%	44%	0%	8%	0%
América del Norte	4%	38%	51%	0%	0%	0%
Asia del Sur	4%	30%	18%	0%	11%	0%
Subsahara África	3%	19%	45%	0%	3%	5%
Distrib. (el 87% del mundo)	10%	35%	31%	5%	3%	0%

Fuente: Orozco, Manuel (2007), *Estimación de flujos globales de remesas: una metodología*, Washington, IAD; IFAD (2007), *Enviando dinero a casa: flujos de remesas a países en vías de desarrollo*, Roma, s/r.

Cuadro 3
Flujos globales de remesas

Origen	Países de elevados ingresos	Países en desarrollo
Asia & Pacífico	$17,819,944,199	$113,947,240,958
América Latina	$837,276,988	$67,990,215,154
África		$38,895,730,657
Oriente Próximo	$3,883,349,538	$44,340,692,657
Europa	$63,952,687,475	$36,144,385,027
América del Norte	$23,249,838,225	
Total	$109,743,096,425	$301,318,264,453

Fuente: Orozco, Manuel (2007), *Estimación de flujos globales de remesas: una metodología*, Washington, IAD; IFAD (2007), *Enviando dinero a casa: flujos de remesas a países en vías de desarrollo*, Roma, s/r.

3. Dimensión y características de remitentes y destinatarios

Aunque los migrantes en todo el mundo envían dinero a casa, el porcentaje de los migrantes que remiten varía según la región. En los países más industrializados de Occidente, menos del 70% de los migrantes remiten a sus hogares, en comparación con los que trabajan en el sudeste asiático o los países del Golfo, donde los porcentajes pueden ser tan altos como el 90%.

Las cantidades enviadas promedio varían predominantemente en relación con los ingresos y las necesidades de las familias que reciben. En Canadá, los Estados Unidos, Europa occidental y Japón, los migrantes remiten a sus familias un promedio de 5.000 dólares al año, considerando que los migrantes en Rusia y los países del Golfo remiten menos de la mitad de esa cantidad, y los migrantes hacia lugares regionales como el África occidental, América del Sur o Asia Central remiten menos de 1.000 dólares a zonas predominantemente rurales.

Cuadro 4

Características de los migrantes que envían remesas a sus países

Envío de y a	Porcentaje de migrantes que remiten	Monto	Frecuencia	Monto por año	Término de tiempo	Relativo al Ingreso	Ingreso Personal	Investigación
Rusia								
Moldavia	60%	300	7	2100	4	27%	7,908.50	Abr. 07
Georgia	60%	300	8	2400	5	30%	7,908.50	Abr. 07
Azerbaiyán	60%	300	6	1800	5	23%	7,908.50	Abr. 07
Francia								
Senegal	60%	372	10	3722	9	17%	21,879.90	Mar. 10
Marruecos	60%	434	10	4342	10	23%	18,956.20	Mar. 10
Italia								
Filipinas	80%	300	12	3600	9	40%	8,901.00	Abr. 09
Nigeria	80%	100	5	500	4	7%	6,766.00	Abr. 09
Perú - Ecuador	80%	225	12	2700	7	31%	8,726.00	Abr. 09
España								
Marruecos	80%	150	7	1050	5	9%	11,944.00	Abr. 09
Colombia	80%	250	12	3000	6	26%	11,371.00	Abr. 09
Estados Unidos								

Envío de y a	Porcentaje de migrantes que remiten	Monto	Frecuencia	Monto por año	Término de tiempo	Relativo al Ingreso	Ingreso Personal	Investigación
Bolivia	75%	300	11	3300	6	14%	23,198.92	Abr. 08
Colombia	75%	200	14	2800	7	13%	22,263.16	Abr. 08
República Dominicana	75%	190	12	2280	8	12%	19,421.05	Abr. 08
El Salvador	75%	260	12	3120	6	15%	20,833.33	Abr. 08
Etiopía	75%	150	12	1800	8	7%	26,883.12	Abr. 08
Ghana	75%	217	12	2600	8	11%	24,327.96	Abr. 08
India	75%	400	12	4800	6	17%	27,741.94	Abr. 08
México	75%	230	12	2760	6	17%	16,618.42	Abr. 08
Nigeria	75%	208	12	2500	7	10%	24,095.74	Abr. 08
Paraguay	75%	200	12	2400	6	10%	23,411.76	Abr. 08
Filipinas	75%	350	12	4200	6	17%	24,329.90	Abr. 08
Honduras	75%	229	12	2748	5	12%	22,219.10	Abr. 08
Arabia Saudita								
Bangladesh	90%							
Japón								
Filipinas	80%	600	7	4800	4	15%		May. 05

Fuente: Orozco, Manuel y Mariellen Jewers (2010), *Diásporas calificadas: ¿una comunidad real o imaginada? Comprender las implicaciones políticas*. Encuesta de datos recopilados por el autor entre 2007 y 2010.

Además, los migrantes son predominantemente personas de bajos ingresos, y en términos financieros, con poco acceso al sistema bancario. Esta condición limita su capacidad para mejorar sus circunstancias materiales. Quienes reciben remesas incluyen hogares donde un cónyuge o una madre de un migrante es el principal destinatario. Dependiendo de los países, el porcentaje de hogares que reciben remesas oscila entre el 1 y el 30%. Uno de los temas claves de las remesas entre los destinatarios es el grado de dependencia de los ingresos de esas corrientes. En la mayoría de los casos, los destinatarios no dependen exclusivamente de estos flujos: rangos de dependencia del 50 al 90%, según los hogares y los países.

Capítulo 2. Remesas como transferencias financieras y su relación con el desarrollo

Introducción

Las transferencias y sus dinámicas no operan en un contexto vacío, sino que resultan de una relación entre el inmigrante y su familia, pasando por una cadena de valor de intermediación y de producción, tal como se determinó en el capítulo anterior. La intermediación incluye todos los procesos de pago y ejecución de la transferencia. La cadena de valor incluye el efecto o rol de la remesa en producción y el aumento de la tasa de ahorro, de apertura de cuentas bancarias, de inversión y acumulación de activos en general. Este capítulo detalla estas dinámicas que en conjunto constituyen las condiciones que generan el valor neto financiero de estos hogares receptores. La última sección analiza el vínculo entre remesa y desarrollo. Este vínculo entre las remesas y el desarrollo se encuentra en un cruce que puede transformar la base material de los migrantes, sus familias y las sociedades.

1. Los giros o pagos y la intermediación comercial

Esta sección explica la dinámica actual del manejo de las remesas en el mercado de envíos de dinero. Tal como se demuestra en el documento, la demanda de servicios de remesa se acompaña de componentes que a menudo son difusos y más complejos de lo que se cree. Los intermediarios en el mercado de envíos de remesas, también conocidos como Proveedoras de Servicios de Remesas

(PSR),[26] representan una serie compleja de grandes y pequeñas empresas que incluyen a aquellas compañías con y sin licencias.[27] Además, estas operaciones de envío de dinero son resultados del grado de competitividad, del marco regulatorio y de las preferencias de los remitentes de remesa en cuanto a tipos de agentes y métodos de envío. Esta operación ocurre en relación con ambos flujos, el dinero saliente (origen de la remesa) y la remesa entrante (destino de la remesa).

La siguiente sección analiza a los agentes en el mercado de envío de dinero, sus regulaciones y su competencia.

1.1. Los actores en el mercado de envíos de remesas

Como negocio, las transferencias de remesas incluyen alianzas y externalidades, lo cual desencadena en los actores mayor creatividad en los últimos años en la formación de sociedades institucionales internacionales que buscan asegurar un servicio eficiente, entre el país de origen y el país de destino de la remesa enviada.

Existen cuatro tipos de intermediarios o proveedores de servicios de remesas (PSR): los intermediarios financieros no bancarios (IFNB); los bancos y las cooperativas de crédito que proporcionan servicios de envío de remesas; las oficinas de correo; y los intermediarios informales, que podrían ser los mensajeros o hasta los amigos que facilitan el envío de dinero del remitente al receptor. La proporción de envío por cualquiera de estos medios varía dependiendo de la parte del mundo en donde se encuentren. Otros dos factores que dominan cuando quiere explicarse el mercado de remesas son la competencia y las regulaciones gubernamentales. Estos factores son tan relevantes para el

---

[26]   En inglés: *Remittance Service Provider.*
[27]   Un negocio sin licencia se refiere a una agencia informal.

mercado de envío como para el mercado de la recepción de remesas.

Cuando se realizan los envíos a los países de destino, son las instituciones no bancarias, mayoritariamente, las que dominan como intermediadores en el proceso de las remesas. Entre las instituciones no bancarias, los actores más significativos son los operadores de transferencia de dinero (OTD) como *Western Union, Ria, Vigo* o *Money Gram.* Otros INB[28] incluyen compañías de transferencia de envíos más pequeñas y/o casas de cambio que funcionan en algunos corredores. Estas compañías de remesas más grandes compiten con las empresas locales. Estas operadoras de dinero locales por lo general son más pequeñas comparadas con *Western Union*, pero son considerablemente importantes en los corredores de los países donde trabajan, convirtiéndose así en importantes competidores en esos lugares.

El mercado de OTD está formado por numerosas variables. Por ejemplo, número y tipo de compañías involucradas, grado de competitividad, reglamentaciones gubernamentales, ambiente político, tipo y volumen de remesas y servicios relacionados que proporcionan. Además, se toma en cuenta también la misma demanda de servicios de remesas por parte de los inmigrantes.

1.2. El proceso de transferencia de pago

El proceso de transferencia en el pago depende del mecanismo empleado y el actor participante. Primero, las transacciones pueden originarse vía transferencia de efectivo o por una transferencia a una cuenta bancaria; y el pago de la remesa también puede realizarse en efectivo o

---

[28]   Instituciones no bancarias.

mediante una cuenta bancaria. Por su parte, la modalidad operativa toma cuatro métodos:

Cuadro 1
Modalidades de transferencia de dinero

Origen (salida)	Destino (entrada)
Efectivo (incluye órdenes de pago)	Efectivo
Efectivo	Cuenta bancaria / Tarjeta de débito
Cuenta bancaria	Efectivo
Cuenta bancaria	Cuenta bancaria

Primero, para la mayor parte del mundo, la transferencia de remesa es un proceso de pago en efectivo y cobro en efectivo, limitando el papel de los bancos a un "canal" para las transferencias de los fondos entre países. Los clientes generalmente retiran el efectivo de los agentes o las sucursales. Esta falta de relación / interacción con el sistema bancario financiero refleja la realidad de muchos remitentes de remesas, señalando que son una población no bancarizada. Por lo tanto, los receptores tienen aun menor probabilidad de poseer cuentas bancarias o de estar vinculados de alguna manera al sistema financiero formal.

Segundo, participan numerosas entidades de transferencia de dinero para hacer posible el proceso de la transacción: entre estos, se incluyen el proveedor de servicio de remesa, el agente que la compañía contrató para vender el servicio de remesa, las tiendas que proporcionan la distribución del envío de la remesa en el lado de recepción, y la institución financiera utilizada por la compañía de transferencia de dinero para realizar la transacción. La información y la remesa se movilizan en numerosas etapas y en una variedad de agentes en el corredor del remitente de remesa hasta su receptor designado.

Tanto las grandes compañías como las pequeñas se relacionan de manera frecuente con otras firmas, y éstas, con tiendas minoristas o bancos para que actúen como agentes. Algunos ejemplos de estas agencias contratadas son pequeñas tiendas étnicas; otras son grandes como *Wal-Mart* y los bancos comerciales en muchos países alrededor del mundo. En el país de origen, estos agentes reciben un porcentaje de los precios cobrados por la transacción, y algunas veces, reciben un porcentaje de la comisión por el tipo de cambio.

Para las compañías de remesa, son cruciales los agentes o distribuidores en el lado de recepción de la remesa. En la mayor parte de los países receptores de remesas, los bancos comerciales son el distribuidor principal de pagos. En algunos casos, las entidades de microfinanzas también funcionan como agentes o subagentes de bancos.[29] Una de las razones principales por la cual los bancos son a menudo los pagadores tiene relación con las regulaciones del país en cuanto a pagos de divisas internacionales; estas instituciones tienen un flujo regular de fondos y funcionan en un área geográfica extensa, además de estar familiarizadas con las leyes y las regulaciones existentes. Otros agentes comunes de distribución y pagos son las tiendas comerciales o cadenas de supermercados. Ellos obtienen su utilidad, negociando un porcentaje de los precios cobrados por la transferencia y por la comisión por el tipo de cambio.

La competitividad y las ofertas de los agentes para conseguir contratos de distribución tienden a reducir los precios, así como la falta de competencia tiende a elevarlos. El *Celent Consulting Group* sostiene que los acuerdos de distribución que históricamente han sido exclusivos y

---

[29] Cuando las instituciones financieras no están autorizadas a manejar pagos internacionales, funcionan como subagentes de bancos al expandir la red de pagos para la proveedora de servicios de remesas.

que la mayor parte de las operadoras de transferencia de dinero mantenían con sus agentes receptores y sus redes de pago "comienzan a decaer. Por ejemplo: un total del 10% de la red de agentes de pago de *Western Union* ya no es exclusivo".[30] Múltiples fuerzas han contribuido a la caída o a finalizar la exclusividad de dichos acuerdos, incluyendo fuerzas legislativas y fuerzas de mercado. Por ejemplo, la legislación rusa prohíbe acuerdos de exclusividad,[31] y *Bancomer de México* "trabaja con aproximadamente 75 compañías de envíos de dinero [...] y funciona como un conector para múltiples firmas de transferencia de dinero".[32]

Los bancos también sirven como intermediarios para las INB, ya que es a través de los bancos que el dinero es transferido entre los agentes de distribución y envío. Los bancos cobran por este servicio, así como también lucran por hacer líquidas estas sumas. Los bancos, además, perciben comisiones por manejar las cuentas de las instituciones no bancarias y las agencias de envío o distribución. Dichos costos por estos servicios primero son asumidos por los que facilitan los envíos de remesas, después por los remitentes y luego indirectamente por los receptores.

El siguiente gráfico plantea las típicas transacciones entre remitente y receptor, e incorpora a varios actores y grupos de presión que hacen esta operación posible. Entre los puntos a resaltar, cabe mencionar que lo que se encuentra en relación con las transferencias no es sólo dinero, sino también información. ¿Exactamente cuáles son los agentes y qué grupos de presión están implicados en algunos flujos específicos? En otras palabras: varía de acuerdo a la competitividad, la complejidad de la banca, las redes financieras, las regiones o países implicados, etc.

---

[30]   Celent (2005: 20).
[31]   Orozco (2007).
[32]   Celent (2005: 20).

Estos afectan la fijación de precios, el costo a los consumidores y, por último, las ganancias de las firmas (remitentes y receptores de remesa).

Gráfico 1
Estructura de una operación
internacional de envío de dinero

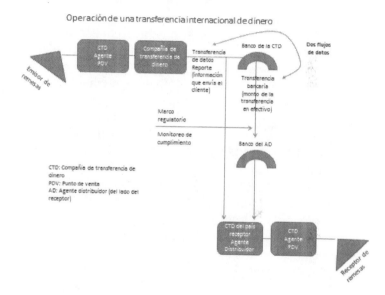

Fuente: Elaborado por el autor.

1.3. Transferencias informales de remesas

Debido a las limitaciones en la regulación, así como a otros factores que inhiben la disponibilidad, el crecimiento y/o el uso de canales oficiales de envío, muchos migrantes envían sus remesas por canales informales. Esto significa que hay negocios que funcionan sin estar acorde a las regulaciones y las leyes existentes de los países donde operan.

Estas pequeñas empresas incluyen "empresarios individuales, agentes de viajes que tienen licencia para ventas
de pasajes aéreos, por ejemplo, pero no para transferencias
financieras; tiendas minoristas comerciales cuyos agentes
ofrecen transferencias 'alternativas' a negocios autorizados, aunque ellos también puedan tener una licencia para
proporcionar transferencias". (Pew).

También existen mecanismos de transferencia tradicionales y bien organizados, sin embargo, evitan a los
reguladores o a las instituciones financieras autorizadas.
El Hawala es el sistema de transferencia tradicional de
Paquistán y Bangladesh, y el Hundi es el mecanismo tradicional de la India. El dinero realmente no es transferido:
con Hawala, una transferencia financiera es hecha entre
personas localizadas en países A y B, usando a intermediarios –hawaladars (AH) y (HB)– que actúan en el sector informal. AH recibe fondos en un moneda (divisa) y
pide a HB avanzar el equivalente de la cantidad pagada a
un beneficiario designado en moneda local. (El--Qorchi,
Maimbo, y 2002 Wilson, 6).

En África, existen niveles significativos de informalidad
a causa de la pobre infraestructura financiera, así como a
los débiles sistemas de seguridad y de telecomunicación.
Esto, debido a que también existen reglamentaciones ri-
gurosas en cuanto a la conversión de divisas entre países,
impidiendo así a instituciones formales poder trabajar
con transferencias y pagos internacionales. Así, tanto en
África como en Asia, el estricto ambiente regulatorio a
menudo incita a la gente a usar canales informales. En
regiones del mundo más competitivas, como en América
Latina y el Caribe, la confianza en negocios informales es
mucho menor.

2. Ambiente regulatorio

La transferencia de dinero entre individuos está afectada y asociada a varios aspectos del sistema legal y a la economía del país. Primero, porque la remesa es una transferencia internacional que implica tratar con divisas, y hay regulación implicada en el proceso legal del manejo y la transferencia de pagos entre países; más específicamente, existe un control de la parte legal de la transferencia. Segundo, en cuanto concierne a la mediación del pago, existen reglas que han sido establecidas para autorizar a tipos de entidades y permitirles proporcionar transacciones internacionales, así como hacer la conversión de divisas a moneda local. Tercero, tanto los gobiernos como los usuarios finales de una transacción se enfrentan a cuestiones de conversión en el mercado de divisas. Estas requieren regulación contra la posible especulación en el tipo de cambio que puede afectar a los consumidores y a la economía en general.

2.1. Reglas que tutelan los flujos internacionales de divisas

Las dos consideraciones más importantes que generalmente se hacen los gobiernos para tratar con transferencias internacionales, incluidas las remesas, son los instrumentos que regulan las transferencias de divisas y las instituciones que se encuentran autorizadas o con licencias para transferir sumas, incluyendo a los proveedores de servicios de remesas. En el primer caso, la mayor parte de los gobiernos han establecido el marco regulatorio y las leyes para asegurar que la transferencia sea legal en método y objetivo. Los instrumentos legales principales adoptados para asegurar la legalidad de las transacciones incluyen las leyes y los controles para prevenir el lavado de dinero y otros usos o actividades criminales (como el tráfico de armas, el terrorismo o el contrabando) con transferencias de divisas, límites en cantidades enviadas o remitidas (por lo general, hasta 5.000 dólares), y métodos que identifican al remitente y al receptor en las transferencias de dinero. Los países desarrollados son generalmente los más proactivos en el control de transferencias internacionales contra actividades criminales, en particular, con mayor celeridad después de los atentados del 11 de septiembre de 2001. Sin embargo, cada vez más, los países en desarrollo van aumentando sus esfuerzos con su legislación, capacitando a sus reguladores y prestando atención a mecanismos que frenen la actividad criminal a través de transferencias de dinero.

Una de las contribuciones más importantes al marco regulatorio han sido las mismas compañías de transferencia de dinero (CTD). Ellas han puesto en práctica políticas antilavado de dinero y otros sistemas de diligencias para prevenir delitos. Cuando estas compañías establecen sus plataformas de transferencias de pago a través del mundo en bancos y otras instituciones financieras (la mayoría establecidas en países en desarrollo), colaboran con tecnología, capacitación y prácticas para impedir actividades ilícitas usando transferencias internacionales. Los esfuerzos y los métodos de estas compañías han entrado en vigor como sistemas de antilavado de dinero en muchos casos y países donde la legislación no existe o no se cumple.

Dos principios internacionales importantes que procuran proporcionar guía y aclaración en cuestiones regulatorias son los Principios Generales para los Servicios de Remesas Internacionales y las Recomendaciones por la *Financial Action Task Force (FATF) en el Lavado de Dinero*.[33] En particular las Recomendaciones FATF y otras recomendaciones especiales establecen que las instituciones financieras que trabajan en transferencias de dinero deberían

---

[33] Al respecto ver, disponible en línea: http://www.fatf-gafi.org/

"poseer medidas de debida diligencia con el cliente, incluso identificar y verificar la identidad de los mismos" (Rec. 5); recopilar la información sobre la institución financiera inicial realizando la transacción (Rec. 7); y prestar "especial atención a cualquier amenaza de lavado de dinero que puede originarse de tecnologías nuevas o en vías de desarrollo y que podrían favorecer al anonimato, y en todo caso tomar medidas, si es necesario, y prevenir su uso en esquemas de lavado de dinero" (Rec.8).

Además de transferencias realizadas formalmente, hay muchas otras transferencias informales que también pueden ser utilizadas para actividades criminales. Las prácticas informales como 'hawala' pueden implicar la transferencia de fondos empleando el sistema bancario regular, pero sin la supervisión o la indagación sobre el origen o el objetivo de los fondos, estas podrían ser prácticas vulnerables a actividades criminales.

2.2. Reglamentación local en entidades autorizadas

La regulación de transferencias de divisas incluye, en parte, redactar las normativas que autorizan la administración de divisas y la acción de aquellos que pueden realizar dichas transacciones entrantes o salientes. La mayoría de los países autorizan a las instituciones bancarias para realizar los pagos de divisas. Los países procuran controlar el movimiento de capitales, tener la soberanía sobre la moneda local, y a menudo reflejar teorías existentes en el tiempo sobre la política monetaria y económica.

La decisión de permitir sólo a instituciones bancarias realizar transferencias de dinero internacionales puede tener implicaciones adversas para el acceso financiero a remitentes y/o receptores de remesas. En la mayor parte de países en desarrollo donde la banca nacional es relativamente mínima, el acceso a servicios de pagos u otros servicios financieros es muy restringido y está sólo disponible para una minoría de la sociedad. En los países donde sólo se permiten que los bancos paguen transferencias de dinero (entrantes o salientes), los migrantes y sus familias se enfrentan a muchas dificultades, viajes costosos al banco, redes informales y/o transacciones costosas. En contraste, en países donde se permite que las instituciones financieras, además de los bancos, realicen los pagos o las transferencias, los gastos de transacción son relativamente menores; su presencia permite un mayor acceso universal y posibilita también mayor competitividad local.

Sin tener en cuenta quién realiza el pago, las instituciones autorizadas están aseguradas para poder mitigar el riesgo mediante efectivos sistemas de diligencia que prevengan el mal uso de transferencias internacionales de dinero. El papel de estas instituciones es confirmar la identidad de los remitentes o receptores, cumplir con la regulación nacional e internacional; por lo tanto, el escrutinio es y debería ser intenso. Cuando los gobiernos no son conscientes de los riesgos potencialmente altos que las transferencias de divisas internacionales pueden significar a la estabilidad económica y política de un país, el papel de estas entidades autorizadas es aun más crítico, porque es su tarea proteger la soberanía monetaria de un país.

La *FATF* recomienda (Rec. 23) que los Estados deberían licenciar y registrar a las instituciones que operan con remesas, y que ellas deberían estar sujetas a mayor control "para objetivos de lavado de dinero, teniendo respeto al riesgo de que exista la posibilidad de financiar aquel sector con actividades terroristas o de lavado de dinero". En lo mínimo, los negocios que proporcionan un servicio de envío o transferencia de dinero o de conversión deberían poseer licencia y estar registrados y sujetos a sistemas eficaces de supervisión para asegurar la diligencia en exigencias nacionales que buscan combatir el lavado de dinero y la financiación terrorista.

2.3. La regulación de la competencia y la protección al consumidor

El conjunto de normas reguladoras respecto a las transferencias de dinero también cubre temas relacionados a la protección del consumidor y la competencia leal. En primer lugar, y especialmente porque esta industria de flujos está compuesta por múltiples actores proveedores de servicios de remesa (PSR), originando o siendo agente pagador de esos proveedores los bancos que mantienen cuentas bancarias con ellos para garantizar la eficacia de la transferencia de fondos, controles en la competencia y constantes revisiones. Algunas compañías establecen contratos con agentes –como los bancos en los países receptores de remesas– con la condición de una relación exclusiva. Estas sociedades impiden a estos agentes (es decir, a negocios minoristas, bancos, etc.) tener otros convenios con otras compañías competidoras de transferencia de dinero durante el tiempo que dure el contrato. El resultado final de tales acuerdos de exclusividad conduce a la formación de oligopolios o monopolios, según el número y la cantidad de agentes que un operador de transferencia de dinero posee, que pueden crear "nudos" o problemas en la red de pagos. Actualmente, pocos países restringen o proscriben acuerdos de exclusividad; Rusia es una excepción importante y visible. Las regulaciones a menudo no existen, y las razones son varias: debido a que el gobierno cuenta con poco conocimiento sobre el funcionamiento de la industria de transferencias de dinero; o porque en muchos países no hay leyes antimonopólicas; o porque estas son inadecuadas. El principio 4 de los Principios Generales para Servicios de Remesas Internacionales recomienda prevenir barreras a la entrada en la red de pagos.

El efecto combinado de las limitaciones de quién puede pagar remesas y la presencia de acuerdos exclusivos tienen consecuencias directas en la competitividad e informalidad. Por ejemplo, en un país con sólo diez bancos que funcionan a escala nacional, y teniendo un OTD que celebra acuerdos de exclusividad con siete de ellos (el caso de muchos países de África), la competencia es restringida, los costos aumentan y la gente debe recurrir a mecanismos de transferencias informales.

Otra cuestión clave cuando se trata de regulación es la protección del consumidor. Aunque la competencia en el mundo haya aumentado, todavía la especulación del tipo de cambio y el monitoreo del costo de las remesas son cuestiones a tratarse en materia de protección al consumidor. Con el aumento del control en algunos países desarrollados, se han generado ideas sobre la introducción de mecanismos para promover la competencia y procurar disminuir el costo, y así proteger a los consumidores. Para ese efecto, algunos países (Reino Unido, Países Bajos, Portugal, por ejemplo) han introducido sitios *web*, y otros (España y Alemania) tienen proyectos que supervisan el costo de las transferencias. Como los migrantes tienen poco acceso a Internet y es poco probable que utilicen estos sitios, tienen un impacto muy limitado. En países receptores de remesas, existe la preocupación de educar a los consumidores en sus derechos. Algunos países como México han establecido un número de teléfono para dirigir quejas, además de sistemas de información *online* sobre el costo de las remesas.

En los últimos meses, el gobierno norteamericano pasó una legislación sobre bancos que incluye elementos sobre transparencia en la transferencia de dinero.

3. Las tendencias del sector: competencia, costos e innovación

El mercado de transferencias de dinero tiene cada vez mayor importancia en la intermediación de las remesas sobre el dominio de las actuales compañías en costos operacionales, consumo e innovación. Así, cualesquiera que sean los costos de la industria y los costos de los migrantes que envíen dinero, estos dependerán de varios factores: los costos básicos de operación, las condiciones locales (por ejemplo, la complejidad de los sistemas bancarios en el país receptor), la competencia, las regulaciones, la demanda, el volumen enviado, el tipo y la cantidad de intermediación, la posición de la compañía en la industria. El nivel de competencia que existe y hasta qué instancia llega esa competencia entre varios agentes que harían posible la transmisión de remesa –INB, remitentes informales, bancos, cooperativas de crédito, etc.– varían entre y dentro de países, regiones y corredores. Por ejemplo, las ciudades que tienen grandes poblaciones migratorias pueden tener numerosos remitentes de remesa compitiendo. Estos hacen descender los precios para conseguir o retener clientes. En contraste, las áreas rurales con menos migrantes e instituciones financieras a veces pueden ofrecer sólo un servicio, que incluso es más costoso.

Formal o informal, en efectivo o en cuenta bancaria, en un ambiente competitivo o no, siempre existe un coste de transferencia. El envío del dinero solía ser una actividad muy costosa, al menos del 10%. Hoy, el costo de remitir dinero va del 2 al 10%, según desde qué parte del mundo una persona remite y hacia dónde dirige su remesa. Las transferencias de Rusia a la Comunidad de Estados Independientes cuestan el 2,5% del valor de la cantidad enviada; el 4% de España a América Latina y el Caribe; el 5,5% de los Estados Unidos a América Latina y el Caribe; el 8% desde Japón y el 6% desde Singapur y Hong Kong a Asia del sudeste; y el 10% a la mayoría de los países africanos desde Europa o los Estados Unidos.[34] Las causas de la informalidad y los

---

[34]   Orozco (2007f); Orozco y Fedewa (2005); Orozco y Millis (2007).

costos a menudo están relacionadas con la infraestructura disponible para transferir los fondos al país de origen; con el ambiente regulador en el país de origen, que restringe los pagos sólo a instituciones bancarias (por ejemplo, excluyendo a las IMF y a pequeños bancos de ahorro); con las economías de escala de las transferencias; con el grado de interdependencia entre los países de origen de los migrantes y los países anfitriones; y con el nivel de competencia del sector privado a través de los corredores. En Bangladesh, casi el 54% de remesas es transferido mediante canales informales. En general, el costo de remitir ha disminuido, pero sigue siendo elevado, excluyendo la comisión por el tipo de cambio, el costo de remitir 200 dólares está alrededor del 6% de la cantidad enviada.[35]

El monitoreo del coste de transferencia ha aumentado. Desde el 2003, diferentes países –sobre todo los países de destinos migratorios– han introducido sitios *web* que ayudan a comparar los precios de envío para los consumidores. El primer sitio *web* fue creado en México para proporcionar información a migrantes en los Estados Unidos y a sus familias en México.[36] Más tarde, el Reino Unido creó *Sending Money Home*, un sitio *web* que cubre datos de precios de envíos para varios destinos en África y Asia.[37] Otros sitios de datos de precios han sido introducidos en países como Francia, los Países Bajos y Alemania.

En la mayoría de los casos, menos de diez compañías son los principales competidores en el mercado de remesas de países específicos, cada uno con el 5 al 30% de cuota de mercado. Así, la expansión comercial en el sector de las remesas sigue dos líneas principales: el aumento

---

[35] Las comisiones del tipo de cambio generalmente varían entre el 1 y el 2% del valor del monto principal.

[36] Disponible en línea: http://www.profeco.gob.mx/html/envio/envio.htm

[37] Disponible en línea: www.sendmoneyhome.org

de la cantidad de agentes existentes, y el desarrollo y la ampliación de dichos corredores. Los métodos existentes intentan aumentar la cuota de mercado, y así adicionar más agentes de envío o de recepción en ambos lados; aumentar la publicidad, sobre todo en mercados de nicho como en tiendas étnicas; reducir precios e introducir nuevas tecnologías y servicios.

Cuadro 2
Costos de envío a nivel mundial (% del envío de 200 dólares)

Región	2008	2009	2010
Asia Central	2,93	2,44	2,50
América Central	5,26	5,12	4,95
Sudoeste de Asia	7,97	6,96	6,27
Sudeste de Asia	9,43	7,24	6,56
México	5,80	6,31	7,42
Norte de África	12,29	9,67	8,19
Europa del Este	7,30	8,38	8,22
Oeste de África	9,50	9,39	8,23
Caribe	10,81	9,66	8,48
Oeste de Asia	6,29	7,46	8,61
Promedio mundial	9,13	8,88	8,68
América del Sur	7,64	7,47	9,13
Este de África	14,03	11,69	9,78
Este de Asia	12,88	13,20	12,09
Pacífico sur		12,00	12,44
Sudoeste de África	15,32	15,18	13,13
Sur de África	15,93	14,71	14,76
África Central	12,75	15,01	15,11
Este de Asia	16,16	20,46	20,47

Fuente: datos compilados por el autor del Banco Mundial en colaboración con DMA. Los datos representan 76 países que recibieron remesas entre los años 2008 y 2010.

3.1. Competencia e innovación

Los instrumentos para enviar dinero incluyen tanto a los medios tradicionales como a los emergentes e innovadores. Las transferencias bancarias y las órdenes de pago por mucho tiempo fueron y seguirán siendo estándares en el sector, dominando como instrumentos de envío. Sin embargo, hay un interés significativo y una intención tanto de empresas establecidas como de aquellas emergentes en instrumentos alternativos y nuevos productos, tales como transferencias de cuenta a cuenta, tarjetas de órdenes de pago, tarjetas de débito, y pagos por correo electrónico e Internet.

Los nuevos instrumentos, como las tarjetas de órdenes de pago, han sido introducidos por compañías establecidas como *Wachovia* y operadoras de transferencia de dinero como *iKobo*. Otros emprendimientos son *Xoom*, con sus pagos por Internet, o transferencias móviles como aquellas ofrecidas por el *G-Cash* o *MPesa*, que crecen cada vez más.

La diversidad mundial de migrantes influye en los estudios de mercado y en la toma de decisiones en cuanto a cómo ganarse mejor a los clientes migrantes que remiten. Hasta hace poco, la diversidad de migrantes no había sido relacionada con la diversidad de los tipos de remisión, cada uno con sus costos y sus beneficios asociados. Este erróneo concepto está cambiando. Tanto las compañías influyentes como las que están emergiendo en este sector buscan ganar cuota de mercado y mayor clientela mediante el ofrecimiento de nuevos productos y/o mejores servicios y/o precios inferiores para realizar envíos de remesas.

Capítulo 3. Remesas y desarrollo social: la experiencia de América Latina

Introducción

La migración internacional y las actividades económicas que los inmigrantes mantienen con sus países de origen se han convertido en una característica de la globalización. La movilidad humana, en parte, es resultado de tendencias transnacionales, económicas, ambientales y políticas. Esta migración, a su vez, genera un mercado para que los migrantes mantengan contacto y vínculo con sus países de origen. Tales vínculos incluyen demanda de servicios, inversión de capital, donaciones y remesas familiares. Estas últimas consisten en una transferencia parcial de los ingresos del inmigrante que envía a sus familiares para ayudar al mantenimiento del hogar en su país de origen. Más del 70% de estas personas envía dinero a sus familias como parte de la obligación de cuidar de ellas.

El presente capítulo pretende demostrar que las remesas constituyen un soporte económico importante, ya que permite a familias acceder a los más básicos servicios, como salud y educación, y eventualmente, permite el ahorro y la creación de activos. El capítulo está organizado de la siguiente manera. La primera sección pretende analizar el contexto de las remesas en América Latina y el Caribe (en adelante ALC). La siguiente sección analiza los datos de investigación y de estudios cuantitativos que permiten corroborar la idea de las remesas como protección social a través del gasto en salud y educación. A su vez, se evalúan las dimensiones de género de las remesas mediante el análisis de las implicaciones para los remitentes, los destinatarios y las familias transnacionales. A continuación, se examina el papel de las remesas como seguro social durante las crisis o los desastres naturales. Por último, la sección final examina el impacto de las remesas en la acumulación de activos.

1. Remesas hacia América Latina y el Caribe: un breve acercamiento

El volumen de los flujos de remesas hacia ALC se ha incrementado a más de 60.000 millones de dólares en el año 2011, como puede observarse en el gráfico 1. Este aumento se debe a una variedad de factores, entre los que se encuentran las reacciones a las crisis económicas en ALC, el fortalecimiento de los vínculos entre los Estados Unidos y América Latina, el mejoramiento en la competencia de transferencias, el mayor contacto entre los miembros de familias transnacionales y una mejor contabilidad del dinero recibido.

Gráfico 1
Flujos anuales de remesas a América Latina y el Caribe

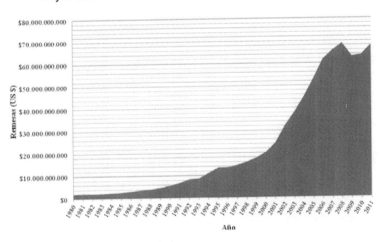

Fuente: Banco Mundial y Fondo Multilateral de Inversiones, BID.

En el año 1980, sólo diecisiete países reportaron los flujos de remesas; para el año 2004, el número de países ascendió a treinta. Sin embargo, estos datos reportados por los Bancos Centrales de los países son estimados conservadores.

Estos flujos han tenido un fuerte impacto en las economías de estos países. Primero, el volumen se ha convertido en una importante fuente de ahorro externo que ayuda a sostener las reservas de divisas. El cuadro 1 muestra que en muchos de los países del Caribe y América Central las remesas constituyen el ingreso más importante del país, y además, presentan flujos más estables que otros factores.

Cuadro 1
América Central y la economía global, año 2008
(en millones de dólares estadounidenses)

Sector	Guatemala	El Salvador	Honduras	Nicaragua	Costa Rica	D. R.
Remesas	4315.00	3788.00	2707.00	1056.00	624.00	2,410.8
Exp. de mercancías (no incluye maquiladora)	5375.93	2620.62	2639.10	1487.11	9312.48	1,397.9
Maquiladora	1683.94	1928.10	3344.90	1152.60	1683.94	4,734.6
Ayuda oficial para el desarrollo	551.71	243.2	1677.11	2034.72	129.24	86.9
Ingresos por turismo	1275.60	733.9	630.9	276.2	2160.60	3,519.7
GDP	34,020.00	22,110.00	14,220.00	6,360.00	29,490.00	29,333.2
R+X+A+T/ GDP	39%	42%	77%	94%	47%	41%

Fuente: Banco Central de cada país.

Segundo, las remesas responden a cambios macroeconómicos, en particular, a la inflación. Tercero, en algunos países, sobre todo en los países más pequeños, estos ahorros afectan la tasa de crecimiento del país. Cuarto, las remesas representan un motor económico unido a una industria intermediaria que incluye otros tipos de servicios y transacciones. Finalmente, quinto, las remeses poseen un impacto redistributivo en la economía del país.

En un contexto general de ALC, las remesas están tomando una parte cada vez más importante de la renta nacional. A pesar de que sólo representan el 2% del PIB de América Latina, el impacto de las remesas varía según los países y las regiones, y es mayor en las economías más pequeñas.

A nivel nacional, estas variaciones están asociadas a la relación con el PIB, el PIB per cápita, los flujos y el costo de enviar dinero. Por ejemplo, Haití, Nicaragua, El Salvador y Jamaica son los países donde las remesas recibidas representan más del 10% del PIB total. Sin embargo, no todos estos países son relevantes cuando las remesas se miden en términos per cápita. Los países que reciben más de 100 dólares per cápita son diez, entre los que se encuentran México, Guatemala, Ecuador y Barbados. Estas diferencias se observan en la cantidad promedio enviada, así como en la relación entre la cantidad anual que se envía y el ingreso per cápita en cada país. El cuadro 2 pone de relieve estas diferencias. Si bien el monto promedio enviado es de alrededor de 270 dólares por mes, cuando la cifra se compara con el PIB per cápita, una vez más los resultados varían. El costo de envío de dinero también varía según los países, y puede estar asociado con el volumen: cuanto menor sea el volumen de entrada, más cara será la transferencia. Las diferencias en estas tendencias están en función de las condiciones específicas de cada país, así como la historia de la migración. Por ejemplo, a pesar de que América Central, el Caribe y México tienen una relación histórica de migración con los Estados Unidos, cada patrón migratorio y su consiguiente flujo de remesas responde a las realidades propias de estos países.

Cuadro 2
Remesas e indicadores económicos clave

País	Indicadores			Volumen (US$,000,000)			
	% de GDP	Per cápita	Promedio de transferencia	2001	2005	2009	2010
Antigua y Barbuda	1	141	220				
Argentina	0.2	17	212	100	780	853	886
Barbados	4.6	658	220				
Belice	5.8	243	220		81	100	100
Bolivia	6.9	118	235	103	860	1023	964
Brasil	0.3	27	541	2600	5792.7	6768	6800
Colombia	2	109	220	1756	4126	4145	4023
Costa Rica	2	134	301	80.25	400	535	509
Cuba			100	900	1100	1200	1200
Dominica	1.3	62	220				
República Dominicana	7.8	357	176	1807	2559.5	3033	2908
Ecuador	5.2	210	293	1430	1827	2495	2324
El Salvador	17.2	620	339	1910.5	2830.2	3465	3540
Granada	4.3	263	220				
Guatemala	11.4	326	363	584.3	2992.8	3912	4127
Guyana	24.1	365	179	90	260	356	374
Haití	19.6	143	123	810	1077	1641	1971
Honduras	21.5	392	225	460	1763	2483	2529
Jamaica	14.9	811	209	967.5	1651	1798	1911
México	2.4	247	351	8895	20034	21132	21271
Nicaragua	12.4	144	133	660	901	915	966
Panamá	0.9	58	196		254	291	297
Paraguay	3.1	81	263		550	691	723
Perú	1.9	85	169	930	2495	2665	2534
St. Kitts y Nevis	0.8	91	220				
St. Lucia	0.3	16	220				
St. Vicente y las Granadinas	1.8	101	220				
Surinam	0.1	4	220		55	103	109
Trinidad y Tobago	0.5	82	200	40.9	97	116	123
Uruguay	0.3	32	198		110	116	120
Venezuela, RB	0	5	138	136	271.9	733	756

Fuente: Banco Central de cada país, indicadores de desarrollo del Banco Mundial. Datos recolectados por el autor.

Estos flujos y sus manifestaciones en la región de ALC muestran la presencia de tres grupos distintos que se relacionan con el impacto que estos fondos tienen en cada país. Un grupo está representado por países como México, Guyana y Haití, cuyos flujos tienen un efecto en la mayoría –si no en todos– los indicadores mencionados anteriormente. Esto significa que las remesas tienen una presencia importante en el ingreso nacional y per cápita del país, así como en la afluencia a los ingresos del hogar, que por lo menos duplica el ingreso per cápita promedio.

Un segundo grupo es en el que el efecto de las remesas se percibe en la mitad de estos indicadores, como en Brasil, Colombia y Paraguay. Por último, un tercer grupo es el menos afectado por las remesas, tales como Chile, Uruguay y Venezuela. Este último grupo es el huésped de los migrantes, por lo tanto, el flujo de remesas hacia afuera es mayor que el flujo de remesas hacia el interior del país.

2. Los receptores de remesas y los activos sociales

Las remesas tienen una función muy ligada al desarrollo social, ya que facilitan la protección del bienestar de los receptores. De hecho, las remesas juegan un triple papel dependiendo de las circunstancias personales y estructurales: pueden ser una fuente para la construcción de activos, para la protección social y para la generación de los medios de subsistencia.

Las protecciones sociales como la salud y la educación se encuentran directamente relacionadas con el potencial productivo de los hogares. Las deficiencias en la nutrición, las enfermedades y la falta de acceso a la educación de calidad (deficiencias comunes en las familias de bajos ingresos) se traducirán en una rentabilidad limitada en el mercado laboral, perpetuando de esta manera el ciclo de la pobreza. Como resultado, los intentos de medir los efectos de la migración en el desarrollo social se han enfocado en los niveles de la educación, la salud y la nutrición en hogares receptores de remesas y no receptores.

Para comprender las tendencias existentes en la inversión de los receptores de remesas en las áreas de nutrición, salud y educación, se examinaron los datos de encuestas de hogares de ocho países: Colombia, Cuba, República Dominicana, Ecuador, El Salvador, Guatemala, Guyana y Nicaragua. De los receptores de remesas encuestados, casi tres cuartas partes eran mujeres, el 38% de los encuestados había completado la escuela secundaria, mientras que el 34% tenía educación primaria o menos. Las mujeres beneficiarias mostraron menores niveles de educación que los hombres, y el porcentaje de mujeres que no había terminado la escuela primaria fue el doble que el porcentaje de hombres. Alrededor de la mitad de las mujeres encuestadas gana menos de 150 dólares por mes, sin incluir las remesas. Las mujeres encuestadas representan la población más vulnerable entre los receptores de remesas, ya que poseen los niveles más bajos de escolaridad y los menores ingresos. Esto se ve agravado por el hecho de que las mujeres tienden a ser las cuidadoras de los niños en el hogar, las responsables de la alimentación adecuada de los niños, del cuidado de la salud, la educación y del bienestar en general.

2.1. Inversión en nutrición

En México, López-Córdova considera que la mortalidad infantil y el peso de los niños al nacer es mejor en hogares que reciben remesas, ya que las remesas brindan la posibilidad de mejorar las condiciones de vivienda, lo que a su vez permite a las madres quedarse en casa y cuidar del recién nacido; o bien, por otro lado, las remesas ayudan a mejorar el acceso a los servicios públicos.[38] Los estudios anteriores

---

[38] López-Córdova (2005).

examinan las relaciones entre el nivel educativo y las condiciones de salud en los hogares receptores de remesas. Existe una conexión entre las remesas y los aumentos reales de la inversión en salud, educación y nutrición. Esto parece indicar que las remesas juegan un papel en estas mejoras en los logros educativos, a pesar de que los datos sobre los gastos de los ingresos entre los beneficiarios no son examinados. En este trabajo, se cuenta con datos arrojados por encuestas realizadas sobre las opciones de gasto.

Cerca del 80% de todos los receptores de remesas reportaron que el ingreso que reciben lo gastan en alimentos.[39] El porcentaje de mujeres que gastan en alimentos es cerca del 10% por encima del que muestran los hombres.[40] La probabilidad aumenta para las personas con menores ingresos independientes y menores niveles de educación. Por ejemplo, mientras que casi el 90% de los encuestados que no terminaron la escuela primaria depende de las remesas para la compra de alimentos, sólo el 70% de los graduados universitarios reporta utilizar las remesas para comprar alimentos, tal como lo muestra el cuadro 3.

Cuadro 3
Gastos de ingresos en alimentos por nivel de educación entre los receptores de remesas

	Gasto en alimentación (%)
Universidad completa	69,5
Universidad incompleta	70,2
Secundaria completa	79,2
Escuela completa	83,6
Escuela incompleta	89

Fuente: Orozco (2005).

---

[39]   Orozco (2005).
[40]   Las remesas aumentan los ingresos en el hogar, y a su vez, ese aumento contribuye a una mejor asignación de los gastos en diversas actividades.

Este hallazgo es consistente con la hipótesis de que aquellos con menores niveles de educación ganarán menos en el mercado laboral. La tendencia de las mujeres a ser dependientes de las remesas para comprar alimentos también se explica porque ellas son menos propensas a tener una fuente adicional de ingresos, ya que muchas son amas de casa o realizan trabajo informal dentro del hogar. Como resultado, estos receptores muestran una mayor dependencia de las remesas para satisfacer las necesidades básicas.

En un estudio de los receptores de remesas de Haití, a los encuestados se les pidió identificar cuánto de cada 100 dólares de ingreso que ganaban se gastaba en alimentos. Más de la mitad de los encuestados haitianos reportó dedicar hasta un 40% de sus ingresos en la compra de alimentos.[41]

Cuadro 4
Haití: gasto del ingreso de los receptores en
alimentación, por cada 100 dólares ganados

	Hombres	Mujeres
Entre 1 y 20 dólares	31,70	34,95
Entre 21 y 40 dólares	25,61	24,78
Entre 41 y 60 dólares	17,68	16,81
Entre 60 y 80 dólares	0,61	0,44
Entre 81 y 99 dólares	2,43	2,21
No gasta remesa en este rubro	21,95	20,79

Fuente: Orozco (2006b).

---

[41] Orozco (2006b).

2.2. Inversión en salud

Los receptores de remesas también las utilizan para pagar el cuidado de la salud, incluyendo cuidados preventivos. De hecho, el 31% de los hogares receptores de remesas encuestados reportó haber gastado su dinero en consumos relacionados con la salud. Un adicional del 17% reportó gastos en medicamentos. Un porcentaje menor del 5% está cubierto por los planes de salud financiados por sus familiares en el extranjero. Entre los receptores de remesas de Haití, casi una cuarta parte de las mujeres reporta gastos de atención médica. Una quinta parte de las mujeres, en comparación con alrededor del 16% de los hombres, gasta hasta 20 dólares en servicios de salud por cada 100 dólares ganado.

Una reciente encuesta a fondo realizada por la Organización Internacional para las Migraciones (OIM) y la Oficina de la Vicepresidencia de la República de Guatemala (2006) arroja luz sobre los gastos médicos que enfrentan los hogares receptores de remesas y el tipo de inversiones. La mayoría de los fondos destinados a la asistencia sanitaria en estos hogares proviene de las remesas y no de ingresos. La proporción de los gastos sociales provenientes de las remesas varía según los departamentos y el género, que puede ser una indicación de las poblaciones más vulnerables. Por ejemplo, en promedio, alrededor del 60% del gasto en salud realizado por las familias de los emigrantes es financiado por las remesas, y ese porcentaje llega a más del 85% en los departamentos de Chimaltenango, Sololá y Totonicapán.

Según la encuesta, alrededor de un tercio de los hogares de emigrantes en Guatemala utilizó un hospital privado en el año 2006. Los miembros del hogar mayores de cincuenta años suelen visitar más comúnmente el hospital privado que las cohortes más jóvenes. Hay varios factores que contribuyen para que la familia busque atención médica privada en lugar de atención médica pública. Entre estos factores se encuentra el costo de la consulta, el tipo de enfermedad o tratamiento, la calidad percibida del servicio al cliente, y anteriores experiencias negativas.

2.3. Remesas e inversión en educación

Las familias de bajos ingresos se ven obligadas a estar constantemente pensado en el costo-beneficio para tomar las decisiones relacionadas con la salud y la educación de los niños. En muchos casos, los costos directos y de oportunidad hacen que este tipo de inversiones sean imposibles de realizar por muchas familias. Uno de los factores más comunes que ocasiona este tipo de situaciones es el costo de oportunidad de los niños y jóvenes adultos que pueden trabajar en casa o en el mercado de trabajo formal, especialmente entre las familias más grandes o en zonas rurales o semirrurales, donde las escuelas se encuentran a largas distancias.[42]

La investigación existente sugiere que las remesas pueden aliviar algunas restricciones de liquidez que enfrentan las familias, posibilitando las inversiones en los servicios de salud y educación que de otro modo no serían posibles. Dos estudios sobre los logros educativos en América Latina sugieren que los ingresos adicionales derivados de las remesas tienen un efecto positivo en la obtención de una adecuada educación para los niños en el hogar. Cox-Edwards y Ureta examinan las tasas de retención escolar en El Salvador, a partir de los llamados "puntos de salida" de los estudiantes, que por lo general se dan al final de cada ciclo de tres años de la escuela primaria como tercero, sexto o noveno grado. Los autores encuentran que

---

[42]   Basu (1999); Strauss y Thomas (1995).

el aumento en el ingreso del hogar debido a la recepción de remesas influye positivamente en la tasa de abandono escolar en las zonas rurales, ya que la falta de dinero no es más un obstáculo para que el niño o la niña asistan a la escuela. Por lo tanto, según el estudio, las tasas de retención escolar mejoran en los hogares que reciben remesas, independientemente de la cantidad de dinero recibida.[43]

Hanson y Woodruff realizaron un estudio similar en México (2003), centrándose en la escolaridad acumulada de diez a quince años de edad en las zonas rurales. Los autores concluyen que mientras que la emigración de un miembro de la familia puede perturbar la vida familiar de una manera que dificulta el logro educativo, las remesas aumentan los niveles de dinero disponible, lo cual permite financiar la educación. Los niños mexicanos en hogares con emigrantes completan de forma significativa más años de escolaridad.[44]

La educación es el gasto más importante asignado por los migrantes y sus familias. En un estudio de los receptores de remesas en siete países, casi el 42% de las mujeres reportaron utilizar las remesas para financiar los gastos en la educación. El número de hombres es ligeramente inferior, del 37%. El ingreso y el nivel de logro educativo de los receptores parece tener poca influencia en que los beneficiarios inviertan las remesas en educación, y los encuestados con mayor nivel educativo son ligeramente más propensos a invertir en la educación.

Una vez más, la Encuesta Nacional de Hogares de Guatemala de la OIM arroja más información sobre las formas en que las familias utilizan las remesas para financiar la educación (2006). A nivel nacional, la mayoría de los fondos destinados a salud y educación en los hogares receptores

---

[43]   Cox-Edwards *et al.* (2003).
[44]   Hanson *et al.* (2003).

de remesas proviene de las remesas y no de ingresos. En 2006, un total de 203 millones de dólares se gastó en educación. En los departamentos de Chimaltenango, Sololá, Quetzaltenango, Chiquimula y Jalapa, más del 80% de los gastos en educación fue realizado por hogares con uno o más miembros de familia en el extranjero. El promedio nacional en gastos en educación es de alrededor del 68%.

Según la Organización de las Naciones Unidas para la Educación, la Ciencia y la Cultura (UNESCO), alrededor del 91% de las niñas y del 95% de los niños en Guatemala se inscribieron a una escuela primaria en el 2004.[45] Estas cifras son similares a las obtenidas en la encuesta de la OIM a niños de familias de emigrantes entre las edades de 10 y 14 años. Sin embargo, a nivel nacional, la matrícula en la escuela secundaria se redujo el 32% para las niñas y el 35% para los niños en el 2004. Este dato de la caída en la matrícula coincide con lo analizado por Cox-Edwards y Ureta, quienes describen los tradicionales "puntos de salida" en la educación, donde las familias eligen si desean o no continuar con la escolarización de sus hijos en determinados períodos.

Un estudio de caso de la comunidad de Salcajá en Guatemala revela que hay una gran variedad de factores que son tomados en cuenta por los padres de familia cuando deciden retirar a su hijo de la escuela en enseñanza secundaria. Entre estos factores, se encuentran: primero, la mala calidad de las escuelas públicas; segundo, la falta de una instrucción adecuada en el nivel de secundaria en las comunidades; tercero, el alto costo de las escuelas privadas; y cuarto, los gastos asociados a la educación, tales como el transporte y los suministros.[46] Los datos de matrícula en la escuela secundaria recolectados por la OIM

---

[45] UNESCO (2006).
[46] Álvarez Aragón (2006); Orozco (2006a).

en su encuesta de hogares de emigrantes en Guatemala sugieren que las remesas ayudan a sobrepasar con mayor facilidad los problemas de falta de ingreso en los hogares. De esta manera, a las familias se les facilita continuar invirtiendo en la educación de sus hijos durante un período de tiempo más largo (2006). A pesar de que la matrícula se ha reducido entre los jóvenes con edades que van de los 15 a los 19 años, continúa siendo superior a la media nacional, con casi el 70% de varones y el 62% de mujeres matriculadas en una institución educativa.

Cuando se analizó el tipo de institución a la que asisten los jóvenes, se identificó un aumento en las inversiones en educación secundaria y universitaria. Debido a que la educación primaria pública en Guatemala es más accesible y menos costosa que la educación secundaria, la mayoría de los niños de familias emigrantes asiste a las instituciones públicas. Sin embargo, la balanza comienza a cambiar en torno a la primera etapa de educación secundaria en Guatemala, donde la cantidad de hijos en escuelas privadas o cooperativas casi se duplica. La proporción de estudiantes en escuelas privadas aumenta aun más en la segunda fase de la escuela secundaria, conocida como diversificada, donde entre el 85 y el 93% de las inversiones realizadas en materia de educación en este nivel se hace a instituciones privadas o cooperativas. Esto sugiere dos cosas: primero, que estas familias tienen los recursos necesarios para continuar la educación de sus hijos más allá de los puntos tradicionales de abandono o deserción escolar; y segundo, que estas familias también optan por instituciones privadas.

3. Las remesas en tiempos de crisis económicas y pobreza

Si bien las remesas con frecuencia apoyan las necesidades básicas de las familias, también actúan como un tipo de protección social en tiempos de crisis económica y sobre todo en tiempos de crisis o desastres naturales. Los emigrantes, que están en contacto frecuente con sus familiares en su país de origen, reaccionan rápida y eficazmente por medio del envío de fondos para atender las necesidades asociadas a los conflictos, las crisis financieras o los desastres naturales.

3.1. Guatemala y el huracán Stan

El caso de Guatemala después del huracán Stan en octubre de 2005 es un excelente ejemplo de cómo los migrantes en el extranjero dieron apoyo a sus familiares en un momento de gran necesidad. El huracán Stan afectó especialmente a las zonas rurales guatemaltecas, debido a las lluvias torrenciales y a los deslizamientos de tierra ocurridos por esas lluvias constantes. De acuerdo con encuestas realizadas por la OIM y la Oficina del Vicepresidente de Guatemala (2006), de las 9.000 viviendas que fueron total o parcialmente destruidas, más de 5.000 de ellas se encontraban en las zonas rurales. La investigación muestra que las personas en las zonas rurales, por lo general, reciben más remesas que las personas en las zonas urbanas, y Guatemala no es la excepción. De hecho, las áreas que fueron las más afectadas por el huracán fueron también las que recibieron la mayor cantidad de remesas en octubre de 2005. Más del 50% de los hogares afectados por Stan son receptores de remesas en todo el país.[47]

---

[47]   OIM *et al.* (2006).

Durante el mes en que el huracán afectó a Guatemala, las remesas aumentaron el 15% en comparación con el promedio nacional. El envío de dinero también fue motivado por los operadores de transferencias de dinero, como *Wells Fargo & Company*, que rebajó los costos de transferencia de Guatemala y otras zonas afectadas por el huracán en octubre de 2005. Los receptores de remesas tienen una ventaja comparativa sobre los no beneficiarios en el contexto post-Stan. Los precios de los bienes esenciales subieron, y los que han podido contar con remesas fueron capaces de recuperarse más rápidamente que los que no las recibieron. La encuesta de la OIM informó que casi el 70% de los hogares afectados por el huracán fueron reconstruidos con la ayuda de un total de 1.4000.000 dólares en dinero de las remesas.[48]

3.2. República Dominicana y la crisis bancaria

A mediados del año 2002, República Dominicana entró en una grave recesión económica producto de la disminución de los ingresos por turismo a partir de 2001, y de una crisis bancaria que provocó la quiebra de cuatro instituciones y afectó gravemente el intercambio de divisas, el ahorro y el acceso a capital. Además, los dominicanos en los Estados Unidos se vieron muy afectados por la recesión económica que comenzó en el año 2001. Los remitentes pensaron que debido a que su dólar estaba más fuerte, no había necesidad de enviar dinero extra en tiempos que la devaluación de la moneda local en la República Dominicana ocurría. Un análisis econométrico de las transferencias de remesas, antes, durante y después del período de la crisis, muestra que a pesar de la crisis bancaria, los inmigrantes continuaron enviando dinero a casa.[49] El análisis se centró

---

[48]   OIM *et al.* (2006).
[49]   Orozco (2005).

en cómo las remesas responden a la inflación, a los tipos de cambio, al desempleo y a las tasas de interés. Los resultados de regresión mostraron que la inflación actual es la única variable estadísticamente significativa. Además, indicaron que los inmigrantes en su mayoría responden a los cambios de precios en las actividades cotidianas, lo cual es consistente con la evidencia de que la mayoría de las remesas transferidas van a cubrir las necesidades básicas del hogar. En el caso de la República Dominicana, estos hallazgos son particularmente importantes, porque indican que el mercado de transferencias se produce con independencia de las variaciones del tipo de cambio. Por lo tanto, en condiciones de crisis económica, la gente busca proteger a sus familias contra los choques externos.

3.3. Pobreza

Los estudios también han demostrado que las remesas tienden a reducir la pobreza. El trabajo de Richard Adams (2004) sobre las remesas y la reducción de la pobreza analiza las tendencias de la pobreza en todo el mundo, y encontró una relación estadística entre estas dos variables. Su análisis mostró que un aumento del 10% de las remesas internacionales de cada individuo conducirá a una disminución del 3,5% en la proporción de personas que viven en la pobreza. Otro estudio de Adams sobre las remesas y la pobreza en Guatemala sobre la base de datos de la encuesta de hogares reveló que las remesas también contribuyen a la disminución de la pobreza en ese país. Sus resultados mostraron que las remesas internacionales reducen el nivel de pobreza el 1,6%, y la profundidad de la pobreza el 12,6%. Por otra parte, en su estudio de 2006 sobre el efecto de las remesas en la distribución de la riqueza en el Ecuador, Mauricio Orbe encontró que el coeficiente de Gini cayó 0,54 a 0,52 como consecuencia de la incorporación de las remesas en la ecuación de ingresos, lo que indica que las remesas reducen la desigualdad del ingreso. En términos generales, las remesas hacen a los receptores más ricos en todos los grupos de distintos ingresos.

Gráfico 2
República Dominicana: remesas, precios,
tasas de interés y de intercambio

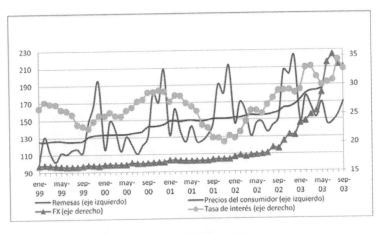

Fuente: Banco Central de República Dominicana.

4. Remesas y construcción de activos

Los migrantes y las actividades financieras de sus familias no sólo afectan a las economías y los sistemas financieros de sus países, sino también demuestran una capacidad para construir activos que a su vez se correlacionan con las remesas. Desde una perspectiva política, el flujo de las remesas tiene un efecto sin precedentes sobre la reducción de la pobreza, y sobre todo, en su correcto aprovechamiento en el desarrollo económico.

La literatura sobre la pobreza ha mirado más específicamente las maneras en que los pobres enfrentan su realidad que la acumulación de su riqueza. Es importante el análisis de Moser sobre acumulación de activos como una práctica diferenciada de las estrategias de subsistencia y protección social, porque piensa en las formas que permiten a las personas tener una mejor calidad de vida. Un enfoque del desarrollo basado en activos proporciona pistas acerca de las capacidades de la gente para ampliar sus recursos.

La acumulación de activos es de crítica importancia y está directamente entrelazada con el acceso financiero.[50] Juntos, proporcionan los medios para reforzar o mejorar la base material de la persona. En general, una base financiera sólida proporciona oportunidades para generar riqueza, y así promover el desarrollo. La investigación ha demostrado que los menores niveles de depósito y las mayores tasas de depósito-PIB están vinculados directamente a niveles más altos de PIB per cápita.[51] Esos recursos son más eficaces cuando se ponen a disposición créditos e inversiones en las economías locales, y se distribuyen de manera eficiente cuando tal crédito es universalmente accesible para quienes buscan ampliar sus capacidades.

Según Beck y De la Torre, hay tres posibles problemas con el acceso al crédito que los países pueden enfrentar: 1) prestatarios potenciales no pueden acceder al crédito; 2) los acreedores no están explotando de un modo pleno sus posibilidades, y por lo tanto, son ineficientes; y 3) los acreedores funcionan en un nivel insostenible cuando conceden

---

[50]   Los activos son definidos como acciones humanas y recursos materiales que contribuyen a la creación de la riqueza. Los activos son propiedades y dinero en efectivo.

[51]   Peachey, Stephen y Alan Roe (2006), *Acceso a las finanzas: ¿qué significa y cómo los bancos de ahorro promueven el acceso?*, Bruselas, Instituto Mundial de Ahorro.

crédito en exceso. Sugieren además que el Gobierno y las instituciones financieras tienen un papel que desempeñar para abordar estos desafíos, tanto por separado como de manera colaborativa.[52]

Dentro de este contexto, el punto de partida sobre la relación entre remesas y desarrollo tiene su efecto sobre el ingreso. Las remesas tienen un efecto directo en el aumento de los ingresos disponibles, que normalmente se convierte en ahorro de acumulación. Esto significa que de todos los ingresos (las remesas incluidas), el ahorro es dejado de lado y construido, y éste aumenta a medida que aumenta la renta disponible de la cantidad de remesas recibidas. Por lo tanto, a nivel de los hogares, las remesas cumplen la función de contribuir a la creación de activos líquidos y fijos. A su vez, el flujo de dinero tiene un efecto sobre las instituciones financieras. Más importante aun es que existen diferencias entre las personas que reciben remesas y quienes no reciben en sus prácticas financieras. En general, los remitentes de remesas tienden a pensar y considerar las opciones de inversión y competencia para el ahorro o la inversión en el hogar. Por otra parte, los receptores tienden a tener una mayor capacidad para ahorrar, invertir y abrir cuentas bancarias.

En muchos países, el porcentaje de personas que tienen cuentas en las instituciones bancarias es mayor entre los receptores de remesas que los no beneficiarios. Un patrón similar se encuentra entre aquellos que ahorran, donde el porcentaje entre los receptores es también mayor. La evidencia empírica muestra que los que reciben remesas en cantidades más grandes son más propensos a tener cuentas

---

[52]   Beck, Thorsten y Augusto de la Torre (2006), "Análisis básico de acceso a servicios financieros", documento investigativo de trabajo sobre políticas del Banco Mundial, núm. 4026, 1º de octubre de 2006). Disponible en línea: <http://ssrn.com/abstract=934963>

bancarias, ahorros e inversiones.[53] Utilizando datos de la encuesta nacional, se reveló que en Guatemala y Nicaragua el porcentaje de personas con cuentas bancarias es mayor entre los receptores de remesas. Más importante aun, se encontró que por cada dólar adicional que se recibe, el ahorro aumenta al menos el 30%.[54]

Utilizando datos de encuestas de hogares de tres países de la CEI (Georgia, Azerbaiyán y Moldavia) que exploran la relación entre las finanzas y las remesas, se encontró que las remesas están positiva y estadísticamente asociadas a la titularidad de una cuenta bancaria y la propiedad de activos ya existentes.[55] En Georgia, aquellas personas que poseen cuentas bancarias son más propensas a invertir en alguna actividad de formación de activos. Por lo tanto, como el grado en que las personas reciben las remesas en cantidades mayores se asocia con un interés para la creación de activos, las estrategias de negocios y políticas son excelentes oportunidades para aprovechar los flujos.

4.1. Envío para ahorros, negocios y préstamos[56]

La inversión en los negocios y bienes raíces, en particular, y las donaciones de migrantes a sus comunidades locales son formas inequívocas y concretas de la acumulación de activos financieros en el nivel individual y comunitario. En el caso de los problemas financieros, se encontró con que entre uno y dos de cada diez migrantes invierten en su país de origen, y casi tres de cada diez generan ahorros en el hogar. El análisis estadístico reveló tres aspectos importantes.

---

[53]   Orozco (2005); Orozco (2007); Orozco (2010).
[54]   Orozco (2008a: 30).
[55]   Orozco (2007f).
[56]   Esta sección fue realizada a partir del reporte *Transnational Engagement, Remittances and their Relationship to Development in Latin America and the Caribbean,* y proviene de la sección 4b.

Primero, que las mujeres remiten cerca del 9% menos de remesas de dinero que los hombres; segundo, que la cantidad de los fondos enviados se incrementa el 5% por cada año de edad; y tercero, que cuanto más tiempo una persona ha vivido en los Estados Unidos, menos remite. Sin embargo, cuanto más tiempo una persona ha estado remitiendo, tiende a remitir mayor cantidad de dinero.

Al examinar la relación entre el envío de remesas y las obligaciones financieras, los resultados demuestran que cuando un inmigrante tiene una cuenta bancaria, aumenta la cantidad remitida el 9%. Además, las personas que afirman tener una cuenta de ahorros en su país de origen remiten cerca del 25% más.

La demanda de servicios financieros, sin embargo, aún no se ha saldado desde la oferta de estos productos de las instituciones financieras. Esto se debe a una combinación de factores, tales como las percepciones erróneas de los gastos entre los beneficiarios, la falta de acceso a los lugares receptores de remesas, la falta de una educación financiera y la persistencia de los modelos de negocios orientados a grupos de altos ingresos. Por ejemplo, el trabajo de campo de investigación a nivel mundial ha puesto en manifiesto la limitación en los esfuerzos para proveer intermediación financiera entre los remitentes y los destinatarios.

4.2. Estudio de casos: la experiencia de Guatemala y Nicaragua

A continuación, se realiza un análisis de los receptores de remesas en Guatemala y Nicaragua que retiran su dinero en instituciones bancarias.[57] En ambos países, más del

---

[57] Los datos analizados se basan en los resultados obtenidos de formularios de evaluación realizados a 12.000 y 9.000 receptores de remesas en Guatemala y Nicaragua, respectivamente. Estas personas recibieron asesoramiento financiero como parte de un programa mundial sobre la

65% de las remesas son pagadas en sucursales bancarias, y algunos bancos más que otros buscar ofrecer servicios financieros a los receptores de estas remesas. BanRural, uno de los bancos más grandes de Guatemala, ha sido el líder en el pago de transferencias de remesas a las familias con migrantes en el exterior, y ha logrado consolidar una estrategia para ofrecer productos financieros –sistemas de ahorro, en particular– a esta población. Aquellos que reciben remesas a través de BanRural son predominantemente familias que viven en zonas rurales. En Nicaragua, Banpro, uno de los bancos más grandes del país, se ha convertido en el líder del pago de remesas, y en el año 2010 empezó a ofrecer productos financieros a los receptores de remesas. La mayoría de estos receptores son personas que viven en las zonas urbanas.

Esta comparación muestra el incremento de los ahorros y la respuesta de las personas a la movilización de sus ahorros cuando distintos negocios ofrecen productos financieros.

En primer lugar, más del 70% de los receptores de remesas de ambos países son mujeres. Entre los guatemaltecos, la mayor fuente de transferencia de remesas fueron los Estados Unidos (más del 90%), mientras que entre los nicaragüenses, la principal fuente de las transferencias de remesas fueron los Estados Unidos (50%) y Costa Rica (25%).

En segundo lugar, la dependencia en las remesas varía entre las dos nacionalidades. Entre los guatemaltecos del área rural, el 75% del total de ingresos proviene de las remesas; entre los nicaragüenses, el porcentaje es del 57%. Estos grupos recibieron 4.400 y 3.800 dólares, respectivamente, en un año. La zona rural en que se vive y el género son dos factores diferenciadores que se deben tener presentes. En

educación financiera que se llevó a cabo en Moldavia, Georgia, Azerbaiyán, Paraguay y República Dominicana.

Guatemala, la información recolectada proviene únicamente de las zonas rurales del país, donde el 80% de los
receptores de remesas son mujeres. Estas mujeres de las
zonas rurales guatemaltecas son el grupo menos integrado
en la fuerza laboral de este país.

En tercer lugar, casi la mitad o más de ambas poblaciones estaba ahorrando independientemente de su sexo,
zona rural, edad o ingresos. El porcentaje de ahorro de los
receptores de remesas en Guatemala fue mayor que en
Nicaragua. Por lo tanto, a pesar de que los guatemaltecos
son más dependientes de las remesas, siguen ahorrando.
Utilizando los datos de seis países donde se ha llevado a
cabo la educación financiera, los nicaragüenses son el grupo
con la menor cantidad de ahorros. Las razones son fundamentalmente que los receptores de remesas en Nicaragua
tienen ingresos más bajos, y por lo tanto, mayores necesidades económicas para el consumo básico.

Cuadro 5
Recibiendo remesas y ahorros

	Guatemala		Nicaragua	
	No ahorra	Ahorra	No ahorra	Ahorra
Porcentaje que ahorra	27,5%	72,5%	55,2%	44,8%
Cantidad recibida	Q28,332	Q39,964	C$49,125	C$69,594

Fuente: Orozco, Manuel, *Proyectos de Educación Financiera en
Guatemala y Nicaragua*, s/r.

En la medida que las personas reciben más remesas,
los ahorros de los receptores también aumentan, tal como
se puede observar en el cuadro 6.

Cuadro 6
Remesas recibidas y cantidades ahorradas

Cantidad anual recibida	Guatemala	Nicaragua desde EE.UU.	Nicaragua desde Costa Rica
Menor de 1500	268	509.96	310.95
1500 a 2500	336	729.63	419.65
2501 a 3500	414	570.33	366.45
Más de 3500	788	1099	504.05

Fuente: Orozco, Manuel, *Proyectos de Educación Financiera en Guatemala y Nicaragua*, s/r.

Por último, existe una relación entre el ahorro y la propiedad de la cuenta relacionada con la intermediación financiera. Cuando una institución financiera es proactiva en lograr su divulgación, el número de personas que movilizan sus ahorros, así como la cantidad de dinero ahorrado, aumentan. BanRural ha participado de manera activa en acercar a las personas a sus sucursales para depositar sus ahorros, mientras que BanPro está recientemente elaborando estrategias para atraer más clientes. Parte de estas estrategias incluye la eliminación de barreras a la entrada. En Nicaragua, una restricción clave es que una persona que desea abrir una cuenta bancaria debe proporcionar dos referencias personales con teléfonos de telefonía fija, esto sin considerar que en toda Nicaragua hay menos de 150.000 líneas fijas.

Un incentivo importante de las instituciones financieras a los receptores de remesas es la educación financiera. Cuando las personas cuentan con las herramientas necesarias para saber cómo hacer un presupuesto y cómo ahorrar formalmente, la conducta cambia a través de una formalización de los productos financieros.[58] En suma, las finanzas y

---

[58] Orozco (2010).

el acceso a los recursos financieros son la piedra angular de la acumulación de material activo, que es un elemento clave del desarrollo económico. Las transferencias de remesas para las familias del migrante interactúan de modo directo con asuntos financieros, lo cual reitera la importancia de integrar estos flujos en actividades formales financieras.

5. La economía global y las limitaciones y los desafíos del impacto de las remesas

Este documento ha mostrado que las remesas juegan un papel importante como mecanismo de protección social y financiera. A medida que la economía mundial depende cada vez más de la mano de obra extranjera para apoyar su modo de producción, la participación de los inmigrantes con su país de origen tiene un efecto sobre el desarrollo económico y social de las familias y las sociedades. Los receptores de remesas se benefician de la fuente adicional de ingresos que promueve el consumo, y a su vez, el ahorro aumenta. Sin embargo, también es importante tener en cuenta que los efectos generales de estos flujos dependerán en gran medida de la capacidad de absorción de la economía local y de cómo la política del gobierno intervenga o integre la realidad de las remesas en su agenda de políticas públicas.

En suma, los esfuerzos provenientes de los gobiernos deben enfocarse en modernizar la base productiva de las economías locales, aprovechando al mismo tiempo los recursos provenientes de los ahorros de los migrantes en el exterior. En términos concretos, esto significa articular las oportunidades de inversión, la creación de ahorros, la creación de ambientes favorables tanto a nivel local como central, y la propensión a un mayor riesgo entre los empresarios locales, nacionales y transnacionales.

SECCIÓN 1. LAS REMESAS Y EL DESARROLLO EN AMÉRICA LATINA

Capítulo 4. Los inmigrantes latinos: un perfil de las remesas, las finanzas y la salud

Introducción

Este documento ofrece un perfil descriptivo de los principales rasgos y características de los migrantes latinoamericanos en Estados Unidos. El presente documento pretende servir como referencia al proveer acceso a datos específicos sobre el comportamiento de los migrantes en las transferencias de dinero y las finanzas. Además, este documento trata de analizar el perfil socioeconómico de esta población, teniendo como referente importante la atención en salud que recibe.

Las principales características y patrones de los migrantes muestran que se trata de una población joven, con bajos niveles de educación e ingresos, que en su mayoría remiten dinero a través de compañías y tienen poco acceso a los servicios financieros. Entre las características más importantes se encuentra:

- La mayoría de los migrantes envía dinero a su país de origen.
- En promedio, estos migrantes, tanto hombres como mujeres, se encuentran dentro de la población de treinta años, no poseen título universitario y sólo un quinto de ellos es naturalizado como ciudadano estadounidense.
- Remiten anualmente cerca de 4.000 dólares.
- Utilizan mayoritariamente empresas de transferencia de dinero.
- El acceso y uso de instituciones bancarias es bajo, sin embargo, la mayoría ahorra más de 4.000 dólares en efectivo.

- La mayoría de estos migrantes no posee seguro de salud, por lo que en caso de enfermedad suele automedicarse.

Esta investigación se basa en una encuesta nacional realizada en cinco grandes ciudades de los Estados Unidos en julio de 2007 a 1.250 personas que envían remesas. Como lo indica el cuadro 1, el estudio se complementa con entrevistas realizadas a grupos focales con un total de 55 migrantes que viven en Nueva York, Los Ángeles, Washington DC y Austin, procedentes de Argentina, Ecuador, El Salvador, Guatemala, Honduras, México y Perú. De estos participantes, más de la mitad (el 62%) es de El Salvador o México. Además, se realizaron dos estudios complementarios en el 2008 y en el 2009 para analizar las tendencias emergentes.

Cuadro 1
Resumen de las encuestas realizadas

Encuesta / estudio	Encuesta original	Encuesta suplementaria #1	Encuesta suplementaria #2
Fecha	Julio de 2007	Julio de 2008	Junio de 2009
Nacionalidad	Bolivia, Colombia, República Dominicana, El Salvador, Guatemala, Jamaica, México, Nicaragua	Bolivia, Colombia, República Dominicana, El Salvador, Guyana, México	Bolivia, Brasil, Colombia, Cuba, República Dominicana, Ecuador, El Salvador, Guatemala, México
Tamaño de la muestra	1.250	800	1.350

1. Migración internacional en los Estados Unidos

Estados Unidos es un gran país de destino para una cantidad importante de migrantes que llegan de todas partes del mundo, en particular de América Latina y el Caribe. Aunque las cifras exactas son relativamente desconocidas, la Oficina del Censo de los Estados Unidos calcula que el número de inmigrantes es de casi cuarenta millones.[59] Como lo muestra el cuadro 2, de esos casi cuarenta millones de inmigrantes, más de la mitad son latinoamericanos, de los cuales las personas de nacionalidad mexicana constituyen la principal población de migrantes de origen latinoamericano en suelo estadounidense.

Hay varios factores que llevan a considerar que las cifras que muestra el Censo de los Estados Unidos son estimaciones que no reflejan el número real de inmigrantes en el país. Las asociaciones de migrantes, por ejemplo, a menudo sostienen que el tamaño de las poblaciones de inmigrantes de diferentes nacionalidades es en realidad el doble de lo que las estimaciones del Censo indican. Por otra parte, los datos del Banco Central de muchos países de América Latina y el Caribe contienen cifras fiables sobre el volumen de las transferencias mensuales de remesas que se realizan. Estos datos parecen confirmar las afirmaciones que hacen algunas de estas asociaciones de migrantes. Por ejemplo, la suma del número de transferencias de El Salvador, Guatemala, Honduras y Nicaragua es de 3.200.000 transferencias, mientras que el número de centroamericanos contabilizados por el Censo de los Estados Unidos es de 2.600.000. Por otra parte, es importante destacar que no todos los emigrantes remiten: las encuestas muestran (véase la sección siguiente) que en promedio el 65% de los inmigrantes lo hacen. Otro ejemplo interesante es el de

---

[59] EE.UU., Oficina del Censo de 2008.

los migrantes paraguayos. Según el Censo de los Estados Unidos, menos de cincuenta mil paraguayos viven en territorio estadounidense, sin embargo, una compañía de transferencia de dinero por sí sola realiza treinta mil transferencias por mes aproximadamente.

Cuadro 2
Población migrante de América Latina y
el Caribe en los Estados Unidos

Población en los Estados Unidos	Número	% del total de nacidos en el exterior
Nacidos en el extranjero	37.547.789	
Nacidos en América Latina	20.088.292	54
Nacidos en México	11.541.404	31
Nacidos en otro país centroamericano	2.648.637	7
Nacidos en el Caribe	3.355.737	9
Nacidos en América del Sur	2.542.514	7

Fuente: Oficina del Censo de los Estados Unidos, *American Community Survey*, 2006.

1.1. Migrantes que envían remesas

Dejando de lado las discrepancias en cuanto al número de migrantes que vive en los Estados Unidos, y reconociendo que la existencia de un subregistro es posible, es importante señalar que la mayoría de los inmigrantes trata de cumplir la obligación de enviar dinero a sus familiares. En las sociedades industrializadas, el número de envío de remesas de las personas no es tan elevado como en las poblaciones donde la migración laboral internacional es resultado de programas específicos, como de trabajadores invitados o de trabajo de exportación, como es el caso de los países árabes exportadores de petróleo, el sudeste de Asia o Rusia.

En el caso de los inmigrantes latinos en los Estados Unidos, los estudios muestran que alrededor de dos tercios de ellos remiten. Según un estudio realizado por el Banco Interamericano de Desarrollo, entre el 60 y el 78% de los migrantes envían remesas a sus familias (un promedio del 66%), lo que constituye un total de 55.000 millones de dólares en transferencias.[60] Otro estudio estima que el total de inmigrantes en los Estados Unidos remitió un poco más de 100.000 millones de dólares en todo el mundo.[61]

Cuadro 3
Migrantes que envían remesas

Nacionalidad	Remesas enviadas (%)	
	No	Yes
México	40	60
Guatemala	28	72
Honduras	21	79
El Salvador	26	74
	34	66

Fuente: encuesta del BID realizada por Bendixen y Asociados en el año 2007.

2. Características demográficas de los remitentes

¿Quiénes son estos remitentes? Con el fin de obtener una imagen más clara de los migrantes que envían dinero a sus hogares, se realizó una encuesta a personas de diferentes nacionalidades de América Latina. Conocer la composición demográfica de los migrantes remitentes es un punto de partida para comprender quién envía las remesas. En

---

[60] BID (2007).
[61] Orozco (2007).

primer lugar, se identificó poca diferencia entre la cantidad de mujeres y hombres que remiten: las mujeres representan el 44% y los hombres constituyen el 56% de los remitentes. Esta diferencia es distinta de las anteriores generaciones de migrantes, pero los estudios realizados desde el año 2000 sugieren este patrón actual. En segundo lugar, la mayoría de los migrantes no posee más que la educación secundaria y en general trabaja en el sector de servicios. En tercer lugar, se trata en su mayoría de personas jóvenes (alrededor de treinta años), que en promedio han estado en los Estados Unidos durante siete años (hasta 2007).

Estas características fueron similares entre los participantes de los grupos focales entrevistados, pero hubo variaciones en el tema de educación por ciudad. Los participantes en Nueva York y Austin tienen los índices más altos de educación, más de la mitad de cada grupo informó haber terminado la escuela secundaria o superior. Por otro lado, de las personas entrevistadas en Los Ángeles y Washington DC, el 50% no completó la escuela primaria. Además, este grupo focal es en promedio un poco mayor que la población encuestada, ya que los entrevistados tenían entre 38 y 45 años de edad.

Cuadro 4
Nivel educativo y principal ocupación de
migrantes que envían remesas

Educación	%	Ocupaciones más comunes	%
Grado universitario	4	Construcción	9
Universidad incompleta	25	Mesero / mesera	8
Colegio completo	41	Persona de limpieza	7
Escuela completa	25	Cocinero / cocinera	6
Escuela incompleta	6	Vendedor / vendedora	4
		Empleado	4
		Niñera	4

Fuente: Orozco, Manuel, *Encuesta realizada a migrantes latinoamericanos*, 2007.

Las dos terceras partes de los migrantes remitentes están casados o viven con su cónyuge, mientras que el 28% son solteros. Más de tres cuartas partes de los remitentes tienen hijos, y a su vez, el 76% de ellos tiene a sus hijos en los Estados Unidos, el 50% tiene hijos en su país de origen y el 26% tiene hijos en ambos lugares.

Según la encuesta, sólo el 20% de quienes envían remesas son ciudadanos naturalizados. En promedio, los remitentes naturalizados también son mayores, se encuentran en sus cuarenta años, y han vivido en el país durante un período significativamente más largo, con un promedio de diecisiete años. En general, de toda la población de encuestados, el mayor tiempo de estancia en los Estados Unidos se correlaciona con una mayor probabilidad de naturalización. La tasa de los ciudadanos naturalizados también varía según la región, donde, como lo muestra el cuadro 5, los migrantes procedentes del Caribe tienen un mayor porcentaje de ciudadanos naturalizados. Según los datos de las entrevistas de grupos focales, el número de migrantes que remite y se encuentra naturalizado es muy reducido, y únicamente cuatro de los 55 tiene la ciudadanía estadounidense, y tres cuartos han estado en los Estados Unidos durante diez años o menos. Sólo en Los Ángeles se registró un número significativo de migrantes que han vivido en el país más de diez años. Los migrantes que más años han vivido en el país se concentran en Washington DC, por lo tanto, fue la ciudad que registró tener el rango de estadía más alto de los migrantes.

Finalmente, por lo general, se trata de personas de bajos ingresos, condición que se asocia a su ocupación, su nivel educativo, así como a su condición jurídica. Sólo el 14% de los remitentes de migrantes está ganando más de 30.000 dólares anuales. Los bajos niveles de ingresos son aun más frecuentes en las entrevistas con los migrantes del grupo focal. De manera abrumadora (el 92%), gana menos de 30.000 dólares, con una mayor concentración en los rangos más bajos. Esta tendencia es más fuerte en Washington DC y Los Ángeles.

Cuadro 5
Nacionalidad y condición de ciudadanía de
los migrantes que envían remesas

Nacionalidad	% Ciudadanos estadouniden- ses naturalizados
México	17,5
República Dominicana	39,0
Jamaica	35,0
El Salvador	16,0
Guatemala	20,0
Colombia	18,0
Bolivia	9,6
Nicaragua	14,4
Todos los grupos	19,5

Fuente: Orozco, Manuel, *Encuesta realizada a migrantes lati-noamericanos*, 2007.

Gráfico 1
Tiempo en residir en los Estados Unidos
y porcentaje naturalizado

Fuente: Orozco, Manuel, *Encuesta realizada a migrantes lati-noamericanos*, 2007.

Cuadro 6
Ingreso entre los migrantes que envían remesas

Ingreso personal anual (dólares)	%
Menos de 10.000	10
Entre 10.001 y 15.000	25
Entre 15.001 y 20.000	21
Entre 20.001 y 25.000	17
Entre 25.001 y 30.000	13
Entre 30.001 y 35.000	8
Más de 35.000	6

Fuente: Orozco, Manuel, *Encuesta realizada a migrantes latinoamericanos*, 2007.

3. Los migrantes y las remesas para sus familias

Cuando se observa el ejercicio propiamente de envío de dinero, los migrantes envían en promedio 257 dólares en remesas con una frecuencia de quince veces al año. En un año, envían un promedio de 3.452 dólares. Las entrevistas con los migrantes mostraron la misma cantidad remitida por la transacción, pero con una frecuencia media de diecinueve veces al año, produciendo un poco más de 4.800 dólares remitidos en un año. Además, los inmigrantes que residen en Los Ángeles envían la mayor cantidad de dinero (326 dólares). Otra consideración importante es la cantidad enviada que agregan los remitentes cuando se presentan situaciones inesperadas: una pareja había enviado 1.500 dólares en el mes anterior a la entrevista del grupo focal, debido a emergencias en su país de origen.

Por otra parte, hay diferencias en la cantidad promedio enviada por nacionalidad de acuerdo con la encuesta. Los dominicanos, por ejemplo, envían menos que el promedio de transferencias ,y los mexicanos envían cantidades diferentes dependiendo del lugar donde viven.

Cuadro 7
Cantidad promedio de dinero enviado por
un inmigrante por nacionalidad

Nacionalidad	Promedio enviado (dólares)
México	259
República Dominicana	140
Jamaica	403
El Salvador	255
Guatemala	277
Colombia	285
Bolivia	215
Nicaragua	233
Total	257

Fuente: Orozco, Manuel, *Encuesta realizada a migrantes lati-noamericanos*, 2007.

Estas cantidades no son nada despreciables, ya que representan el 15% del ingreso del migrante y la cantidad promedio enviada aumenta a medida que aumenta el ingreso, aunque no de manera proporcional. Esto indica dos elementos: primero, que los emigrantes remiten por lo general un umbral mínimo que se localiza más entre los de los grupos de ingresos más bajos; y segundo, que no necesariamente envían más en proporción a sus ingresos. Investigaciones anteriores han demostrado que las personas remiten en relación con sus ingresos, pero también remiten en relación con el costo de vida en su país de origen (por lo tanto, hay las diferencias entre las nacionalidades), y que los aumentos en los ingresos a menudo se relacionan con sus compromisos de invertir en su país.

Es probable que estos montos remitidos representen el segundo gasto más importante en la jerarquía de las necesidades después del alquiler. De hecho, en una escala del 1 al 10 (de menos a más importante), los migrantes entrevistados en Austin, en promedio, calificaron las remesas con un 8,19, y más de la mitad de los participantes calificaron las remesas con un 10, argumentando la obligación que sienten de enviar dinero, especialmente a los padres. En Los Ángeles, las remesas se calificaron con un 2,89 en una escala de 1 a 5; casi la mitad de los participantes clasificaron el envío de remesas con un 3.

Cuadro 8
Remesas como porcentaje del ingreso

Ingreso	%	Promedio remesa enviada (dólares)
Ingreso personal anual	21	2.060
Menos de10.000	20	2.637
Entre 10.001 y 15.000	18	3.256
Entre15.001 y 20.000	18	4.066
Entre 20.001 y 25.000	14	4.030
Entre 25.001 y 30.000	12	3.999
Entre 30.001 y 35.000	15	6.173

Fuente: Orozco, Manuel, *Encuesta realizada a migrantes latinoamericanos*, 2007.

La mayoría ha estado enviando dinero por entre uno y seis años. Sin embargo, aquellos que han estado enviando dinero por más tiempo también se encuentran entre aquellos que, en promedio, envían un poco más, pero no en más grandes cantidades proporcionales al tiempo que llevan enviando. Este problema indica que la transferencia de remesas es relativamente inelástica, es decir, a pesar de que el migrante envía más remesas con el tiempo, no lo hace en cantidades mucho más grandes conmensurables con el tiempo que lleva enviando. Este factor de inelasticidad señala el problema de una mayor renta o ingreso disponible a través del tiempo. La crisis económica ha afectado los patrones de envío de remesas. La encuesta suplementaria del año 2008 concluye que la mayoría de los remitentes migrantes (el 56%) planea continuar enviando remesas por lo menos seis años más. En el año 2009, por el contrario, casi la mitad de todos los remitentes estaba enviando menos dinero a casa que en el año 2008.

Gráfico 2
Cantidad de tiempo enviando remesas

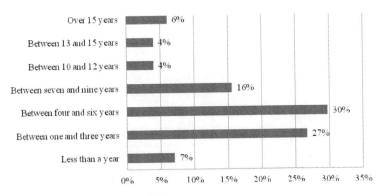

Fuente: Orozco, Manuel, *Encuesta realizada a migrantes latinoamericanos*, 2007.

Cuadro 9
Cantidad de tiempo remitiendo y cantidad remitida

Años de envío	Por transferencia
Menos de un año	211
Entre uno y tres años	233
Entre cuatro y seis años	267
Entre siete y nueve años	276
Entre diez y doce años	252
Entre trece y quince años	282
Más de quince años	334

Fuente: Orozco, Manuel, *Encuesta realizada a migrantes latinoamericanos*, 2007.

4. Intermediación del mercado de remesas

Estos patrones de envío se producen en un contexto de intermediación del mercado que ofrece una amplia gama de proveedores de servicios de remesas y tipos de negocios con operador de transferencia de dinero común, los bancos y otras entidades, incluidas las empresas informales que no poseen una licencia para realizar transferencias de dinero.

Los latinoamericanos envían remesas principalmente a través de un operador de transferencia de dinero. Las instituciones bancarias son utilizadas por sólo el 12%, aunque en promedio, este grupo envía cada vez más. Este hallazgo también se refleja en las entrevistas a los migrantes, aunque en algunas ciudades los bancos se utilizan más que en otras. Por ejemplo, en Nueva York y Washington DC, sólo la cuarta y la novena parte envían dinero a través de bancos, respectivamente. En Austin y Los Ángeles, la mitad y casi un tercio utilizan los bancos, respectivamente. Estas cifras reflejan un cuestionario que se presentó en las entrevistas, aunque durante el debate, sólo tres personas de Austin y ninguna de Los Ángeles admitió haber usado un banco para transferir dinero. Aproximadamente la mitad de los bancos es de América Latina y el Caribe, operando como MTO en lugar de como bancos reales. Sólo alrededor del 7% de los bancos ofrece transferencias, aunque en años anteriores la cifra era de sólo del 1%.

Entre las compañías de transferencia de dinero que más prefieren los clientes, están desde las grandes entidades, como *Western Union* y *MoneyGram*, a las empresas con un corredor más específico, como *Alante Financial*. Casi todos los encuestados (el 94%) nunca han tenido una mala experiencia en el envío de dinero. Las malas experiencias fueron causadas por una transferencia que no llega (o se pierde) o una transferencia que no llega a tiempo (o llega tarde).

Cuadro 10
Método de transferencia y cantidad enviada

Método de transferencia	Cantidad enviada (dólares)	% de todos los que envían remesas
(i) Money Transfer Operator	244	87
(ii) Travelers	257	13
(iii) Banks	336	12
Internet	540	1
b) Promedio total de todos los remitentes	257	

Fuente: Orozco, Manuel, *Encuesta realizada a migrantes lati-noamericanos*, 2007.

Estas empresas son preferidas porque son percibidas como seguras, fiables y accesibles, y porque poseen numerosas agencias, lo que facilita al cliente encontrar una sucursal. El servicio al cliente y una buena reputación son también características de las empresas preferidas. El cuadro 11 muestra las razones por las que los migrantes consideran que su compañía es un negocio preferido por muchos. Características similares fueron encontradas en las entrevistas realizadas a los migrantes, sin embargo, mientras que la mayoría de los participantes en todas las ciudades prefiere un servicio que sea primero rápido y seguro, las preferencias difieren ligeramente de ciudad en ciudad. En Nueva York, los migrantes prefieren un negocio que ofrezca un servicio rápido y seguro, pero en Washington DC, las personas que envían remesas prefieren un servicio rápido y cercano. En Los Ángeles, la seguridad fue la prioridad.

Cuadro 11
Atributos de la compañía de remesas preferida

Características	%
Seguridad	67
Confiabilidad	66
Agencias accesibles y convenientes	56
Facilidad para acceder a la remesa	49
Excelente servicio al cliente	44
Buena reputación	37
Depósito directo	33
Tarjetas de remesas	26
Distintas maneras de enviar el dinero	17
Es tradición	15
Es de mi país	12
Manera de acceder a otros instrumentos financieros	6

Fuente: Orozco, Manuel, *Encuesta realizada a migrantes latinoamericanos*, 2007.

Otro tema de interés para el remitente, además de la velocidad y la disponibilidad del producto, es el costo de envío. Los resultados de las entrevistas realizadas a los migrantes en Austin mostraron que el costo era el factor más importante para ellos. El costo del envío de remesas varía de país a país, así como de ciudad en ciudad, dependiendo de la competencia. Estos costos se han reducido de manera considerable con el tiempo, pero en algunos lugares estos precios continúan siendo altos: las transacciones hacia Jamaica tienen un costo promedio de 18 dólares, y hacia Nicaragua tienen un costo equivalente al 7% de esa cantidad por cada transacción. El costo del envío de dinero no es un asunto insignificante para los migrantes, al contrario, se muestran cada vez más anuentes a buscar soluciones más asequibles.

Cuadro 12
Porcentaje cobrado por el envío de remesas

País de origen	En dólar estadounidense	En % por transacción
México	9	6
República Dominicana	5	3
Jamaica	18	5
El Salvador	8	4
Guatemala	9	5
Colombia	10	4
Bolivia	7	3
Nicaragua	12	7
Total	9	5

Fuente: Orozco, Manuel, *Encuesta realizada a migrantes latinoamericanos*, 2007.

De hecho, aunque los inmigrantes no tienen quejas sobre los proveedores de servicios de remesas, la lealtad con el método actual de transferencia está dividida. La mitad de los encuestados indicaron que desean una manera más eficiente para enviar su dinero. La preferencia es enviar el dinero por medio de transferencias a tarjetas o de cuenta a cuenta. Estas preferencias están asociadas a los costos del método actual de transferencia, es decir, aquellos que prefieren cambiar a otro método están pagando más que los que no quieren cambiar de método.

Gráfico 3
Cantidad enviada y costo de envío por
preferencia de cambiar el método

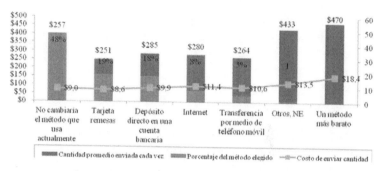

Fuente: Orozco, Manuel, *Encuesta realizada a migrantes latinoamericanos*, 2007.

Las preferencias para cambiar también son evidentes al examinar las características favorables de las empresas preferidas: un cuarto de los encuestados indicó que su empresa ofrece una tarjeta de envío de remesas. Cabe destacar que sólo el 6% de los proveedores de remesas preferidos ofrece a sus clientes otros servicios financieros. Este hecho puede indicar que existe una brecha entre la oferta de estos servicios financieros y su demanda, un problema que se describe a continuación.

5. Acceso a servicios financieros y bancarios en los países de origen y de destino

La acumulación de activos es considerablemente importante para garantizar una buena calidad de vida. El grado en que una persona es capaz de construir activos financieros será fundamental para definir su bienestar. Los activos financieros son un surtido de objetos de valor tales como ahorros, inversiones y otros instrumentos financieros que las personas pueden acumular en diferentes circunstancias. Sin embargo, la oportunidad de construir activos depende de la medida en que las personas tengan acceso a ellos.

El acceso a servicios financieros y a la intermediación financiera es de suma importancia, ya que está asociada a la creación de activos y a las remesas. El acceso a servicios financieros es una condición favorable que permite a los individuos disfrutar de servicios sin restricciones sustanciales para hacer negocios personales o corporativos. Por otra parte, un mayor acceso a servicios financieros aumenta y fortalece la salud del sistema financiero y de la economía, ya que hace al sistema más competitivo y al capital más accesible para la inversión.

El llamado *World Banking Institute*[62] mide el acceso a estos servicios en cuatro maneras: facilidad de uso, apertura, formalidad y funcionalidad:

- *Facilidad de uso*: capacidad de abrir cuentas a precios razonables y con sumas bajas de dinero.
- *Apertura*: capacidad de alcanzar a todas las personas sin excluir ningún sector social.
- *Formalidad*: capacidad de ejercer adecuadas regulaciones sin comprometer el uso y la apertura.
- *Funcionalidad*: capacidad de servir a las cuatro necesidades básicas de los productos financieros: la mitigación de los pagos, el ahorro, el crédito y el riesgo.

En este contexto, el acceso financiero para y entre los migrantes es una actividad que incluye pagos nacionales (servicios públicos) y trasfronterizos (remesas), y la venta cruzada de productos financieros, tales como una variedad de ahorros, préstamos y seguros.

---

[62] World Banking Institute, "Access to Finance: What Does It Mean and How Do Savings Banks Foster Access", en *Perspectives*, núm. 49, enero de 2006.

Cuadro 13
Posibilidades de acceso al financiamiento

	Remesas	Ahorros	Crédito	Mitigación del riesgo
Facilidad de uso	Las transferencias son competitivas	Habilidad para abrir una cuenta en una institución para financiar a costos bajos.	Los migrantes pueden acceder a pequeños préstamos en dólares.	Los migrantes pueden comprar tipos básicos de seguros.
Apertura	Las transferencias son accesibles.	Los migrantes pueden abrir cuentas sin mayores restricciones.	El criterio para acceder a un crédito no es un impedimento.	Las instituciones financieras mercadean estos productos sin crear obstáculos por la documentación.
Formalidad	Las transferencias son llevadas a cabo por instituciones financieras.	Los bancos comerciales, al igual que las instituciones de ahorro y crédito, son los principales proveedores.		
Funcionalidad	Rango o extensión de los servicios ofrecidos.			

La importancia de acceder a estos instrumentos financieros es más ineludible hoy en día, cuando las necesidades de adquisición de bienes duraderos han aumentado y la asequibilidad de ahorrar se encuentra en baja. El dinero que la gente está ahorrando rápidamente se está utilizando para obtener bienes duraderos de diferente naturaleza (electrodomésticos, electrónica personal, entre otros), lo que reduce su capacidad de acumular intereses y otros activos a través de los ahorros. La sociedad contemporánea hace uso de un mayor número de bienes que en décadas anteriores. Del mismo modo, el aumento del costo de la vida ha impulsado a las personas a aumentar su deuda a los ingresos y la deuda a las tasas de ahorro, en maneras que vuelven cada vez más vulnerables a las personas a los *shocks* externos. Esta situación puede ser aun más problemática para las personas de bajos ingresos si su acceso a instituciones financieras ya se encuentra restringido, como lo es para el caso de los migrantes.

Gráfico 4
Obligaciones financieras, ahorros y bienes
duraderos en los Estados Unidos

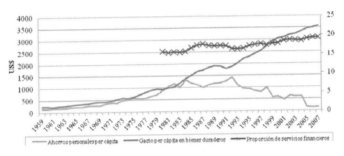

Fuente: Departamento de Comercio de los Estados Unidos; Banco de la Reserva Federal.

Utilizar la posesión de una cuenta bancaria como un indicador de acceso a servicios financieros permitió identificar que sólo poco más de una cuarta parte de los remitentes de remesas tiene una cuenta de ahorros o una cuenta corriente en los Estados Unidos. Por otra parte, la posesión de la cuenta de uno u otro tipo en el país de origen es mucho más baja, a pesar de que tener una cuenta de ahorros es más frecuente que tener una cuenta de cheques. Al igual que con las transferencias de remesas, la titularidad de las cuentas de los bancos varía entre nacionalidades; los mexicanos están entre los que tienen el porcentaje más bajo. Los migrantes entrevistados en los grupos focales tienen una mayor tasa de posesión de cuentas: más de la mitad (el

57%) dispone de una cuenta corriente o de ahorros en un banco. En DC, todos los entrevistados tienen una cuenta de ahorro, pero sólo la mitad tiene una cuenta en su país de origen. Al igual que en las encuestas, la posesión de una cuenta de cheques es menor, con las dos terceras partes teniendo una en los Estados Unidos, y sólo una persona tiene una cuenta en su país de origen.

Gráfico 5
Tenencia de cuenta bancaria

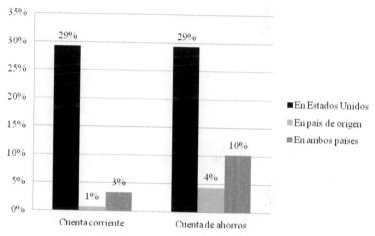

Fuente: Orozco, Manuel, *Encuesta realizada a migrantes latinoamericanos*, 2007.

Tal como lo indica el cuadro 14, la razón principal que los encuestados dieron para explicar por qué no tenían una cuenta bancaria es la falta de documentación, posiblemente debido a factores tales como dudas sobre la situación legal, los estrictos requisitos de documentación de los bancos y/o la falta de conocimiento sobre el conjunto de documentos que los bancos y otras instituciones financieras aceptan para abrir una cuenta. Esto se reflejó también en las entrevistas con los migrantes que no tienen cuentas bancarias. La razón más citada es la falta de documentos para el banco (14 personas). Aproximadamente un tercio de los encuestados dicen que no tienen cuenta debido a las barreras del lenguaje y la percepción de que no tienen suficiente dinero para ahorrar. La confianza también es un factor para la posesión de una cuenta bancaria: el 11% no confía en los bancos.

Cuadro 14
Razones de no tener cuenta bancaria

Razones	%
No tengo papeles para el banco	79
No hablo inglés	34
No tengo suficiente dinero para ahorrar	32
El proceso es muy complicado	23
No necesito una cuenta de banco	21
No confío en los bancos	11
Tuve una mal experiencia con un banco	2
No hay un banco cerca de mi trabajo o casa	2
Tengo dudas	0,3

Fuente: Orozco, Manuel, *Encuesta realizada a migrantes latinoamericanos*, 2007.

Estas razones son evidentes al examinar los cambios o adaptaciones que los bancos tendrían que hacer para atraer a la comunidad de latinoamericanos. La mayoría estaba preocupada por los cambios que harían los servicios financieros más fáciles, más asequibles y más accesibles para ellos. Coincidentemente, estas características van mano a mano con las características de un servicio de banca ideal: la seguridad, la aceptación de una identificación extranjera, las tasas de interés favorables, ahorros y préstamos accesibles, buen servicio y confianza. Del mismo modo, los migrantes entrevistados expresaron estas características: además de horas extras, la transparencia, la disponibilidad de servicios en español y la facilidad en las transacciones también son importantes.

Cuadro 15
Cambios que los migrantes esperan que una institución bancaria realice para que utilicen sus servicios

Cambios	%
Intereses bajos	57
Préstamos más fáciles	53
Acepten identificaciones extranjeras	50
Eliminar cobros por servicio	40
Mejor servicio al cliente	27
Ser más eficiente	23
Mejor reputación	17
Horario extendido	16

Fuente: Orozco, Manuel, *Encuesta realizada a migrantes latinoamericanos*, 2007.

Estas razones y cambios parecen apoyar la percepción que los inmigrantes latinoamericanos tienen de los bancos y de su preferencia de utilizar MTO para las transferencias de remesas. En las entrevistas con los migrantes, las personas expresan las percepciones que tienen de estas instituciones en los Estados Unidos y en los países de origen a través de diversos medios, y en general, prefieren los MTO. Utilizando creaciones visuales, los participantes en Nueva York dibujaron a los bancos más pequeños que los MTO, y además relacionaron a los bancos con transacciones grandes e instituciones frías, inhóspitas e inestables. Por otra parte, perciben que los bancos cobran demasiado en las tarifas, que predominan las largas filas y que el personal no habla español. Los dibujos de los MTO reflejan una institución que brinda un mejor servicio al cliente, que ofrece realizar transacciones corrientes a mejor precio, y además, facilita las transacciones y da los servicios en español. En DC, los migrantes, principalmente, relacionan a los bancos con préstamos y ahorros, mientras que a los MTO los asocian con transferencias de dinero y cambio de cheques. En Austin, una mujer mencionó que los bancos ofrecen "ahorro seguro", reflejando su desconfianza en los MTO. De igual manera, los migrantes en Washington DC y Nueva York expresaron su preferencia por los MTO.

Además de algunos cambios que se mencionaron antes, los inmigrantes tienen claro que las dos razones más importantes para abrir una cuenta bancaria son: 1) para guardar; 2) para solicitar un préstamo. Solicitar un préstamo es la segunda prioridad para los migrantes, seguido por la seguridad financiera global, que es casi igual de importante. Estas razones se ven reforzadas por la respuesta de la mayoría (el 59%), que coincidió en que en el momento de abrir una cuenta bancaria, la oportunidad de ahorrar es más importante que la posibilidad de solicitar un préstamo. De igual manera, de acuerdo con las respuestas de la encuesta, la posibilidad de ahorrar dinero a través de una cuenta es más importante que acceder a un préstamo. En Nueva York, la principal razón para abrir una cuenta es tener acceso a servicios financieros tales como las transferencias de remesas y tarjetas de crédito, así como establecer un historial de crédito. También expresaron su interés por las cuentas de transnacionales para acceder a los préstamos y tarjetas de crédito. La importancia de tener seguridad financiera es la razón principal para los inmigrantes en Washington DC.

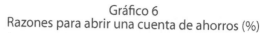

Gráfico 6
Razones para abrir una cuenta de ahorros (%)

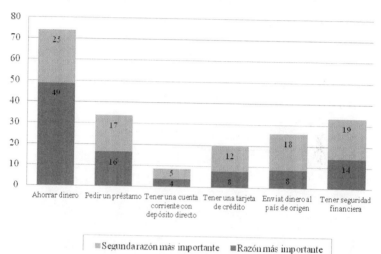

Fuente: Orozco, Manuel, *Encuesta realizada a migrantes lati-noamericanos*, 2007.

Poner dinero en un banco no es coincidencia. Más de la mitad de los encuestados (el 57%) ahorra o invierte un promedio de 4.179 dólares guardados en efectivo. Cuando se les preguntó acerca de los métodos utilizados para ahorrar o invertir, dejar a un lado el dinero que sobra al final del mes y trabajar horas extras en el trabajo fueron los métodos más populares. Sólo el 34% de la población encuestada dijo que utiliza una oficina bancaria o cuenta de ahorros para ahorrar o invertir.

Cuadro 16
Métodos que los migrantes utilizan para ahorrar

Método	%
Si me sobra dinero a fin de mes, lo dejo a un lado	68
Trabajo horas extras para ganar más dinero	56
Cuenta de ahorros en banco u oficina de correos	34
Aprovecho las rebajas	33
Invierto en algún negocio	18
Dejo a un lado los beneficios y regalos	15
Compro bienes duraderos, como carros, casas y otros	12
Jubilación	7

Fuente: Orozco, Manuel, *Encuesta realizada a migrantes lati-noamericanos*, 2007.

Los resultados de la encuesta y el estudio realizados muestran el grado en que los ahorros se utilizan como una forma de seguro de los migrantes, en particular, para la salud. Más de la mitad (el 60%) ahorra en caso de enfermedad, y el 27% ahorra en caso de muerte de un familiar. Cabe destacar que el 21% ahorra con el fin de invertir en un negocio pequeño. Las entrevistas con los migrantes en Austin ponen en evidencia un debate que está activo en cuanto al ahorro. La principal razón para ahorrar es para sus hijos (el 71%), mejoras en el hogar (el 29%), o para el caso de una emergencia (el 29%). Cabe destacar que más de una cuarta parte de estos migrantes tiene seguro de salud, y casi la mitad tiene seguro de vida.

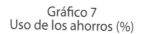

Gráfico 7
Uso de los ahorros (%)

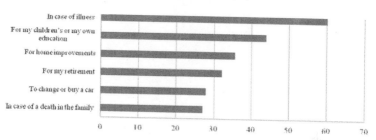

Fuente: Orozco, Manuel, *Encuesta realizada a migrantes latinoamericanos*, 2007.

Estos resultados muestran que los ahorros son en su mayoría informales. Por otro lado, se determinó que los migrantes participan en pocas actividades financieras, incluidos los préstamos, las donaciones, los ahorros, los pagos, los seguros y las inversiones, pero que sin embargo, los migrantes tienen o quieren tener tanto en los Estados Unidos como en su país de origen. De las opciones de actividades y obligaciones, sólo cuatro (ya sea en EE.UU., en el país de origen o en los dos) fueron utilizadas por más del 10% del total de encuestados. La actividad u obligación con la mayoría de las respuestas recibidas obtuvo el 40%.

Estas cuatro actividades son todas actuales y se llevan a cabo en los dos países, el de origen y el de destino. Se componen de propiedad de la cuenta, las obligaciones familiares y los pagos de transporte. Casi el 40% indicó tener una cuenta de ahorros en los Estados Unidos (a pesar de los resultados de una pregunta anterior que indagaba sobre lo mismo y mostró que sólo el 29% tiene una cuenta de ahorros), y la mayoría de estas personas tiene la cuenta en una institución bancaria.

Cuadro 17
Principales actividades financieras / obligaciones y con quién / con qué (%)

	Total	Banco	Cooperativa de crédito	IFM	Familiares o amigos en los EE.UU.	Préstamo privado	Compañía de seguros	Otro	No especificado
Tiene cuenta de ahorros en banco, oficina de correos, u otro en los EE.UU.	**39,9**	39,5	0,1					0,2	0,2
Mantiene a personas no de la familia que viven en el país de origen	**35,2**	0,7		0,1	14,0	0,5		8,2	11,8
Paga por bicicleta, motocicleta o carro en los EE.UU.	**20,1**	6,2	1,7	0,8	2,6	0,3	0,2	2,3	6,0
Paga préstamo por una emergencia pasada en su país de origen	**13,9**	0,1		0,3	8,5	0,2		2,7	2,1
Mantiene a personas no de la familia que viven en EE.UU.	**12,1**	0,2			4,6	0,4		3,5	3,4
Tiene cuenta de ahorros en banco, oficina de correos u otro en su país de origen	**11,9**	11,9							

Fuente: Orozco, Manuel, *Encuesta realizada a migrantes latinoamericanos*, 2007.

Los remitentes migrantes no conocen las opciones disponibles en los distintos servicios financieros, y en consecuencia, no aprovechan esos servicios. En la encuesta suplementaria del año 2008, se encontró que sólo el 12% de los remitentes están familiarizados con el seguro de repatriación de las remesas, y sólo el 2% tiene ese tipo de seguro. El conocimiento de los seguros de remesas es también bajo, del 9%, aunque cada vez más personas lo aprovechan (el 4%). Por otra parte, el 74% dice conocer sobre el seguro de salud, a pesar de que sólo el 38% tiene seguro de salud, en comparación con el promedio nacional de los Estado Unidos, donde el 82% posee seguro de salud.

La discusión acerca de las actividades financieras y las obligaciones durante las entrevistas con los migrantes se adentró en el equilibrio de los gastos diarios en los Estado Unidos y los gastos transnacionales. Los gastos relacionados con el hogar fueron los más frecuentes en todas las entrevistas a los grupos focales, de acuerdo a un pequeño cuestionario completado al final de la entrevista. Más de la mitad de todos los migrantes citó los servicios públicos y el alquiler como gastos importantes, y este resultado se repite para todas las ciudades estudiadas. Otros gastos variaron ampliamente, desde seguros de hogar, vida y automóvil al servicio de la ropa, el entretenimiento o Internet. Los entrevistados siempre indicaron a las remesas detrás de gastos inmediatos privados, lo que indica que si bien todavía se da mucha importancia al envío de dinero, los gastos personales tienen prioridad.

La discusión en Nueva York siguió estos mismos resultados mencionados antes. La renta es la obligación más importante, seguida por facturas de servicios públicos y tarjetas de crédito. La mayoría cumple con esas obligaciones pagando en efectivo y con órdenes de pago. Ninguno dijo tener préstamos, posiblemente debido a los problemas que expresaron para obtener una cuenta bancaria. En el cuestionario, los préstamos no fueron mencionados con frecuencia en las otras ciudades; sólo cuatro encuestados indicaron que tenían hipotecas de viviendas.

Los migrantes, en su mayoría, cumplieron con sus obligaciones financieras pagando con dinero en efectivo, aunque algunos también utilizan los servicios financieros. Las tarjetas más utilizadas son las tarjetas de identificación de las remesas y la tarjeta de tránsito en los Estados Unidos, con las dos terceras partes cada una. Los préstamos o el uso de seguro son muy bajos, y cada tipo de producto en los Estados Unidos sólo tenía una respuesta; estos productos eran poco utilizados en los países de origen.

En Austin, los préstamos que se tienen son principalmente para pagar por el medio de transporte (el 43%), y más de la mitad tiene una cuenta de ahorros. Mientras que en Los Ángeles, los participantes no debatieron sobre las obligaciones financieras; sólo en casos de emergencia, primero recurrirían a su familia y después recurrirían a la comunidad en busca de ayuda financiera. Sólo una persona manifestó que recurriría a una institución financiera para conseguir ayuda.

6. Protección social y de salud

Los migrantes constituyen una población vulnerable. Mantener un buen estado de salud en una población cuyos ingresos y activos financieros son limitados ayuda a mejorar su condición social. Las entrevistas a migrantes se centraron en su estado de salud y en las formas en que mitigan sus riesgos de salud. Tener salud y otras formas de seguro médico es una forma de mantener los bienes personales.

Como lo muestra el cuadro 18, las enfermedades generales más comunes entre los migrantes latinoamericanos en Estados Unidos son la gripe, dolores de cabeza, resfriado y fiebre. Cuando se les preguntó acerca de las condiciones crónicas que habían experimentado en los últimos doce meses, la mayoría (el 82% del total de encuestados) no respondió o dijo que no tenía ningún problema crónico. Sólo un poco más de cincuenta personas dijo haber sufrido una úlcera o gastritis o problemas de presión arterial, y 43 personas dijeron tener diabetes.

Cuadro 18
Principales enfermedades que enfrentan los migrantes

Enfermedad	%
Alergias	19
Dolores de cabeza	45
Anemia	2
Asma	4
Bronquitis	11
Frío	39
Debilidad	15
Diarrea	13
Sangrado de nariz	45
Dolor de oído	9
Fiebre	25
Gripe	48
Infecciones urinarias	8
Aturdimiento	6
Problemas de audición	3
Problemas de respiración	8
Problemas de la vista	7
Sangrado de nariz	5
Enfermedad de emergencia (accidente, enfermedad "mal tratada")	4
Otro	18

Fuente: Orozco, Manuel, *Encuesta realizada a migrantes latinoamericanos*, 2007.

Según el cuadro 19, los resultados más sorprendentes se encuentran en cómo los migrantes tratan de mitigar o resolver sus problemas de salud. Más de la mitad de los encuestados reconoció que se automedica para aliviar sus problemas médicos generales, y un cuarto de los encuestados dijo ir a un hospital del condado. Menos del 10% va a un médico pagado por su seguro. Estos datos están reforzados por los resultados que muestran que sólo el 9% de los encuestados paga por el seguro de salud en los Estados Unidos.

Cuadro 19
Método para hacer frente a problemas generales de salud

Método	%
Yo me prescribo a mí mismo medicinas o tratamiento	55
Gratis, hospital del condado	22
Hospital privado	13
Médico paga mi seguro de trabajo	8
No hago nada / NS / NR	5

Fuente: Orozco, Manuel, *Encuesta realizada a migrantes latinoamericanos*, 2007.

La falta de un seguro médico de trabajo plantea un problema de vulnerabilidad para esta población. Por otra parte, a pesar de que dice ahorrar su dinero para casos de emergencias médicas, sólo el 10% en realidad utiliza ese ahorro cuando está enfermo. Parte del problema es que el acceso a un seguro médico se ve limitado por problemas similares a los que ocurren con los bancos: la oferta limitada de servicios de seguros para los migrantes.

6.1. La inmigración y las redes familiares

La mayoría de los migrantes remitentes (el 87%) tiene un pariente que vive fuera de su país de origen. La encuesta suplementaria del año 2008 muestra que todos los países estudiados incluyen por lo menos el 80% de los encuestados que tiene familiares en el extranjero, con la excepción de México. De hecho, sólo el 36% de los encuestados de México tienen familiares en el extranjero. De las personas con familiares en el extranjero, la mayoría (el 51%) tiene cuatro o más miembros de la familia en el extranjero. Además, la mayoría de los parientes de la familia (el 56%) emigró en los últimos cinco años.

Cuadro 20
Porcentaje de personas encuestadas con
miembros de familia en el extranjero

	México	República Dominicana	El Salvador	Colombia	Bolivia	Guyana	Total
Familiar en el extranjero	36	94	100	100	99	84	87
Ningún familiar en el extranjero	64	6	0	0	1	16	13

Fuente: Orozco, Manuel, *Encuesta suplementaria de migrantes latinoamericanos*, 2008.

Mirando hacia el futuro, más del 60% de los migrantes remitentes cree que algún miembro de su familia emigrará en el próximo año. Las respuestas variaron según el país, sin embargo, los entrevistados de El Salvador y Bolivia tuvieron la mayor probabilidad de emigración (el 89 y el 75%, respectivamente), mientras que Guyana y México tuvieron el menor (17 y 23%, respectivamente). Cuando se les preguntó cuál sería el país de destino, el 99% cree que emigrarán hacia los Estados Unidos.

En cuanto a la razón de la emigración, la más citada incluye la posibilidad de enviar dinero a casa (el 61%), seguido de cerca por los bajos salarios en el país de origen (el 60%) y el deseo de mejorar las vidas de los emigrante o de sus familias (el 56%). El 10% de los encuestados dijo que la situación política del país de acogida sería una de las causas de la emigración. El mayor porcentaje de encuestados que reconoció que debido a la situación política emigraría es el de El Salvador (el 20%).

Cuadro 21
Porcentaje de personas que creen que un miembro
de su familia emigrará en el próximo año

	México	República Dominicana	El Salvador	Colombia	Bolivia	Guyana	Total
Miembro de familia emigrará	23	47	89	55	75	17	61
Miembro de familia no emigrará	77	53	11	45	25	83	39

Fuente: Orozco, Manuel, *Encuesta suplementaria de migrantes latinoamericanos*, 2008.

Un tercio de los migrantes que envían remesas afirmó que las redadas y otras acciones similares (presencia de agentes de la policía y empresas pidiendo identificaciones) influyen en el envío de remesas. Todos los afectados admiten sentirse amenazados por estas redadas y otras acciones similares. Casi la mitad (el 4%) ha viajado menos a los lugares que solía visitar. El 15% se ha mudado o cambiado de residencia. Sólo el 2% ha cambiado sus métodos de envío de remesas.

Los migrantes que envían remesas muestran una inclinación a permanecer en los Estados Unidos. Sólo el 10% planea regresar a sus países de origen. De los que planean emigrar, el 72% no va a salir de los Estados Unidos por lo menos en diez años o hasta que se jubilen. Ni uno solo de los entrevistados dijo tener planes de migrar en el año en que se realizó la encuesta, el 2008, a pesar de la desaceleración de la economía de los Estados Unidos. Menos de una quinta parte de los migrantes sabe de alguien que ha regresado a su país de origen de forma permanente.

Cuadro 22
Razones para emigrar

Razón para emigrar	%
Enviar dinero al hogar	61
Salarios bajos en el país de origen	60
Mejorar las condiciones de vida	58
No hay trabajo en el país de origen	40
Por recomendaciones de familiares	32
Alto costo de vida en el país de origen	27
Situación política en el país de origen	10

Fuente: Orozco, Manuel, *Encuesta suplementaria de migrantes latinoamericanos*, 2008.

6.2. Respuesta a la crisis económica estadounidense

La crisis económica ha afectado a las prácticas de envío de remesas de los migrante a través de varias dimensiones: empleo, ingresos, ahorros y migración. Inmigrantes hispanos en los Estados Unidos han sido testigos del mayor incremento del desempleo entre el cuarto trimestre de 2007 y el mismo período de 2008. La encuesta de 2009 refleja estos resultados: el 12% de los migrantes afirma que la mayor adversidad que ha surgido a partir de la crisis ha sido perder su trabajo o que algún familiar haya perdido su trabajo. Otra cuarta parte de los migrantes menciona que la reducción de sus horarios de trabajo ha sido la mayor dificultad a la que se ha enfrentado.

La ola de desempleo y subempleo que ha impactado especialmente a los migrantes en el contexto de la crisis económica ha aumentado la sensación de incertidumbre entre todos los migrantes y ha repercutido en el ahorro, el consumo y las remesas. Otra cuarta parte de los inmigrantes afirma que el temor de perder su empleo en cualquier momento es uno de los peores efectos de la crisis.

Los migrantes han tomado medidas para ajustar su comportamiento, en especial a través de sus gastos y el uso de los ahorros. Por otra parte, muchos migrantes buscan un empleo adicional. Las dos estrategias difieren según el nivel de ingresos, donde los inmigrantes con ingresos más altos han sido más proclives a reducir los gastos, mientras que los inmigrantes de bajos ingresos han tendido a buscar un empleo adicional.

Con relación a los patrones de envío de remesas, en el año 2008, la mayoría de los migrantes remitentes, el 84%, dijo que estaba enviando la misma cantidad de dinero que en el año 2007. Además, partes iguales de los remitentes enviaban menos dinero, así como enviaban más que en el 2007, en un 8% cada uno.

Cuadro 23
Cambios en el envío de remesas con
respecto al año anterior

	Porcentaje		Cantidad enviada (dólares)		Frecuencia de envío	
	2008	2009	2008	2009	2008	2009
Enviando menos	8	45	228	218	15.6	11.4
Enviando más	8	6	253	316	16.2	11.2
Enviando la misma cantidad	84	49	241	230	15.2	12.6
Total	100	100	241	230	15.3	12.0

Fuente: Orozco, Manuel, *Encuesta suplementaria de migrantes latinoamericanos*, 2008 y 2009.

Por el contrario, en el año 2009, casi la mitad de todos los remitentes enviaba menos que lo enviado en el 2008. Aquellos que enviaban más remesas en el año 2009 disminuyeron en un 6%, mientras que los que envían la misma cantidad entre los dos períodos se redujo a menos de la mitad de todos los remitentes. La remesa promedio se redujo el 5%, de 241 dólares en 2008 a 230 dólares en 2009. La frecuencia con la que envían también se redujo significativamente, de 15,3 veces al año en el 2008 a 12 veces en el 2009.

Uno de los efectos imprevistos de la crisis ha sido una mayor paridad de género en las prácticas de envío de remesas. La encuesta suplementaria de 2009 muestra que los hombres envían más dinero que las mujeres, el 18% más en promedio. La brecha de género se hace más pequeña entre los remitentes que envían menos que en el año 2008, cuando los hombres enviaban el 27% más que las mujeres en promedio.

Cuadro 24
Cambios en el envío de remesas con respecto al año anterior: selección de países de origen (%)

	Ecuador	México	Cuba	República Dominicana
Enviando menos	30	37	52	59
Enviando más	0	3	8	7
Enviando la misma cantidad	70	60	40	34

Fuente: Orozco, Manuel, *Encuesta suplementaria de migrantes latinoamericanos*, 2008 y 2009.

El Caribe parece una de las regiones más vulnerables a las crisis que se ocasionan en los otros países latinoamericanos. Entre los países comparados en las encuestas, las prácticas de los remitentes de remesas a Cuba y a República Dominicana han sido las más afectadas por las crisis. La mayoría de los remitentes de los dos países está enviando menos remesas en el año 2009 que las que enviaron en el año 2008. Por otro lado, los remitentes a Ecuador y México han sido menos afectados por la crisis, con más del 70 y 60% de remitentes que continúan enviando la misma cantidad de dinero que en el año 2008, respectivamente.

7. La educación financiera y de envío de remesas como asunto de política

Los resultados presentados en este capítulo ofrecen un acercamiento a las personas vulnerables que trabajan en los Estados Unidos y luchan por mantener un hogar en su país de origen remitiendo y enfrentando los desafíos de ser pobres e invisibilizados.

La utilización de la encuesta y las entrevistas a migrantes en grupos focales no sólo ayudó a tener una mejor idea de la relación entre remesas y finanzas, sino también ayudó a comprender algunos aspectos del significado de estas obligaciones, como parte de la vida diaria en un contexto donde la distancia emocional, pragmática y de logística tiene un peso muy grande. Por ejemplo, la percepción del lugar de los inmigrantes en la sociedad de los Estados Unidos difiere ligeramente entre las ciudades estudiadas, aunque en general, los participantes expresaron un fuerte deseo de mejorar sus vidas y las de sus familias en sus países de origen. En Nueva York, los participantes señalaron la percepción de sí mismos como inmigrantes latinoamericanos en los Estados Unidos. Ellos representaron la dicotomía entre la vida en los Estados Unidos y la vida en sus países de origen. En los Estados Unidos, los participantes se vieron solos frente a los edificios altos o viven con el constante miedo de la deportación. En el país de origen, las personas se veían felices, con sus familias y en sus casas, o jugando fútbol.

Cuando a los participantes se les pidió que describieran lo que les viene a la mente cuando piensan en sí mismos en los Estados Unidos con ganas de mejorar su situación financiera, se dieron algunas respuestas importantes. Algunos de ellos se centraron en las dificultades para mejorar sus finanzas en los Estados Unidos sin tener un trabajo estable. El género también juega un papel importante en este tema: una mujer expresó que ellas suelen planear más hacia el futuro en comparación con los hombres, que viven el momento. Por otro lado, otros creen que los puestos de trabajo de las mujeres son más fáciles que los de los hombres.

La mayoría de los participantes habló acerca de la ausencia de una adecuada educación financiera que les permita hacer un presupuesto y tener una perspectiva más hacia el futuro. En concreto, consideraron que la posibilidad de guardar y comprar una casa, ya sea aquí o en el país de origen, es un medio para mejorar su situación financiera. Este tipo de respuesta también se reflejó cuando las personas mostraron la manera en que priorizan sus gastos. Sus respuestas reflejan un contexto de urgencia y emergencia, en lugar de una planificación a largo plazo que mitigue la urgencia. Incluso en los debates sobre las remesas, los encuestados mostraron poca comprensión del papel que desempeñan las remesas como una actividad financiera.

En suma, la educación financiera es una herramienta que fortalece la capacidad de las personas para comprender el entorno financiero, por supuesto que en la medida en que la persona esté formada e informada acerca de las finanzas. Para las poblaciones cuya vulnerabilidad financiera es grave, la alfabetización es una herramienta esencial para aprender a presupuestar los recursos económicos que se tienen.

Capítulo 5. Competencia en el mercado de giros de dinero en América Latina

Introducción

Este trabajo presenta los resultados de una investigación de campo y una revisión de los mercados de remesas en quince países latinoamericanos y del Caribe,[63] tomando como referencia una serie de indicadores clave relacionados con la competencia en las transferencias de dinero.[64] Se encontró que la competencia en las transferencias de dinero entre los proveedores de servicios de remesas (RSP, por sus siglas en inglés) es relativamente fuerte en la mayoría de las empresas que ofrecen más de un producto de remesas, que operan en países con al menos tres pagos de remesas y apoyándose en las redes de pago que abarcan más de 50.000 puntos[65] de pago en estos países.

Los resultados de este trabajo muestran que las compañías de remesas se están volviendo cada vez más competitivas y que el aumento en la competencia reduce los costos. Se encontró que los costos de transferencia en el año 2010, en promedio, han disminuido ligeramente en comparación con el año 2009, al 5% del valor

---

[63] México, Colombia, Guatemala, El Salvador, República Dominicana, Perú, Ecuador, Honduras, Jamaica, Haití, Bolivia, Nicaragua, Paraguay, Guyana y Brasil.

[64] La recolección de datos fue llevado a cabo por Guadalupe Ortigoza, Elisabeth Burgess, Tim Cheston, Jessica Brackett, Eugenia García-Zanello y Maite Hostetter, entre septiembre de 2009 y junio de 2010.

[65] Un lugar de pago incluye bancos y sucursales, agencias, locales de tiendas minoristas, así como pagadores "móviles" (personas que realizan entregas a domicilio, que en República Dominicana se conocen como "motorizados").

transferido. Además, los RSP tienen que competir por la satisfacción del cliente y han logrado un promedio del 70% de índice de satisfacción. Utilizando cuatro indicadores clave para medir el desempeño de una empresa –alcance, costo, red de distribución y satisfacción de los consumidores– ninguna empresa alcanza el grado más alto, A +. Esto indica que aún le queda mucho trabajo por realizar a los RSP.

Además, se halló que en el lado emisor la mayoría de los proveedores de servicios de remesas son los operadores de transferencia de dinero (OTM), y en el lado del pago, la mayoría de las instituciones asociadas son los bancos comerciales. De hecho, las sucursales bancarias representan el 76% de todos los puntos de pago, y la mayoría de los puntos de pago son representados por OTM y por alianzas del banco pagador. En general, el 63% de todos los puntos de pago se da en las áreas urbanas de al menos 100.000 personas, sin embargo, sólo el 46% de la población vive en estas áreas, lo cual muestra una divergencia entre la concentración de puntos de pago y la población. Los OTM dominan el mercado de puntos de pago en América Latina y el Caribe, en el 94% de los lugares, aunque los bancos que envían las remesas también juegan un papel importante en muchos países. En general, *MoneyGram* se encuentra en la mayor parte de los lugares, pero a pesar de las importantes cuotas de poder de los cinco mayores RSP, la mayoría de todos los puntos de pago (el 59%) está en manos de otros PSR.

El informe analiza los reglamentos de las transferencias de dinero y el mercado de las transferencias realizadas por al menos 39 empresas líderes, comparadas en quince países que representan el 90% de todos los flujos de remesas desde los Estados Unidos a América Latina y el Caribe. Además, se examinan los principales proveedores de servicios de remesas, el costo del envío de remesas, el número, el tipo de institución y la concentración geográfica de los puntos de pago en cada país.[66] Las regulaciones sobre transferencias de dinero se examinan en relación con las instituciones que autorizan a los pagadores en moneda extranjera, los límites y requisitos de las transferencias de dinero, medidas antilavado de dinero, las normas referentes a cuentas en moneda extranjera y los papeles de las IMF en los mercados de remesas.

La primera sección presenta los resultados de la tabla de calificación de las empresas y en ella se resumen las conclusiones básicas de cada empresa. La segunda sección analiza los diferentes indicadores que caracterizan el mercado. También incluye un análisis de más de setenta proveedores de servicios de remesas y 2.500 instituciones de pago que trabajan principalmente en Estados Unidos, América Latina y el Caribe.[67] Los datos proporcionan información sobre los costos de las transferencias, la presencia en las zonas rurales, la asociación con instituciones bancarias y de microfinanzas, por dar algunos ejemplos. Seguidamente, la tercera sección analiza las tendencias regionales en los distintos indicadores. En la sección cuatro se analizan los marcos normativos que rigen el pago de remesas a América Latina.

---

[66] Los proveedores de servicios de remesas están identificados a partir de estudios de mercado, entrevistas con los inmigrantes competidores y estudios previos de los países. Sin embargo, la lista no es exhaustiva y es un trabajo en progreso. Los datos sobre los puntos de pago se utilizan como una manera de capturar el grado de cobertura de pagos, pero no necesariamente la cuota de mercado de los intermediarios.

[67] Con el propósito de proteger la información confidencial, las cifras en este estudio se tradujeron en proporciones y porcentajes. Estas proporciones y porcentajes facilitan la comparación.

1. Intermediación en transferencias de dinero: la medición de la competencia

Con el fin de entender mejor el mercado de transferencias de dinero, se utilizó un conjunto de variables para la elaboración de indicadores clave. Estos indicadores están relacionados con aspectos que caracterizan a la industria de transferencia de dinero en su entorno competitivo, y son estos aspectos del mercado los que los consumidores y los profesionales del desarrollo de políticas consideran importantes. La competencia en el mercado de transferencias generalmente se refiere a una situación en la que las empresas siguen las reglas del juego, ofrecen una gama de productos a través de las distintas regiones, ofrecen precios de mercado, tienen un origen de pago accesible y redes de distribución que ofrecen diversos servicios financieros, y además buscan satisfacer al consumidor.[68]

Los cuatro indicadores básicos utilizados fueron el alcance, el costo, la red de distribución y la satisfacción del consumidor. Estos indicadores captan las preferencias de los inmigrantes por servicios de pago, así como el vínculo entre las remesas y la creación de activos financieros.

El primer indicador, el alcance, se refiere a la extensión de la cobertura geográfica y de productos que las empresas adoptan. Las empresas que ofrecen más de un producto de remesas y que transfieren a más de un país son más competitivas. Como los resultados a continuación muestran, muchas empresas están ofreciendo cada vez más diversidad de productos y se concentran en menos de tres corredores. El siguiente indicador, el costo de la

---

[68] El cumplimiento de la ley no se toma en cuenta en esta tarjeta de calificación de empresas.

transferencia, es también un elemento clave que define la competencia y ha sido discutido en diversos trabajos como una cuestión de política. A medida que más empresas entran al mercado, reducir los costos de transferencia se convierte en un mecanismo importante para atraer a los consumidores.

Los lugares de transferencia en el origen de las remesas y los puntos de pago en el destino de las remesas son otras características distintivas en la competitividad. En el tercer indicador, nos centramos en el lugar de destino para conocer los tipos de instituciones de pago que se asocian con proveedores de servicios de remesas. El último indicador, la satisfacción del consumidor, se refleja en la apreciación de los consumidores de los servicios ofrecidos por las empresas, y es un factor clave que ilustra la competitividad de una empresa. En el cuadro 1, a continuación, se presentan las dieciséis variables utilizadas para crear los cuatro indicadores clave.

Cuadro 1
Indicadores de puntuación

Indicador	Variable	Descripción
Alcance	Productos	El número de productos de transferencia ofrecidos. Los productos incluyen: de dinero en efectivo a efectivo (C2C); de dinero en efectivo a cuenta (C2A); de dinero en efectivo al hogar (C2HD); de cuenta a dinero en efectivo (A2C); de cuenta a cuenta (A2A); de cuenta a entrega a domicilio (A2HD); de Internet a dinero en efectivo (I2C); de Internet a cuenta (I2A); así como otros servicios financieros ofrecidos por un RSP.
	Países	Número de países donde opera un RSP.
Costo	Cuota	Cuota de transacción.
	Margen del tipo de cambio	Comisión por el tipo de cambio cuando se envía dinero en divisa local.
	Costo total	Suma de cuota y comisión por el tipo de cambio.
	Puntos	Número de puntos de pago o locaciones de las agencias de pago.
	Puntos por país	Total de puntos de pago dividido por todos los países donde un RSP opera.
Red de distribución*	Puntos como parte de todos los puntos en corredor	Total de puntos de pago dividido por todos los puntos de pago de los quince países.
	Presencia rural	Razón de puntos de pago de RSP en zonas rurales (aéreas fuera de ciudades con más de 100.000 personas).
	Bancos pagadores como parte de todos los puntos	Razón de locaciones de pago bancarias con todos los puntos de pago de RSP.
	Pagadores MFI como parte de todos los puntos	Razón de puntos de pago de MFI con todos los puntos de pago de RSP.

Indicador	Variable	Descripción
	Transparencias en las cuotas	Porcentaje de personas que están de acuerdo o muy de acuerdo con que el RSP es transparente con sus costos.
	Transparencia en el tipo de cambio	Porcentaje de personas que están de acuerdo o muy de acuerdo con que el RSP es transparente con el tipo de cambio.
Satisfacción del consumidor	Facilidad de uso	Porcentaje de personas que están de acuerdo o muy de acuerdo con que el RSP es fácil de usar.
	Económico	Porcentaje de personas que están de acuerdo o muy de acuerdo con que el servicio del RSP es barato o económico.
	Valor	Porcentaje de personas que están de acuerdo o muy de acuerdo con que el servicio de su RSP tiene más valor que otros RSP.

* Los cajeros automáticos no se toman en cuenta como puntos de pago.

1.1. Tabla de calificación de las empresas de transferencia de remesas

Utilizando las dieciséis variables descritas anteriormente, 39 empresas líderes se clasificaron para identificar su posición en el mercado. Cada variable incluye una escala de 0 a 4, sumando hasta un máximo de 64 puntos por empresa. Dos puntuaciones totales principales fueron creadas: una puntuación que comprende los dieciséis indicadores y otra puntuación que excluye las cinco variables de confianza de los consumidores debido a la falta de disponibilidad de datos de trece empresas. Las calificaciones con letras fueron asignadas para reflejar el promedio de los cuatro indicadores clave: alcance, costo, red de distribución y la satisfacción del consumidor.[69] El cuadro 2, a continuación, muestra que ninguna empresa llegó a una calificación con A +, y tres distintas y nuevas empresas –*Xoom*, un negocio de transferencia de dinero por Internet; *Wells Fargo*, un banco; y Vigo y Viamericas, MTO emergentes– son las empresas con el mejor desempeño.

Cuadro 2
Calificación RSP (%) y grados***

RSP	Grado 1*	Grado 2*
Xoom	A-	B+
Wells Fargo	A-	A-
Vigo	A-	A-
Viamericas	B+	A-
Dolex Dollar Express	B+	B+
Sigue	B	B-

---

[69] Estos indicadores comprenden las dieciséis variables medidas en el cuadro 1.

RSP	Grado 1*	Grado 2*
Remesas Quisqueyana	B	B-
Alante Financial	B	B-
Western Union	B	B-
La Nacional	B	C+
Ria Envía	B	B
MoneyGram	B	B
Delgado Travel	B	B-
Bank of America	B	B
BHD	B	C+
Giromex	B-	B-
Bancomer Transfer Services	B-	C+
Intermex	B-	C+
Girosol	B-	C+
Envíos de Dinero G&T Continental	B-	B-
Orlandi Valuta	B-	B-
Bancuscatlan	C+	C+
Bancomercio	C+	C+
Banco Agrícola	C+	C
Multivalores (Nexxo)	C	C+
Unitransfer	C-	D+
Remesas Pujols		C
Uniteller		B+
Grupo Express		B-
Maniflo		C+
Barri International		C+
Order Express		B-
Citibank		B-
Banco Atlántida		C+

RSP	Grado 1*	Grado 2*
Dinero Seguro (USPS)		C+
Ficohsa Express		C
Jamaica National Overseas		C
Cibao		C
Laparkan		C

* Incluye los datos sobre la confianza del consumidor para un total de 64 puntos.
** No incluye datos sobre la confianza del consumidor y cuenta un total de 48 puntos.
*** Basado en puntuaciones promedio en los cuatro indicadores.

En la siguiente sección, se analiza cada uno de los principales indicadores mencionados anteriormente.

2. Proveedores de servicios de remesas: la competencia en el trabajo en el corredor Estados Unidos-América Latina

El flujo de remesas de Estados Unidos y América Latina cubre el 70% de todas las transferencias a la región enviadas por más de 15.000.000 de migrantes. En esta sección, se muestran los resultados por empresas que cada vez más se encuentran diversificando su gama de productos de remesas y que trabajan en uno a tres países. Las seis empresas principales que envían remesas a América Latina están entre las mayores de la cuota de mercado y cuentan con la presencia más grande que opera en la región. La red de pagos de los Estados Unidos a América Latina y el Caribe consiste en asociaciones con más de 2.500 instituciones de pago e incluye más de 50.000 puntos de pago único, casi la mitad de los cuales se encuentra en México. Los RSP se encuentran trabajando con instituciones bancarias como agentes de pago, y el 60% de los puntos de pago está en las áreas urbanas.

2.1. Productos y alcance geográfico

Al observar el tipo de productos de remesas[70] que ofrecen RSP, la mayoría de las empresas todavía centran sus servicios en las transferencias C2C; en general trabajan en el supuesto de que los migrantes no se están cambiando o no están dispuestos a cambiar a otros métodos. Sin embargo, hay una creciente diversificación de la oferta de productos: un poco menos de una cuarta parte (10 de 40 empresas) todavía sólo ofrece transferencias C2C, pero las otras tres cuartas partes (31 de 40 empresas) ofrecen transferencias en cuentas bancarias; seis empresas ofrecen transferencias en Internet, y diecisiete ofrecen servicios financieros adicionales a los consumidores, tales como giros postales y servicios de cambio de cheques.

En términos de alcance geográfico, el volumen de transferencias de dinero sigue siendo una propuesta atractiva para las empresas financieras en el negocio, pero la gran mayoría de empresas trabajan en menos de tres países. Existe una brecha entre un gran grupo de empresas que operan en algunos países y un pequeño grupo de empresas que operan en más de diez países. Además, estas últimas empresas cuentan con la cuota más grande en el mercado de transferencias a la región. Las empresas que presentan la mayor proporción de puntos de pago incluyen *MoneyGram*, *Western Union* y Vigo, seguidos por *Xoom* y Viamericas.

---

[70] Un producto de remesa es un servicio de transacción que incluye recibir la transferencia en efectivo por medio de una cuenta o proveyendo servicios financieros adicionales.

Las dos últimas con empresas emergentes con menos de diez años de funcionamiento.

Cuadro 3
Alcance geográfico de los RSP

Opera en	#	(%)
Diez o más países	8	13
De 4 a 9	4	7
Hasta 3	47	80

Cuadro 4
Alcance geográfico de los RSP (%)

RSP	Parte de distribución de pago	Participación en el mercado (est.)
MoneyGram	13	10
Western Union	9	30
Vigo	9	8
Xoom	8	3
Viamericas	7	3
Ria	6	8
Uniteller	6	3
Dolex	6	3
Otro	32	32

2.2. Costos de transferencia

Los costos de transferencia de remesas, por lo general medidos por la tasa y comisión sobre el tipo de cambio, han sido un tema de preocupación en las políticas públicas y los círculos internacionales de desarrollo. El costo promedio remitido en el año 2010 por estas empresas muestra un ligero descenso, respecto al 2009, de 5% de una transferencia de 200 dólares estadounidenses (ver cuadro

5). El resultado más importante en el año 2010 es que los precios convergen más cerca alrededor de la media, ya sea en la tarifa o en la comisión del tipo de cambio: casi el 70% de los costos son entre el 3,5 y el 6,5%. Estos promedios representan una mejora importante en el mercado, debido a que el rango de precios oscila entre un mínimo del 1% a un máximo del 9%.

Cuadro 5
Costo de enviar 200 dólares (US) como
porcentaje de cantidad principal enviada

Medición	Cuota	FX (tipo de cambio)	Total
Promedio	4,15	1,19	5,00
Rango	8,43	3,36	7,92
Desviación estándar	1,8	0,8	1,5

Las empresas que ofrecen los costos más bajos son las que brindan sus servicios en economías dolarizadas, donde las transferencias son en su mayoría pagadas en dólares estadounidenses, o entre RSP pagando a menos países. El costo aumenta ligeramente cuando el número de países donde opera un RSP crece. Pero la mayor parte de estos costos para las empresas se encuentran cada vez más concentrados en valores medios. El cuadro 6, a continuación, muestra 15 de las 39 empresas con los costos totales por debajo de la media. Al menos un tercio de los ingresos de la mayoría de estas empresas proviene de un único país, que en muchos casos se paga en dólares estadounidenses.

Cuadro 6
Costos promedio de transferencia de RSP

RSP	País donde opera principalmente	Costo total (%)
Bank of America (SafeSend)	México	1,58
BHD	República Dominicana	2,01
Delgado Travel	Ecuador	3,00
Girosol	México	3,00
Dolex Dollar Express	México	3,04
Alante Financial	El Salvador	3,50
Ficohsa Express	Honduras	3,50
Envíos de Dinero G&T Continental	Guatemala	3,70
Wells Fargo	México	3,73
Banco Agrícola	El Salvador	4,50
Bancuscatlan	El Salvador	4,50
Uniteller	Ecuador	4,59
Jamaica National Overseas	Jamaica	4,83
Viamericas	México	4,86
Citibank	México	4,90

2.3. Red de distribución

Los proveedores de servicios de remesas están trabajando con más de 2.500 instituciones de pago en los países receptores de remesas. Los contribuyentes están distribuidos de manera desigual entre regiones, países y zonas rurales y urbanas. Se encontró que *MoneyGram* tiene la mayor distribución de los puntos de pago. Casi la mitad (el 46%) de todos los puntos de pago están en manos de los cinco mayores RSP: *MoneyGram*, Vigo, *Xoom*, *Western Union* y Viamericas. Los contribuyentes tienden a ser los bancos y tienden a estar ubicados en zonas urbanas.

2.3.1. Las tendencias del mercado entre los proveedores de servicios de remesas y los contribuyentes

Aunque hay una serie de nuevos proveedores de servicios de remesas, la competencia se concentra en trece empresas por país, la mayoría de las cuales han estado activas en el mercado durante muchos años. Sin embargo, el rango es muy alto: México tiene 21 RSP, mientras que Haití y Guyana tienen sólo siete. En algunos países, los nuevos jugadores tienen una participación significativa en todos los puntos de pago, pueden no tener un gran volumen de remesas todavía, pero han logrado construir grandes redes de pago. RSP específicos de cada país, o un RSP cuya presencia es significativa en un solo país de la región, también representan un importante segmento del mercado.

A nivel regional, un número selecto de los RSP domina el mercado. De los quince países encuestados, *MoneyGram* cuenta con el mayor número de localizaciones en cuatro países, seguido de Vigo, Viamericas, *Xoom*, Ria y *Western Union*, con su mayor número de lugares en dos países de cada uno, mientras que los otros RSP dominan en un país cada uno: *MoneyTransfers* en Brasil, Viamericas en Guatemala, y Ría en Nicaragua.

A pesar de las importantes cuotas de poder de los cinco mayores RSP, la mayoría de todos los puntos de pago (el 59%) está en manos de otros RSP. Viamericas tiene una huella importante de todos los puntos de pago, en el 7%. Además, Uniteller, Dolex e Intermex poseen entre 4 y 6% de los puntos de pago total, principalmente debido a su prevalencia en México. En México y Nicaragua, un gran número de los RSP posee acciones moderadas en el mercado, en particular, Dolex y Viamericas (el 7%) en México, y Alante Financial (el 9%) en Nicaragua. En República Dominicana, seis RSP poseen entre 8 o 9% del número total de puntos de pago cada uno: La Nacional, Express Mateo, Envío Pronto, Remesas Pujols, Uniteller y Viamericas.

Los países pequeños con menor cantidad de puntos de pago, como Jamaica y Guyana, tienen la mayor disparidad en la participación de los RSP. En estos países, las empresas *Western Union* y *MoneyGram* predominan en el mercado. Por el contrario, los países con el mayor número de puntos de pago, en particular México, Guatemala y Ecuador, muestran una mayor paridad entre los RSP.

La naturaleza de las instituciones de pago tiene importantes implicaciones para el acceso al financiamiento y para la concentración geográfica de los puntos de pago. La tendencia entre aquellos que pagan es que los bancos representan las principales instituciones para la transferencia de dinero en un país. Las sucursales bancarias representan el 70% de todos los puntos de pago, seguidas por ventas al por menor con el 10%. Otros contribuyentes, que reflejan principalmente los servicios de entrega a domicilio, mantienen el 5% de los puntos de pago, mientras que las cooperativas de crédito y casas de cambio juegan un pequeño papel como contribuyentes en América Latina, con 7 y 3,5% por de todos los puntos de pago, respectivamente. Las oficinas de correos, que desempeñan un rol importante en la parte de pago en otras regiones del mundo como África, juegan un pequeño papel en América Latina y el Caribe, el 1%, y las IMF ni siquiera llegan a ese porcentaje.

En cuanto a la intersección del RSP y los tipos de instituciones de pago, la asociación entre los RSP, MTO y los contribuyentes del banco representa el 64% de todos los puntos de pago. Los MTO también tienen importantes alianzas con distribuidores al por menor y otros RSP. El Banco de RSP se asocia casi de manera exclusiva con los contribuyentes del banco, a pesar de que los contribuyentes al por menor y de crédito tienen una presencia muy pequeña. Los RSP IMF desempeñan un papel insignificante en el mercado y tienden a asociarse exclusivamente con los bancos, los contribuyentes al por menor, y otros, que no incluyen los contribuyentes de las IMF.

Cuadro 7
Tipos de RSP y tipos de instituciones de pago:
parte de todas las locaciones de pago (%)

Tipos de institucio-nes de pago	Tipo de RSP		
	MTO	Banco	Otro
Bank	64	5,4	0,2
NBFI	1	0	0
MFI	1,1	0,1	0,1
Credit Union	6,7	0,4	0
Retail	9,6	0,2	0
Forex	3,5	0	0
Post	2,5	0	0
Otro	5	0	0

La importancia de cada tipo de contribuyente también varía de forma significativa según cada RSP. *Western Union* y *MoneyGram* tienen un gran número de instituciones asociadas en toda la región, más de mil cada una, en comparación con un promedio de menos de cien para todos los otros RSP. Como resultado, *Western Union* y *MoneyGram* son los únicos RSP que poseen una asociación significativa con las instituciones de pago, además de los bancos. Intermex es el RSP que más se apoya o depende de las instituciones socias del banco que poseen sucursales bancarias y representa casi el 95% de todas las localidades. Aparte de *MoneyGram*, *Xoom* tiene el mayor número de lugares de pago de crédito sindical. Únicamente el 60% de las locaciones asociadas de *Western Union* y *MoneyGram* se encuentran representadas por las sucursales bancarias. *Western Union* tiene el mayor nivel de asociación con distribuidores al por menor y NBFI. *MoneyGram* también está asociado con puntos de venta al por menor en niveles significativos junto con las cooperativas de crédito. Los contribuyentes en general de las IMF por lo común se encuentran asociadas con *Western Union*, *MoneyGram*, y Viamericas.

Cuadro 8
Los diez MTO y tipos de pagadores en América Latina: parte
de todas las locaciones de pago de los MTO (%)

	Banco	NBFI	MFI	Cooperativa de crédito	Al por menor	Forex	Correo	Otro	Total de núm. de socios*
MoneyGram	58,3	0,9	2,6	11,3	19,3	1,9	0,9	4,8	1.481
Vigo	73,3	1,3	0,0	4,6	5,4	2,6	0,2	12,6	92
Xoom	73,8	0,2	0,6	8,4	6,6	3,0	0,1	7,4	228
Ria	82,8	0,1	0,6	4,3	1,9	3,2	0,3	6,7	53
Western Union	59,7	3,7	1,9	4,7	19,6	2,1	0,1	8,4	1,247
Viamericas	79,8	0,2	1,5	1,9	5,7	2,5		8,4	60
Uniteller	63,2	0,4	0,8	5,7	10,8	2,0	9,6	7,4	55
Dolex	89,7	0,2	0,0	1,3	5,0	1,4		2,5	28
Intermex	94,8			0,4	4,8				10
Wells Fargo	81,8						18,2		16
Otro	80,7	0,5	0,3	4,2	4,5	1,8	0,1	7,9	271

* Tomar nota del número total de instituciones asociadas únicas que no cuentan dos veces si un contribuyente trabaja en más de un país de la región.

Nota: Las entradas en blanco significan la ausencia de puntos de pago entre el objetivo a medio plazo y un tipo de contribuyente, mientras que el 0% representa la presencia de una asociación, aunque el porcentaje total de todos los lugares es inferior al 0,5%.

Las concentraciones geográficas divergentes de los lugares de pago asociados a los RSP juegan un rol determinante en el acceso a los servicios de remesas. Uno de los mayores RSP, Ria, tiene la mayor concentración de puntos de pago de sus socios en las áreas urbanas, con sólo el 35% de sus localidades en las zonas rurales en general, donde el 54% de la población vive. Viamericas, por el contrario, tiene la mayor concentración de puntos de pago en las zonas rurales.

Cuadro 9
Población y concentración geográfica
de puntos de pago (%)

	Rural	Urbana
MoneyGram	42	58
Ria	35	65
Vigo	36	64
Western Union	40	60
Xoom	40	60
Viamericas	69	31
Otro	41	59
Todos RSP	42	58
Población total	**54**	**46**

2.4. Satisfacción del consumidor

La satisfacción del consumidor se mide a partir de encuestas a los inmigrantes, a quienes se les pregunta si están de acuerdo o muy de acuerdo con que se encuentran satisfechos con algunos aspectos de los RSP que utilizan en la actualidad. Las cinco categorías que se miden son: la transparencia de las comisiones; la transparencia del cambio de divisas; la facilidad de uso; la economicidad total; y el valor que tiene el servicio en comparación con otros RSP. La satisfacción de los consumidores de estos componentes es importante, porque los consumidores optarán por los RSP que más les gusten, con los que se encuentren más contentos. Por lo tanto, debe ser de sumo interés del RSP comprender y adaptarse al nivel de satisfacción de los consumidores.[71]

La facilidad de uso tiene la calificación promedio más alta de satisfacción con el 86,2%. El alto grado de satisfacción media con la facilidad de uso puede estar relacionado con las tendencias migratorias de encontrar un solo método de envío de remesas y no explorar nuevas opciones con el paso del tiempo. Casi tres cuartas partes de los consumidores están satisfechos con la transparencia de las comisiones; el 60,1% está satisfecho con la economicidad total del servicio; el 61,4% está satisfecho con la transparencia del cambio de divisas; y sólo el 46% de las personas respondieron que están satisfechas con el valor de los servicios disponibles a través de su RSP. Los índices de satisfacción de valor pueden ser bajos porque los consumidores no son conscientes del valor de sus servicios y productos a través de su RSP y de cómo comparar entre ellos.

Tal como lo indica el gráfico 1, entre los cinco mayores RSP, *Xoom* tiene los mayores índices de satisfacción de los consumidores en materia de transparencia de las comisiones, la transparencia del cambio de divisas y el valor. *Xoom* se encuentra empatado en la clasificación más alta en la satisfacción por los niveles de economicidad con Vigo, a pesar de que Vigo es en realidad el menos costoso. Por último, *Xoom* se encuentra a sólo un punto porcentual por debajo de Vigo en la categoría de facilidad de uso. Entre las calificaciones más bajas, se encuentra Viamericas

---

[71]   Los resultados de la satisfacción del consumidor se basan en una encuesta nacional realizada a 1.000 inmigrantes, entre febrero y junio de 2010.

por transparencia de las comisiones y facilidad de uso, *MoneyGram* por la transparencia del tipo de cambio de divisas y el nivel de economicidad, y Vigo por el valor del servicio. En este caso, *Western Union* es el más caro.

Gráfico 1
América Latina y el Caribe: satisfacción del consumidor en los cinco RSP más grandes (% satisfecho o muy satisfecho)

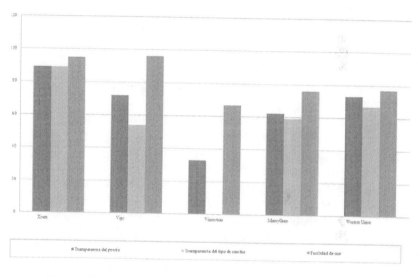

Fuente: Orozco, Manuel S.; Elisabeth Burgess y Landen Romei, "A Scorecard in the Market for Money Transfers: Trends in Competition in Latin America and the Caribbean", *Inter-American Dialogue*, junio de 2010.

3. Corredor de la competencia en los mercados de remesas en América Latina y el Caribe

El mercado de la intermediación de remesas entre Estados Unidos y América Latina y el Caribe sigue mostrando un importante dinamismo, incluso en tiempos de crisis. Por ejemplo, la consolidación del mercado continúa siendo una característica de la competencia. En la actualidad, hay trece proveedores de servicios de remesas en cada corredor dado en promedio, que son por lo general los operadores de transferencia de dinero. Sin embargo, en comparación con años anteriores, el número de proveedores de servicios de remesas ha disminuido, lo que refleja en parte los cambios en la industria que puede mostrar la consolidación de empresas.[72]

Los principales datos de catorce países muestran un total de más de 53.000 lugares únicos de pago de remesas en los países estudiados. Estos lugares se asocian con 2.500 instituciones autorizadas para realizar transferencias de dinero. No todas las empresas con los mayores volúmenes tienen el mayor número de lugares: hay nuevos jugadores con mayor número de socios de pago asegurando de esta manera una huella más grande en América Latina. Este informe utiliza puntos de pago como una medida de la participación en el mercado de las remesas de los RSP y de los contribuyentes. Una razón por la que la ubicación de la localización de pago es importante es porque cuando un RSP controla más puntos de pago, esto le asegura un tamaño mayor y una ventaja competitiva en el largo plazo. Además, aprender sobre la presencia de puntos de pago permite que los estudios sobre el financiamiento del desarrollo en relación con las remesas obtenga una perspectiva más cercana sobre el potencial de permitir el acceso financiero a los receptores de remesas.

---

[72]   Orozco (2006).

3.1. Características generales de las remesas en América Latina y el Caribe

Existe una correspondencia entre el número de puntos de pago y los volúmenes de agregados, lo que sugiere que un mayor número de transferencias requiere un mayor número de lugares (véase el cuadro 10). Al comparar los puntos de pago con los costos, también se encontró que a medida que la red de pago del país se expande, el costo de enviar a ese país disminuye.

Cuadro 10
Remesas hacia América Latina y el Caribe: características básicas

País	Remesas anuales (millones US$)	Remesas como parte del PIB (%)	Remesas per cápita (US$)	RSP (#)	Puntos únicos de pago	Costo promedio de remitir (%)
México	25.145	2,5	232	21	20.611	6,2
Colombia	4.842	2,3	100	15	2.288	5,8
Guatemala	4.315	12,7	298	14	3.398	5,0
El Salvador	3.788	18,3	517	16	1.362	4,5
República Dominicana	3.148	7,5	320	18	1.919	5,7
Perú	2.960	2,6	109	14	1.865	4,0
Ecuador	2.822	5,9	200	14	3.332	3,8
Honduras	2.707	21,6	338	14	1.480	4,3
Jamaica	2.034	17,9	754	9	589	6,5
Haití	1.184	30,0	136	7	437	6,4
Bolivia	1.097	8,1	103	11	1.527	6,1
Nicaragua	1.056	18,1	195	20	497	5,0
Paraguay	700	5,7	109	9	755	5,0
Guyana	415	36,7	528	7	115	8,0
Brasil	4.746	0,4	232	9	13.022	6,6

Fuente: Banco Central de cada país, indicadores del Banco Mundial de Desarrollo, datos recolectados por el autor.

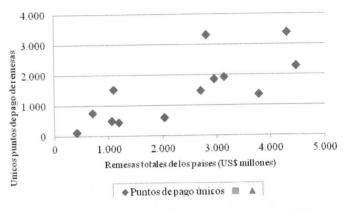

Gráfico 2
Remesas y locaciones de pago en
América Latina y el Caribe

Nota: México y Brasil, que exhiben una tendencia similar, se encuentran excluidos del gráfico debido al gran tamaño de sus redes de pago y al volumen de las remesas.

Fuente: Orozco, Manuel S.; Elisabeth Burgess y Landen Romei, "A Scorecard in the Market for Money Transfers: Trends in Competition in Latin America and the Caribbean", *Inter-American Dialogue*, junio de 2010.

Gráfico 3
Costo de remisión y número de puntos en América Latina

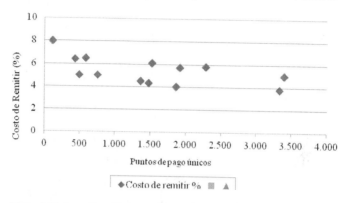

Nota: México y Brasil, que exhiben una tendencia similar, no fueron tomados en cuenta en este gráfico.

Fuente: Orozco, Manuel S.; Elisabeth Burgess y Landen Romei, "A Scorecard in the Market for Money Transfers: Trends in Competition in Latin America and the Caribbean", *Inter-American Dialogue*, junio de 2010.

Cuadro 11
Costo de remisión por 200 dólares estadounidenses a
países latinoamericanos y caribeños seleccionados

	2001	2002	2003	2004	2005	2006	2007	2008	2009	2010
Bolivia			10.1	6.7	5.6	6.1	4.3			6.1
Colombia	10.1	8.7	6	5.9	5	6.8	4.4	5.2	4.4	5.8
Cuba	13	12.9	12.4	12.4	12	12.4	12.8	ND	17	
República Dominicana	9.4	8.4	7.2	7.1	6.4	8.2	8.4	5.9	6	5.7
Ecuador		5.7	5.1	4.4	3.9	3.8	3.8	4.2	3.7	3.8
El Salvador	6.7	6.2	5.8	5	5.2	4.8	5.2	4.3	4.5	4.5
Guatemala	7.4	7.3	7.8	6.3	5.6		6.2	5.8	5.6	5.0
Haití	9	8.1	10.4	7.9	6.7	7.2	7.3	5.2	7	6.4
Honduras		6.9	6.9	6.2	5.8	5.8	3.6	4.84	5.7	4.3
Jamaica	9.8	10	12.7	8.8	8.2	7.1	7.8	6.4	6.7	6.5
México	8.8	9.3	7.5	6.2	6	6.2	5.7	6.6	5.6	6.2
Nicaragua	7.5	7.5	7	6.7	5.2	5.2	4.7			5.0
Perú			6.2	6.1	4.6	4.4	3.6	3.8	4	4.0
Venezuela		7.4	8.6	5.2		8.2		ND	ND	
Guyana										8.0
Brasil										6.6
Paraguay										5.0
LAC	*9*	*8.6*	*8.2*	*7.1*	*6.3*	*6.5*	*6.1*	*5.2*	*5.3*	*6.1*

Nota: Costo incluye cuota y comisión.

La importancia relativa de los tipos de pagadores o contribuyentes varía significativamente según el país. De los catorce países estudiados, los bancos mantienen al menos el 70% de todos los puntos de pago en ocho países. Los bancos tienen la mayor cuota de mercado en Guatemala, con el 9%, lo que refleja el entorno restringido normativo para los contribuyentes autorizados.

En Paraguay, por el contrario, las IMF dominan como pagadores, con el 50% de todas las localidades. En Guyana, los puntos de venta al por menor tienen una participación significativa, con el 43%. Los bancos en Guyana tienen menor proporción de localidades en la región, con sólo el 7%. En la República Dominicana, la entrega a domicilio representa el tipo más utilizado de pago, con el 84%. Sin embargo, otros países tienen una gran variedad de tipos de pagadores o contribuyentes con una presencia significativa en el país. En Bolivia, por ejemplo, las IFM comprenden el 17% de todos los lugares, seguidas por las cooperativas de crédito y los bancos, con el 16 y el 28%, respectivamente.

Cuadro 12
El pago de entrada de las remesas por
tipo de pagador institucional (%)

	Banco	NBFI	MFI	Cooperativa de crédito	Retail	Forex	Post	Otro*	TOTAL
Bolivia	28	6	17	16	8	17	0	7	100
Brasil	86	0	0	10	0	1	0	4	100
Colombia	84	8	0	0	1	7	0	0	100
República Dominicana	12	0	1	0	0	4	0	84	100
Ecuador	60	0	1	9	3	6	0	19	100
Guatemala	95	0	0	1	1	0	0	3	100
Guyana	7	1	0	0	37	3	0	53	100
Honduras	88	0	0	3	6	1	0	2	100
Haití	30	2	15	0	15	12	0	26	100
Jamaica	40	4	0	8	22	12	8	6	100
México	79	0	0	5	11	1	2	3	100
Nicaragua	77	6	3	2	2	2	5	1	100
Perú	75	0	9	1	4	9	0	1	100
Paraguay	23	0	50	0	0	23	1	2	100
El Salvador	75	1	2	12	4	0	0	6	100

* "Otro" en República Dominicana y Haití refleja la gran cantidad de servicios de entrega a domicilio ofrecida en estos dos países.

La importancia de cada tipo de contribuyente varía de modo significativo según la subregión. En el Caribe, sólo el 14% de los puntos de pago son las sucursales bancarias. Por el contrario, en el 75% de todas las ramas son "otros" los contribuyentes, lo que refleja principalmente el gran papel que desempeñan los servicios de entrega a domicilio en el Caribe. El papel de los bancos es en particular significativo en América Central, donde el 89% de todos los puntos de pago son las sucursales bancarias. Los puntos de venta al por menor y las cooperativas de crédito desempeñan un pequeño papel como pagadores en América Central. Las cooperativas de crédito tienen su mayor participación relativa en América del Sur, el 6% de todas las localidades. Las IMF también desempeñan un papel relativamente más grande en América del Sur, con el 4% de todos los lugares, lo que equivale a la proporción de puntos de venta. Los establecimientos comerciales tienen la mayor presencia relativa en México, el 11%, a pesar de que los bancos dominan.

Cuadro 13
Tipo de pagador institucional: parte
de todos los puntos de pago

	Banco	NBFI	MFI	Cooperativa de crédito	Al por menor	Forex	Post	Otro*	TOTAL
Caribe	14	0	1	1	2	5	1	75	100
América Central	89	1	1	3	3	0	0	3	100
México	79	0	0	5	11	1	2	3	100
América del Sur	75	2	2	7	2	5	0	6	100
LAC	**76**	**1**	**1**	**5**	**7**	**2**	**1**	**7**	**100**

Nota: * "Otro" en el Caribe principalmente refleja la presencia de servicios de entrega a domicilio.

3.1.1. La presencia de las instituciones bancarias y su relación con las remesas

Los sectores bancarios de América Latina y el Caribe varían significativamente no sólo en el número de bancos, sino también en la concentración de sucursales bancarias en las principales ciudades. En general, los países más pequeños con PIB bajos poseen menos bancos, aunque existen excepciones, como Paraguay, con dieciséis bancos autorizados. México tiene el mayor número de bancos y sucursales bancarias, 41 y 9.332, respectivamente. Ecuador tiene un nivel desproporcionadamente alto de bancos comparado con su PIB: veinticinco instituciones bancarias. Colombia tiene un alto número de sucursales por cada banco. Curiosamente, el número de bancos y el de sucursales de cada banco no se correlacionan con la concentración de sucursales bancarias en las principales ciudades. Bolivia tiene la mayor concentración de sucursales bancarias en la ciudad más importante, aunque el número de bancos y sucursales de cada banco no son excepcionales. México tiene el mayor sistema bancario, sin embargo, la concentración de sucursales bancarias en las grandes ciudades es baja, lo que permite la posibilidad de que después de cierto punto, los bancos se expandan hacia las zonas rurales en lugar de hacinarse en las áreas urbanas. Colombia representa un ejemplo opuesto al caso mexicano, su gran sistema bancario se encuentra moderadamente concentrado en las zonas rurales.

Cuadro 14
Características de las instituciones
bancarias latinoamericanas

	Bancos	Sucursales	Sucursales por banco	Sucursales en ciudades grandes (%)	Población en ciudades grandes (%)
Bolivia	12	323	27	54	24
Colombia	18	3.991	222	47	31
República Dominicana	12	674	45	45	21
Ecuador	25	951	38	44	26
El Salvador	8	291	36	44	8
Guatemala	19	1.689	89	43	8
Guyana	6	30	5	30	17
Haití	9	154	17	45	9
Honduras	17	783	46	23	13
Jamaica	7	140	20	39	25
México	41	9.332	288	35	19
Nicaragua	8	247	31	46	17
Paraguay	16	259	16	42	8
Perú	17	1.920	113	57	35
Total	215	20.784	97	41	21

Los bancos muestran distintos niveles de participación con los RSP más importantes. Por un lado, el 75% de todos los bancos pagan ya sea con *Western Union* o *MoneyGram* en El Salvador. Por otro lado, en México sólo el 12% de todos los bancos pagan con *Western Union* o *MoneyGram*. En un país dado, los bancos también participan en niveles significativamente diferentes entre *Western Union* y *MoneyGram*. En República Dominicana, los bancos ofrecen 315 puntos de pago a través de *MoneyGram* y cero puntos a través de *Western Union*. En Haití, los socios de *Western Union* con bancos, ofrecen 90 puntos de pago en las sucursales bancarias, mientras que *MoneyGram* sólo dispone de 43 puntos de pago en los bancos. En general, sin embargo, los bancos muestran niveles significativamente más altos de puntos de pago con *MoneyGram* que con *Western Union*.

Cuadro 15
Asociación de bancos con *Western Union* y *MoneyGram*

	Total de puntos de pago bancarios de RSP		Cantidad de bancos pagando a Western Union o MoneyGram (%)
	Western Union	Money Gram	
Bolivia	88	51	33
Colombia	113	533	11
República Dominicana	0	315	25
Ecuador	112	415	28
El Salvador	149	86	75
Guatemala	670	860	58
Guyana	0	10	17
Haití	90	43	44
Honduras	292	387	76
Jamaica	0	49	14
México	1.491	4.231	12
Nicaragua	33	47	25
Paraguay	19	11	13
Perú	199	867	29
Grand Total	3.256	7.905	31

3.2. La concentración geográfica de los puntos de pago

La competencia también tiene implicaciones importantes en la cobertura del servicio en las zonas donde existe demanda. En América Latina y el Caribe, hay una divergencia significativa entre la concentración geográfica de la población y los puntos de pago. En general, el 63% de todos los puntos de pago se encuentra dentro de áreas urbanas donde al menos habitan 100.000 personas, sólo el 46% de la población reside en las zonas urbanas. En otras palabras, los que viven fuera de las zonas urbanas, que constituyen la mayoría, sólo tienen acceso a un poco más de un tercio de todos los puntos de pago. Sólo Paraguay tiene la paridad entre la población urbana y zonas urbanas de pago. La divergencia es también significativa entre las principales ciudades o metrópolis de la región. Sólo el 22% de la población vive en las grandes ciudades en comparación con el 36% de todos los puntos de pago.

Gráfico 4
Población en América Latina y concentración
urbana de los puntos de pago

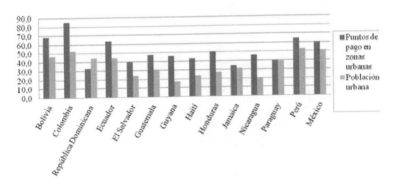

La concentración urbana de los puntos de pago varía significativamente según el país y la subregión. América del Sur tiene la mayor concentración de lugares de pago en las zonas urbanas, con el 70% (excluyendo a Brasil), aunque sólo el 48% de la población vive en zonas urbanas. Esta falta de correspondencia de la concentración geográfica de las redes de pago y de la población es similar en el Caribe, pero en menor grado. En los países del Caribe como Jamaica, Haití y República Dominicana, el 47% de todos los puntos de pago se encuentra en las zonas urbanas, que concentran el 39% de la población. En América Central, el 47% de todos los lugares están ubicados en zonas urbanas. Colombia tiene la mayor divergencia entre la concentración geográfica de la población y los puntos de pago, con el 53 y el 89% en las zonas urbanas, respectivamente. República Dominicana es el único país que tiene una mayor proporción de puntos de pago fuera de las zonas urbanas que la proporción de población urbana.

Gráfico 5
Concentración urbana de puntos de pago por subregión (%)

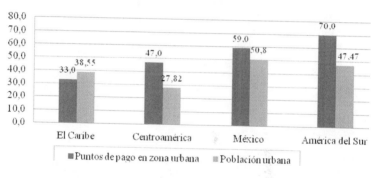

En América Latina y el Caribe, los tipos de institución de pago con la mayor concentración fuera de las zonas urbanas tienen los porcentajes más bajos de todos los puntos de pago. Como muestra el gráfico 6, los bancos dominan como centros de pago y son también los más concentrados en zonas urbanas, junto con las instituciones financieras no bancarias. El segundo tipo de centro de pago más importante, centro al por menor, también está presente particularmente en las zonas urbanas. Las oficinas de correo, por el contrario, tienen la concentración más baja en las zonas urbanas, y sin embargo, representan menos del 1% de todos los puntos de pago. Las cooperativas de crédito y las MFI tienen presencia relativamente mayor en las zonas rurales, pero su cuota de mercado es pequeño también.

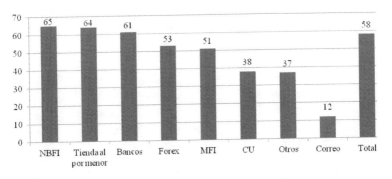

Gráfico 6
Concentración urbana de puntos de
pago por tipo de pagador (%)

4. Remesas y tecnología

El siguiente apartado proporciona pruebas y análisis sobre la demanda de inmigrantes por la transferencia de remesas y compara esa demanda con la oferta de servicios de transferencias de dinero basados en tecnología. También ofrece observaciones sobre las oportunidades de innovación en los productos. La siguiente sección aborda tres cuestiones. En primer lugar, ¿cuáles son las preferencias predominantes de los inmigrantes latinoamericanos en los Estados Unidos en el envío de dinero? En segundo lugar, ¿están dispuestos a adoptar nuevos métodos de envío y son las aplicaciones *web* y móviles una opción accesible? Por último, ¿qué nuevas aplicaciones ofrece el mercado, sobre todo en la industria de la telefonía móvil? ¿Responden esos productos a las necesidades del consumidor migrante?

Los resultados del estudio realizado revelan que los migrantes están dispuestos a adoptar nuevas prácticas para el envío de dinero a sus hogares haciendo uso de Internet, las aplicaciones de telefonía móvil y las tarjetas de débito o crédito. Sin embargo, para los migrantes el acceso a la tecnología basada en dispositivos es limitada, y los productos que actualmente se ofrecen en el mercado de los Estados Unidos no están disponibles para la mayoría de los migrantes. Como se trata de servicios de transferencia de dinero basados en la última tecnología, requieren habilidades avanzadas en la tecnología de interconexión, y en general, ofrecen el servicio únicamente en los Estados Unidos, por lo que la tecnología y los productos no responden a las necesidades de los migrantes.

4.1. El mercado y las remesas de migrantes

El mercado de las remesas en el lado de la demanda ha cambiado poco durante la recesión. Las preferencias en el envío de dinero de los inmigrantes continúan siendo las mismas, es decir, que los migrantes tienen una fuerte predilección a cambiar su método de envío sólo si evalúan que un mejor método está disponible. La confianza del consumidor en servicios de transferencia de dinero también es fuerte. Las características de los patrones de envío de remesas se mantienen relativamente similares. El importe medio anual que se envía se ha reducido en sólo el 10% a partir de 2008. La gente continúa enviando de forma regular y ha estado enviando durante un promedio de siete años. Los inmigrantes en la actualidad pagan las tarifas más bajas para enviar dinero, desde que la recopilación de datos comenzó en el año 2000. Las transferencias son inelástica en el precio y la cantidad: la gente envía más o menos la misma cantidad con el tiempo y es sensible a los precios, pero no envía más si los precios bajan.

Cuadro 16
Características de las remesas (promedio)

Cantidad de remesas	182 dólares
Frecuencia por año	14
Remesas totales anuales	2.406,47 dólares
Cantidad de años enviando remesas	7
Cuota	8,32 dólares

Casi el 90% de las personas utiliza los operadores de transferencia de dinero (MTO, por sus siglas en inglés), mientras que el 3% utiliza los bancos, el 2% utiliza Internet, y el resto utiliza medios informales como el correo o envío de dinero con los viajeros que van a su país de origen.[73] Los MTO ofrecen pago de dinero en efectivo a dinero en efectivo, ya sea que el emisor vaya a una tienda, banco, correo o centro de pago y decida hacer una transferencia de dinero en efectivo. El destinatario recibe un pago en efectivo. Algunos MTO también permiten a los remitentes utilizar su tarjeta de débito o tarjeta de crédito, en lugar de dinero en efectivo, para pagar por una trasferencia internacional de remesa, ya sea mediante el uso de su tarjeta en un lugar de pago o llamando por teléfono y proporcionando el número de su cuenta o tarjeta. Además, estas opciones permiten a los remitentes enviar dinero a la cuenta bancaria de un beneficiario (de efectivo a cuenta).

Las preferencias de los consumidores y su satisfacción se mantienen sin cambios desde el año 2006. Dos tercios de las personas están satisfechas o muy satisfechas con el servicio de transferencia de dinero que utilizan, mientras que aquellos que utilizan Internet muestran una mayor satisfacción que los demás usuarios.

---

[73]   Contrario a las expectativas, la recesión no parece aumentar el uso de mecanismos de transferencia informales. Aunque las transferencias de cuenta a dinero en efectivo son del 5%, han aumentado el 1% en 2005, año en que por primera vez se recolectaron datos sobre las transferencias en cuentas.

Cuadro 17
Satisfacción del consumidor por
método de envío de dinero (%)

Encuestados satisfechos o muy satisfechos con (como porcentaje del total de encuestados)	Banco	Agencia de transferencia de dinero	Internet	Todos los encuestados
Transparencia: costo	81,20	71,00	89,50	71,60
Transparencia: tipo de cambio	41,90	63,40	89,50	63,20
Facilidad de uso	90,60	82,30	94,70	82,30
Costo de envío	62,50	60,10	68,40	60,50
Valor	50,00	48,70	89,50	49,90
Satisfacción total	67,70	65,40	89,50	65,90

En tercer lugar (esto es lo más importante para la expansión de nuevos tipos de servicios de transferencia de dinero), la mitad de los encuestados están dispuestos a cambiar a otro método de envío. Los entrevistados que están satisfechos con su proveedor de servicio actual y los encuestados que no están satisfechos expresaron su disposición de cambiar de proveedores por igual, lo que sugiere que existen oportunidades de mercado a pesar de los altos niveles de satisfacción con la oferta que hay en la actualidad. Las oportunidades de hacer depósitos directos con una transferencia de dinero fueron más populares que otras tecnologías de transferencia aplicadas, tales como tarjetas, teléfonos móviles o Internet.

Cuadro 18
Preferencia a cambiar por nivel de satisfacción (%)

	No cambiaría	Cambiaría
Insatisfecho con método actual	49,30	50,70
Satisfecho con método actual	50,40	49,60

Cuadro 19
Desglose de clientes dispuestos a
intentar nuevos métodos (%)

Dispuesto a cambiar	47,10
Dispuesto a tratar con depósito directo	35,20
Dispuesto a probar nuevas tecnologías	15,20

Los migrantes siguen dependiendo y se muestran satisfechos con las transferencias de dinero de efectivo a efectivo, pero les gustaría mejorar sus métodos de envío mediante el uso de nuevos sistemas. Los MTO, mediante el modelo basado en agentes, tienen una sólida posición de mercado, pero el pequeño aumento de los métodos alternativos de envío y la voluntad de los migrantes a cambiar por otros métodos pueden ser señales de una oportunidad para el desarrollo de nuevas tecnologías de transferencia de dinero. De hecho, el porcentaje de inmigrantes con cuentas bancarias se ha incrementado en la mayoría de las nacionalidades; México puede ser el caso más ilustrativo. La siguiente sección analiza si este interés se corresponde con el uso de los migrantes regulares de la tecnología.

Gráfico 7
Porcentaje de migrantes con cuenta corriente por país.

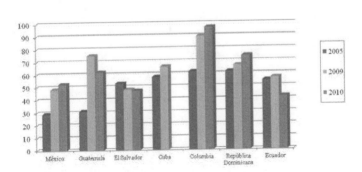

4.2. Los migrantes y las aplicaciones de la tecnología

Aunque algunos de los proveedores de servicios de remesas (RSP, por sus siglas en inglés) están introduciendo el uso de Internet para realizar las transferencias por medio del uso del teléfono móvil y demás, la mayoría de los inmigrantes todavía no ha adoptado por completo esta práctica.[74] Los migrantes realizan un uso limitado de las tecnologías relacionadas con Internet, teléfonos móviles y tarjetas. Una preferencia continua por la transferencia de remesas de dinero de efectivo a efectivo coincide con una población que hace un uso muy limitado de las aplicaciones de la tecnología, como las de Internet, teléfonos móviles o las tarjetas de pago. Estos resultados se reflejan en un estudio realizado en el año 2006 sobre el uso de tarjetas e Internet para transferencias de dinero,[75] lo que sugiere que pocos avances se han hecho para aumentar el uso de la tecnología entre los migrantes en los últimos cuatro años.

Los pocos emigrantes, sin embargo, que utilizan regularmente las aplicaciones de Internet, teléfono móvil o las tarjetas de pago, se encuentran entre los más dispuestos a utilizar métodos diferentes para transferencias de dinero. Por otra parte, los ingresos y la edad son factores determinantes en la buena voluntad de un migrante a utilizar servicios alternativos de transferencia de dinero.

---

[74] Las aplicaciones tecnológicas en las transferencias de dinero normalmente se consideran cruciales para el acceso financiero. Las empresas y los encargados de formular políticas han establecido que la tecnología aplicada, orientada a los instrumentos financieros, es una mejor opción para las personas de bajos ingresos (incluidos los inmigrantes) que las transferencias de efectivo. Sin embargo, existe poca evidencia que confirme esta suposición.

[75] Orozco, Manuel; Katy Jacob y Jennifer Tescher (2007), *Card-Based Remittances: A Closer Look at Supply and Demand*, Chicago, The Center for Financial Services Innovation, IL, febrero de 2007.

4.2.1. Los migrantes e Internet

Mientras que los migrantes no utilizan Internet tanto o tan a menudo como la mayoría de los estadounidenses, aquellos que lo hacen muestran una mayor disposición a enviar remesas a través de Internet u otros proveedores de servicios. El uso de Internet por los migrantes es relativamente bajo, del 41%, y representa un aumento anual del 7,5% desde el año 2006, cuando fue del 30%.[76] Como muestra el gráfico 8, la mayoría de los migrantes usa Internet para enviar mensajes de correo electrónico o conectarse con amigos, mientras que hacer compras es menos común, y un porcentaje muy pequeño (el 4%) lo utiliza para enviar dinero. En comparación, el 79% de los residentes de los Estados Unidos utiliza Internet, según el Centro Pew, casi el doble de los inmigrantes latinos.[77]

Gráfico 8
Uso de Internet entre los inmigrantes

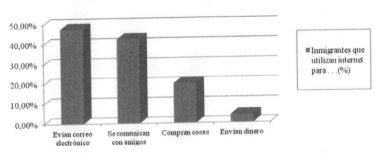

Existen algunas diferencias en cuanto a la frecuencia de uso de estas aplicaciones. El envío de correos electrónicos registra la mayor frecuencia de uso, con el 21% de los emigrantes que envían correos cuatro o más veces a la

---

[76]   Orozco (2007).
[77]   Horrigan, John (2009), *Wireless Internet Use*, Pew Internet and American Life.

semana, mientras que otros tipos de usos, como la compra de ciertas cosas, es significativamente inferior. Las personas o usan Internet activamente o rara vez lo utilizan, lo cual hace que se forme la curva como una U en el gráfico 9.

Gráfico 9
Uso de aplicaciones de Internet entre los migrantes

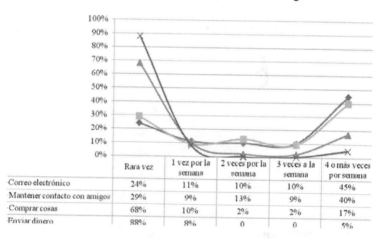

	Rara vez	1 vez por la semana	2 veces por la semana	3 veces a la semana	4 o más veces por semana
Correo electrónico	24%	11%	10%	10%	45%
Mantener contacto con amigos	29%	9%	13%	9%	40%
Comprar cosas	68%	10%	2%	2%	17%
Enviar dinero	88%	8%	0	0	5%

Aunque sólo representan un pequeño porcentaje de la población, los inmigrantes que utilizan Internet para realizar compras están más dispuestos a cambiar la costumbre de enviar dinero en efectivo a efectivo que aquellos que no utilizan el Internet en absoluto. Alrededor del 54% de los usuarios de Internet están dispuestos a cambiar los métodos de envío utilizando el depósito directo o por Internet, en comparación con el 45% entre aquellos que no utilizan Internet.

Al igual que con otras personas en los Estados Unidos, los inmigrantes también utilizan las redes sociales, aunque en porcentajes menores. Las redes sociales de Internet se utilizan en un 40%, de los cuales la mayoría usa Facebook, tal como lo muestra el cuadro 20.

Cuadro 20
Sitios de las redes sociales

	Utiliza una red social (%)	Aquellos que usan una red social (%)
Ninguno	60,90	--
Facebook	28,70	42,90
MSN	21,50	32,21
Twitter	6,80	10,23
Hi5	6,30	9,47
LinkedIn	1,80	2,75
Otro	1,40	2,14
Orkut	0,20	0,31

4.2.2. Los migrantes y los teléfonos celulares (tipos de teléfonos y usos)

Los migrantes que utilizan sus teléfonos para fines distintos a la realización de llamadas telefónicas probablemente también consideren utilizar los teléfonos móviles con aplicaciones específicas para enviar dinero a su hogar. Los inmigrantes, como muchos estadounidenses, son ávidos usuarios de teléfonos celulares. En contraste con los bajos niveles de uso de Internet entre los inmigrantes, el 92% de ellos tiene teléfonos celulares que mayormente utiliza para realizar llamadas. Alrededor de la mitad utiliza aplicaciones móviles,[78] mientras que muchos de los encuestados afirmaron que su teléfono móvil no incluye esa función (ver cuadro 21). Entre los que utilizan las aplicaciones de los teléfonos móviles, menos del 20% utiliza las aplicaciones con frecuencia. Entre los que utilizan la mensajería de texto, el promedio diario es de cinco, y entre

---

[78]   Al referirse a las aplicaciones móviles, se emplea una definición amplia que incluye cualquier función celular más allá de hacer llamadas telefónicas. Enviar mensajes de texto, tomar fotografías y el uso de Internet se han incorporado en esta definición de aplicación móvil.

aquellos que toman fotografías el promedio diario es de uno. El uso de Internet en dispositivos móviles también es bastante bajo, la mayoría de los encuestados que dijeron usar Internet lo hace con poca frecuencia (ver gráfico 10). A pesar de la baja proporción de inmigrantes que utilizan las aplicaciones de la tecnología de la telefonía móvil, aquellos que están dispuestos a probar la tecnología de la telefonía móvil lo harían para realizar transferencias de dinero (véase cuadro 22).

Cuadro 21
Uso de las aplicaciones de los teléfonos
móviles entre los inmigrantes

Aplicación	Usan aplicaciones (%)	No usan aplicaciones (%)	Teléfono móvil no utiliza esa función (%)
Mensajes de texto	51	49	-
Para fotografías	23	32	45
Internet	19	0	81
Escuchar música	19	0	81

Gráfico 10
Uso de teléfonos móviles entre los inmigrantes (%)

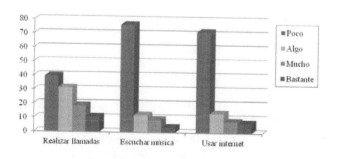

Cuadro 22
Uso de teléfono móvil e inclinación a cambiar

Uso de telefonía móvil	No cambian	Dispuestos a tratar nuevas tecnologías
No utiliza teléfono móvil	43,80	24,20
Utiliza teléfono móvil	56,20	75,80

4.2.3. Tarjetas (acceso, usos)

Los instrumentos de pago basados en tarjetas son algunas de las primeras formas en que los mecanismos de transferencias electrónicas fueron introducidos, ganando aceptación en los años 1990 en las economías industrializadas y penetrando poco a poco el mercado de los países en desarrollo. El uso de las tarjetas de débito o de crédito por los inmigrantes ha sido históricamente bajo, pero hubo un crecimiento y un cambio de usos notables. El porcentaje de personas que utilizan una tarjeta de débito o de crédito aumentó del 50 al 62% desde el año 2006, siguiendo las tendencias en la propiedad de cuenta bancaria (ver cuadro 23). Los migrantes también han cambiado de usar tarjeta de crédito a tarjetas de débito, algo que puede reflejar el deseo de manejar sus finanzas personales más de cerca.

Cuadro 23
Uso de tarjetas entre los inmigrantes (%)

Tipo de tarjeta	2006	2010
Débito	38	58
Crédito	12	4
Ambas	49	38
Tiene débito, crédito o ambas	50	62

Además de estos instrumentos, más del 72% de los inmigrantes posee una tarjeta de valor almacenado que realiza funciones de pago como las tarjetas de transporte público o tarjetas prepagas de débito. El uso de tarjetas de prepago es bajo como instrumento de pago, siendo el 90% de los usuarios de este tipo de tarjetas personas que ya tienen cuentas bancarias y una tarjeta de débito o crédito. Estos usuarios principalmente utilizan una o dos tarjetas: el 50% tiene una tarjeta y el 36% dos. El 12% restante posee tres o más cartas.

Cuadro 24
Otros tipos de tarjetas utilizadas por los inmigrantes (%)

Tipo de tarjeta	
Tarjeta de sistema de tránsito	58,2
Tarjeta de recompensa / lealtad / descuento	54,2
Tarjeta de máquina de lavado	19,7
Tarjeta de débito prepago	9,1
Tarjeta Affinity	7,9
Tarjeta de nómina salarial	2
Tarjeta de cargo	0,5

Una vez más, al igual que con el uso de Internet y de las aplicaciones en la telefonía móvil, los inmigrantes que utilizan tarjetas manifestaron su interés en cambiar a un método de transferencia de dinero diferente (tal como el depósito directo o aplicaciones de la tecnología) a precios ligeramente más altos que los no usuarios.

Cuadro 25
Inmigrantes que poseen tarjetas y están dispuestos
a cambiar de método de envío de dinero (%)

	Dispuestos a cambiar	Dispuestos a tratar depósito directo	Dispuestos a tratar nuevas tecnologías
Tiene al menos una tarjeta (incluyendo no financieras)	53	41	17
Tiene al menos una tarjeta financiera	43	28	19
Todo los inmigrantes	47	35	15

4.2.4. Factores determinantes en el uso de Internet, de telefonía móvil y de tarjeta

El grupo de migrantes que considera utilizar servicios basados en tecnología para enviar remesas parece ser pequeño, pero podría convertirse en un grupo pionero en el uso de la tecnología reciente para enviar remesas. Esta sección explora las características demográficas de este grupo dispuesto a adoptar la tecnología que ofrece Internet y la telefonía móvil para enviar remesas.

Se ha dividido a los encuestados en tres grupos principales: las personas que no hacen uso de cualquiera de estas aplicaciones; un conjunto básico de usuarios que hacen uso esporádico o mínimo de estos instrumentos (aquellos que envían un correo electrónico, visitan Internet una vez al mes o toman una foto con su teléfono); y los usuarios activos en cualquiera de las aplicaciones. Como se observa en el cuadro 26, hay diferencias demográficas notables entre los conjuntos de usuarios. Los usuarios activos tienden a ser hombres, relativamente jóvenes, con una mejor situación económica y más integrados a la sociedad estadounidense, lo cual se mide a partir del número de años que llevan viviendo esas personas en ese país o conociendo el estatus de ciudadanía.

El siguiente cuadro (ordenado por los rasgos que son más relevantes entre los usuarios activos), muestra algunas de las características que diferencian a los usuarios activos de los usuarios ocasionales.

Cuadro 26
Características de los usuarios de tecnología

(%)	No es usuario (25%)	Usuario básico (59%)	Usuario activo (16%)
Valores medios			
Cantidad promedio en cuentas de ahorro	1.928	2.673	3.903
PROMEDIO ENVIADO POR CADA UNO por remesa	153	184	215
EDAD	39	39	36

(%)	No es usuario (25%)	Usuario básico (59%)	Usuario activo (16%)
Porcentaje			
Tiene una cuenta bancaria	31	79	97
Utiliza Facebook	2	28	68
Cambiaría a un método de envío diferente	42	47	56
Casado o viviendo con su pareja	44	64	62
Hombre	61	55	57
Hijos viviendo con encuestado en los Estados Unidos	28	49	52
Residencia permanente	27	42	50
Mujer	39	45	43
Tiene TPS, permiso de trabajo	14	21	39
Cambiaría a depósito directo bancario	34	37	31
Educación superior completa	2	6	32
Escuela secundaria completa	25	39	32
No tienen hijos	28	19	28
Gana más de 35.000 dólares al año	2	10	28
Cambiaría a un método de envío por Internet	1	2	13
Educación superior incompleta	5	17	26
Soltero	40	27	24
Gana entre 25.001 y 30.000 dólares al año	6	12	23
No envía a través de un MTO	12	13	17
Gana entre 15.001 y 20.000 dólares al año	22	24	15
Gana entre 20.001 y 25.000 dólares al año	18	20	15
Tiene hijos en ambos países	12	14	12
Educación primaria completa	53	29	10
Tiene hijos viviendo en su país de origen	32	18	8
Indocumentados	54	29	8
Gana entre 10.001 y 15.000 dólares al año	30	18	8
Gana entre 30.001 y 35.000 dólares al año	3	6	8
Ciudadano estadounidense	5	8	4
Gana hasta 10.000 dólares al año	20	8	3
Educación primaria incompleta	15	8	1

Con el fin de analizar los determinantes del uso de la tecnología, se construyó una variable compuesta que mide el uso de Internet y la tecnología en tarjetas y telefonía móvil. Se realizó una regresión de la variable compuesta en contraste con algunas variables clave: la cantidad de dinero en una cuenta de ahorros, la edad, el sexo, los años de residencia en los Estados Unidos, la cantidad anual remitida, la situación legal, el nivel de educación y los ingresos personales anuales.

Se encontró que los ingresos anuales, la educación, la situación legal y el género son variables estadísticamente significativas para determinar el uso de tecnología. El ingreso y la educación están positivamente relacionados con el uso de tecnología, pero los coeficientes pequeños de 0.053 y 0.126 no reflejan un significado importante, más bien parece reflejar una tendencia general de que los usuarios activos en la tecnología tienden a ser mejor educados y tener un ingreso mayor. La condición legal y la edad se encuentran inversamente relacionadas con el uso de tecnología. La condición de ilegal conduce a una disminución de 0.227 unidades en el uso de la tecnología. Además, los migrantes de mayor edad tienden a utilizar Internet menos, por cada año adicional de edad se reduce ligeramente el uso de la tecnología (por 0.007).

Cuadro 27
Regresión sobre el uso de tecnología aplicada

Variable	Coeficiente	Error estándar	Significancia
Cantidad de ahorros	5.13E-06	0	0.159
Edad	-0.007	0.004	0.037
Mujer	0.079	0.058	0.176
Años en los Estados Unidos	0.079	0.058	0.285
Cantidad remitida por año	-1.41E-05	0	0.159
Condición de ilegal	-0.227	0.079	0.004
Educación	0.126	0.028	0
Ingreso personal anual	0.053	0.018	0.004
Constante	0.907	0.172	0

Cuando se estudió el uso de Internet, se encontraron variables comparables que son estadísticamente significativas. Se construyó una variable compuesta basada en el uso de Internet para enviar correos electrónicos, visitar sitios de redes sociales, navegar por la *Web*, hacer comercio electrónico, y comunicarse por programas de chat. Se halló que los niveles de educación, la condición legal, la cantidad anual remitida y el uso de telefonía móvil son estadísticamente significativos. Sin embargo, los coeficientes de todas las variables, con excepción del uso del teléfono móvil y la educación general, no son grandes. El uso de telefonía móvil y la educación tienen una relación positiva y poseen valores de 0.189 y 0.187. Estos resultados son consistentes con el cuadro 28, que muestra que los usuarios de tecnología en general son más educados y utilizan varias aplicaciones de tecnología.

Cuadro 28
Regresión sobre el uso de Internet

Variable	Coeficiente	Error estándar	Significancia
Cantidad de ahorros	-4.28E-07	4.62E-07	0.355
Edad	1.51e-.06	0.0003901	0.997
Mujer	0.0541207	0.0436109	0.216
Cantidad remitida (cada uno)	-0.0000139	0.0000217	0.521
Cantidad remitida por año	-0.0000281	7.94E-06	0
Condición de ilegal	-0.11436	0.051106	0.026
Educación	0.1894097	0.0192913	0
Ingreso personal anual	0.0083417	0.0145341	0.566
Uso de teléfono móvil	0.18941	0.0192913	0

Por último, para conocer el uso de la tecnología en los teléfonos móviles, se creó una variable compuesta que incluía: el envío de mensajes de texto, escuchar música en el teléfono, tomar fotos y uso de Internet, y se midió contra el estado demográfico de los encuestados.

Cuadro 29
Regresión sobre el uso de teléfono móvil

Variable	Coeficiente	Error estándar	Significancia
Cantidad de ahorros	-1.31E-06	4.22E-07	0.002
Edad	-0.000894	0.0004284	0.037
Mujer	0.006222	0.0396374	0.875
Cantidad remitida (cada uno)	0.0000157	0.0000195	0.422
Cantidad remitida por año	-8.76E-06	7.42E-06	0.238
Condición de ilegal	-0.009527	0.024797	0.701
Educación	0.0319411	0.0216578	0.14
Ingreso personal anual	0.0079005	0.0131417	0.548
Uso de Internet	0.1726903	0.0175574	0

Aunque son estadísticamente significativos, los coeficientes de la edad y el ahorro son muy pequeños (-0.000894 y -1.31E-06), al punto que no afectan de manera sustancial el modelo. El coeficiente del uso de Internet es 0.172, lo que refleja una relación positiva entre ambas variables. El coeficiente de correlación entre el uso de teléfonos móviles y el uso de Internet es 0,5874, mostrando una correlación clara, pero que no es demasiado fuerte.

4.3. Aplicaciones de la tecnología en el mercado

En la medida que Internet y el uso de teléfonos móviles han aumentado de un modo significativo en los países desarrollados y en desarrollo, la utilización de la novedosa forma de pago llamada de persona a persona (P2P, por sus siglas en inglés) se ha acentuado dramáticamente en todo el mundo. En los países en desarrollo, como en el caso de Kenia con M-Pesa y en Filipinas con G-Cash, se ha mostrado que simples teléfonos móviles que permitan utilizar el servicio de mensajes cortos (SMS, por sus siglas en inglés) pueden ser utilizados como instrumentos para almacenar y transferir dinero a otros usuarios. Estos programas de banca móvil han tenido éxito en permitir la realización de transferencias de dinero de persona a persona en un mercado nacional. En los países en desarrollo, el éxito de las iniciativas de banca móvil a menudo se considera que depende en gran medida de la infraestructura de pago adecuada, del entorno normativo y del alcance del uso de teléfonos celulares en el mercado. El éxito nacional que ha tenido M-Pesa en Kenia, por citar un ejemplo, se debe en gran parte a estos factores, así como al diseño de un buen servicio y una estrategia de negocios inteligente.[79]

En los países desarrollados, las tendencias actuales revelan una población cada vez más acostumbrada a la utilización de la tecnología móvil e Internet en el ámbito financiero. Sin embargo, el uso sigue siendo bajo entre la población general, y es mucho menor entre los migrantes, como se muestra arriba. Cada vez más usuarios de Internet realizan transacciones bancarias en línea, y un número creciente de personas utiliza sus teléfonos móviles como interfaz para estas transacciones. En una encuesta realizada en marzo de 2010, el 27% de las personas con teléfonos habilitados para Internet dijo que utiliza su teléfono para acceder a sitios de banca en línea, frente al 22% en el año 2009.[80] Además, los bancos ven este tipo de servicios como una manera de "ayudar a enganchar [para] que continúe emergiendo la Generación X y los clientes Y".[81] Los bancos ven la promesa de la tecnología de transferencia de dinero como una manera de "ganar la entrada en el mercado no

---

[79] Mas, Ignacio y Dan Radcliffe (2010), *Mobile Payments Go Viral: M-PESA in Kenya*, Bill and Melinda Gates Foundation, marzo de 2010.

[80] McAdam, Paul (2010), "My Phone is Still Smarter than Yours", *eComAdvisors* presentation at NACHA Electronic Payments Association conference, Seattle, WA, 27 de abril de 2010.

[81] Hoffman, Karen (2010), "The Sudden Allure of P2P", *Digital Transactions*, febrero de 2010, pp. 24-29.

bancarizado y en el negocio internacional de remesas",[82] negocio que actualmente está dominado por los MTO.

Como se mencionó antes, el modelo predominante de remesas en los Estados Unidos consiste en pagos de efectivo a efectivo a través de los MTO, con algunos servicios que ofrecen las remesas internacionales a través de tarjetas y de dinero en efectivo a cuenta. Las tarjetas de prepago fueron las primeras en desafiar el modelo, mientras que las empresas basadas en Internet y los teléfonos móviles han entrado recientemente en el mercado de remesas en los Estados Unidos.

La utilización de un servicio de tarjetas para el envío de remesas significa que en el proceso se está haciendo uso de una tarjeta por parte del receptor, remitente o ambos. En algunos casos, el receptor o remitente debe tener una cuenta bancaria o una tarjeta de crédito para enviar dinero, y en otros servicios, se permite a los participantes adquirir tarjetas recargables. A pesar de que es un mercado que se encuentra aún en crecimiento en los Estados Unidos, el servicios de tarjetas para el envío de remesas, de acuerdo con el informe del año 2007 sobre *Card-Based Remittances: A Closer Look at Supply and Demand*, posee muy poca demanda entre los migrantes, ya que muchos de ellos no poseen ningún servicio bancario y prefieren realizar transacciones de dinero.[83]

Muchas compañías de remesas están expandiendo sus operaciones a la *Web*. *Western Union* y *MoneyGram* ofrecen en la actualidad a sus clientes la opción de enviar dinero en línea, como lo hacen los bancos, como *Wells Fargo*[84] y

---

[82]   *Ibíd.*
[83]   Jacob, Katy; Orozco Manuel y Tescher Jennifer (2007), *Card-Based Remittances: A Closer Look at Supply and Demand*, The Center for Financial Services Innovation.
[84]   La primera transferencia debe realizarse en una sucursal local antes de poder realizar transferencias por Internet.

Citibank. Además, la compañía de transferencias de dinero *Xoom* de San Francisco opera sólo en línea.

Por último, una serie de interesantes avances se han realizado en el comercio móvil (*m-commerce*). El año pasado, el mercado de pagos móviles en los Estados Unidos experimentó un crecimiento significativo de la oferta cuando *PayPal* móvil se asoció con la red social Twitter para crear *Twitpay*, y la compañía innovadora *TextPayMe Inc.* fue adquirida por Amazon.com. Estos servicios, así como *MoneySend* de *MasterCard*, que es apoyado por *Obopay* y *M Via-*, han desarrollado plataformas para los usuarios de teléfonos móviles en los Estados Unidos para enviar dinero a otra persona mediante un mensaje de texto o utilizando el navegador de Internet de su teléfono o una aplicación para teléfonos inteligentes. La sección siguiente analiza con mayor detalle cada uno de estos cuatro servicios P2P desde la perspectiva de un usuario.

4.3.1. Revisión de los servicios de transferencia móvil P2P en los Estados Unidos

(1) La empresa *TextPayMe* fue fundada en el año 2005 y adquirida por Amazon.com en el 2010. Es una compañía que también ofrece transferencias por Internet P2P a través de su servicio Pagos Amazon.[85] A través de *TextPayMe* de Amazon, los usuarios con una cuenta de pagos Amazon pueden mandar dinero a otra persona mediante el envío de un mensaje de texto con su teléfono móvil, o por medio del uso del navegador de su teléfono móvil o por una de las varias aplicaciones especialmente diseñadas para los usuarios de *Smartphones* o teléfonos inteligentes.

(2) En el año 2006, la compañía *PayPal* inició su servicio de transferencias móviles por medio del sistema SMS de transferencia, llamada *PayPal Mobile*, y en los dos últimos

---

[85] Conocido como *Amazon Payments Service*.

años se han desarrollado aplicaciones para *Blackberry*, *iPhone* y *Android*. En el 2009, Twitter lanzó *TwitPay*, el cual interactúa con la plataforma de *PayPal* y utiliza la cuenta del remitente en Twitter como plataforma para enviar dinero a otros usuarios de Twitter.

(3) Ese mismo año, *MasterCard* lanzó su servicio de *MoneySend* en los Estados Unidos, que también permite a los remitentes realizar pagos a través de mensajes de texto cortos o del navegador de su teléfono móvil con Internet (aún no ha desarrollado aplicaciones para teléfonos inteligentes). La tecnología de *MasterCard* es alimentada por *Obopay*, una empresa que se destaca entre estos proveedores ya que ha hecho la mayoría de los avances de este tipo en los países en desarrollo, donde se ha asociado con proveedores de telefonía móvil para crear sistemas de pago que no se basen en la propiedad de cuentas bancarias, sino que se vinculen con el dinero almacenado en una cuenta de prepago del usuario. Sin embargo, en los Estados Unidos, el servicio de *Obopay* es muy similar al servicio de *PayPal* móvil y de *TextPayMe* de Amazon, permitiendo enviar transferencias por medio de mensajes de texto cortos, por medio de un navegador de Internet o a través de aplicaciones para teléfonos inteligentes. La cuenta de un usuario de *Obopay* está ligada con su cuenta bancaria, al igual que *PayPal* móvil y Amazon, o bien los fondos pueden ser retirados y recibidos en las tarjetas de prepago de *Obopay*.

(4) Más recientemente, la compañía *M-Via* lanzó un servicio que está disponible para los usuarios de teléfonos móviles en el estado de California para enviar dinero a México. El servicio de *M-Via* es muy diferente al servicio brindado por *PayPal Mobile*, *TextPayMe* de Amazon y *Obopay*. Tecnológicamente hablando, *M-Via* representa un paso adelante con respecto al tradicional envío de transferencia de efectivo a efectivo. Los remitentes depositan el

dinero en efectivo en una agencia local en California, y el dinero es enviado a una billetera o cartera móvil conectada con el teléfono celular de un receptor en México. Para poder tener acceso al dinero en la billetera móvil, el receptor va a una agencia en su localidad y puede elegir la cantidad de dinero que desea retirar de su cartera móvil, dejando el resto del dinero para retiros posteriores. De esta forma, *M-Via* podría ser considerada como un servicio móvil efectivo.

Mientras *PayPal Mobile*, *TextPayMe* de Amazon y *Obopay* son todos los servicios que ofrecen la conveniencia de iniciar una transferencia de dinero desde un teléfono móvil, son servicios que en esencia ofrecen la posibilidad de realizar transferencias de un teléfono móvil a una billetera o cartera en línea, donde los fondos del remitente se extraen de una cuenta bancaria (ya sea en el momento de enviar o antes de la transacción) y el destinatario recibe el dinero en una cartera o billetera electrónica (cuyos fondos sólo se pueden utilizar en las tiendas que aceptan pagos directos provenientes de billeteras electrónicas o cuando son transferidas a una cuenta bancaria). Dada la confianza que conlleva ser propietario de una cuenta bancaria, estos servicios se podrían considerar como servicios híbridos donde el dispositivo móvil no es más que un instrumento del remitente para iniciar una transacción y para avisar al destinatario que un pago se ha realizado a su billetera electrónica. *M-Via*, por otro lado, podría ser considerado como un servicio de transferencia de dinero en efectivo a una cartera o billetera electrónica. Por lo tanto, ninguno de los servicios disponibles actualmente en los Estados Unidos imita el modelo de "móvil a móvil" que utiliza *M-PESA*, donde tanto el remitente como el destinatario retiran los fondos guardados en su billetera electrónica.

Con el fin de comprender el uso práctico de *PayPal Mobile*, *TextPayMe* de Amazon, *Obopay* y *Via-M* como aplicaciones para los migrantes en los Estados Unidos, se

ha realizado una síntesis, como lo muestra el cuadro 30
a continuación, de los indicadores típicos que permiten
identificar si existe acceso a servicios financieros:

Cuadro 30
Categorías para evaluar el uso práctico
de los productos P2P

Categoría	Definición
Funcionalidad	La funcionalidad es una condición que identifica las funciones y propiedades que ofrece cada producto. Las funciones básicas relacionadas con el pago incluye el ámbito geográfico, las aplicaciones móviles compatibles (por ejemplo, SMS, navegador de Internet móvil, o aplicaciones de teléfonos inteligentes), y los métodos de transferencia que ofrece el producto (por ejemplo, cuenta a billetera en línea o en efectivo a billetera móvil).
Usabilidad	Usabilidad se refiere a la facilidad de uso de la aplicación. Nos fijamos en la facilidad o la dificultad de utilizar el producto tanto para el remitente como para el destinatario. Para medir la facilidad de uso, nos fijamos en las lenguas que se ofrecen para hacer una transacción, el grado de servicio al cliente, los pasos para registrarse y enviar el dinero, el costo de enviar dinero, y los requisitos tecnológicos para el remitente y el destinatario.
Formalidad	La formalidad se entiende como el nivel de cumplimiento de la ley que se espera del cliente. Se ve en la documentación y los productos financieros que se requieren para que una persona envíe o reciba dinero, así como la transparencia en los costos. Los requisitos típicos pueden incluir cuentas bancarias, identificación del estado y una tarjeta de banco.
Apertura	La apertura se ve en el segmento específico de la población. Aquí, se analiza para quienes el producto es anunciado.

En términos de funcionalidad, cada uno de estos servicios P2P tiene un alcance geográfico limitado. Además,
Amazon Payments limita los retiros a cuentas bancarias en
los Estados Unidos haciendo el servicio funcionalmente irre-
levante para las remesas internacionales, mientras *PayPal*
sólo limita los países donde el dinero puede ser retirado y
el servicio de *Obopay* sólo está disponible para las transferencias dentro de los Estados Unidos o la India. El ámbito
geográfico *M-Via* se limita al corredor México-California.

En términos de usabilidad, *PayPal* móvil y *TextPayMe* de Amazon tienen procesos iniciales de configuración relativamente reducidos, los cuales consisten en la creación de una cuenta de usuario en línea e ingreso de la información personal, al igual que se haría para hacer una compra por Internet. La configuración inicial de *Obopay* es más complicada para algunos usuarios, que deben enviar por fax la información de sus cuentas bancarias y la información de identificación a la empresa con el fin de establecer su cuenta. Cada uno de los tres servicios tiene procesos relativamente sencillos para verificar los teléfonos móviles de los usuarios y enlazarlos a su cuenta de usuario en línea. Sin embargo, para usuarios de teléfonos móviles que no tienen acceso a Internet, estos servicios P2P están fuera de su alcance en términos prácticos. Además de utilizar Internet para la configuración inicial, es necesario controlar el estado de la cuenta del usuario y las transacciones, de esta manera es posible resolver cualquier problema con rapidez cuando el servicio al cliente no esté disponible.

Otro rasgo común entre *PayPal Mobile*, *TextPayMe* de Amazon y *Obopay* es que cada uno notifica a los destinatarios de remesas cuando se ha recibido una operación (ya sea por mensaje de texto corto o correo electrónico), pero requiere acceso a Internet para obtener los fondos. En todos los casos, el destinatario debe crear una cuenta de usuario, y los fondos recibidos permanecen en esa cartera en línea hasta que el destinatario los transfiera a otros lugares. Desde la perspectiva del destinatario, usar el dinero que han recibido es complicado para un usuario que utiliza el servicio por primera vez. En el caso de *TextPayMe* y *PayPal*, el destinatario puede guardar el dinero en su billetera en línea para enviarlo a otras personas, hacer pagos o para comprar en línea, pero sin duda esto limita cómo el dinero puede ser gastado. *Obopay* tiene una diferencia notable con respecto a esos otros servicios, ya que ha lanzado su propia tarjeta de prepago compartida, donde los fondos pueden ser recibidos de manera directa.

En términos formales, *PayPal Mobile*, *TextPayMe* de Amazon y *Obopay* piden a los remitentes tener una cuenta bancaria (y por lo general, una tarjeta de débito) de la que se pueda extraer los fondos. Para que los beneficiarios puedan retirar dinero de sus carteras en línea, se necesita una cuenta bancaria, y en el caso de Amazon, una licencia de conducir en los Estados Unidos. La necesidad de tener al menos una cuenta bancaria, así como el alto grado de conocimiento tecnológico necesario para utilizar estos servicios, posicionan a estos productos en un segmento muy específico del mercado con un alto nivel de acceso financiero y tecnológico. Por lo tanto, la "apertura" de estos servicios es relativamente limitada a un público con conocimientos financieros y con capacidades tecnológicas. Usualmente se trata de una audiencia joven (tanto el que envía como el que recibe el dinero) que no sólo posee un conocimiento financiero y una capacidad tecnológica, sino que además tiene el tiempo y la paciencia para seguir los pasos necesarios para enviar dinero.

5. Conciliando las preferencias y la tecnología: ideas para un trabajo futuro

Se identificaron a través de este informe algunas realidades importantes. En primer lugar, los inmigrantes muestran una preferencia constante por el cambio de las transferencias de efectivo a efectivo a métodos alternativos, incluso las tres cuartas partes de la población se encuentra satisfecha con el método de envío vigente. Ambos hechos siempre han estado presentes desde el año 2007. En segundo lugar, los inmigrantes presentan un uso o acceso relativamente bajo de aplicaciones tecnológicas para el envío de remesas. Esto se debe en gran parte a la falta de uso de teléfonos móviles, de Internet, o de sistemas de tarjetas, acompañado de una incipiente industria que busca atender a este mercado a través de Internet o los sistemas móviles. En tercer lugar, los inmigrantes están pasando por un cambio lento desde transferir de efectivo a efectivo, a los métodos de transferencia de cuenta a cuenta, en particular con las transferencias por Internet y transferencias bancarias. Como puede observarse, el uso de Internet creció el 7,5% cada año desde 2005, la tenencia de una cuenta entre los inmigrantes ha crecido el 10% durante ese mismo período, mientras que la cuota en el mercado de las transferencias por cuentas y por Internet sigue siendo del 5%.

Teniendo en cuenta las posibles eficiencias que un aumento basado en la tecnología de las aplicaciones puede ofrecer –en particular, actividades de transacción con valor agregado, conveniencia y costos más bajos–, ¿es posible acelerar este cambio orgánico de los métodos alternativos de envío, mientras que se mantiene el ritmo de un entorno competitivo? La respuesta depende en parte de la retroalimentación entre la oferta y la demanda. Sin embargo, algunos señalamientos importantes se pueden trazar. En primer lugar, debido a que la sustitución de los métodos de transferencia no excluye a los proveedores de servicios de remesas mismos (RSP), estas empresas puedan adaptarse a la demanda mediante la adopción de diversas estrategias. En segundo lugar, las realidades de la demanda no son permanentes o fijas, y el cambio de comportamiento es posible dentro de los parámetros básicos. Tercera intervención, la política podría facilitar estas dos características.

En el primer caso, los RSP pueden ofrecer cuentas a los servicios de dinero en efectivo para los mismos migrantes que visitan las sucursales. La mayoría de los RSP cuenta con la tecnología y metodología que permite realizar retiros de la cuenta bancaria de un inmigrante para autorizar una transferencia de dinero. Mercadear este tipo de servicio mejoraría y fortalecería la capacidad competitiva de un RSP, así como mantendría su cuota en el mercado utilizando las transferencias de cuenta. Del mismo modo, la aplicación de los portales *web* para las transferencias de dinero como un complemento y no como un sustituyente en el envío de servicios reforzará la estrategia de atraer a un mercado que se encuentra motivado para hacer un cambio. A pesar de que este grupo en el mercado es relativamente pequeño (16%), puede jugar un papel importante que demuestre cómo es posible cambiar las preferencias y convertirlas en prácticas.

En el segundo caso, la educación financiera puede llegar a ser un motor fundamental para el cambio de comportamiento entre las personas que en la actualidad tienen acceso a las tecnologías pero que aún carecen de conocimientos técnicos para su adopción. El trabajo en asesoramiento financiero para los migrantes y sus familias acerca de las formas en que las transferencias de remesas pueden maximizar el patrimonio neto de una persona muestra que las personas pueden adaptar su comportamiento financiero nuevo con el fin de disfrutar del valor añadido de las transacciones. La elección de los inmigrantes por las transferencias de dinero se asocia principalmente a cuatro factores determinantes: el bajo costo del RSP, la reputación, la comodidad y el valor añadido. La tecnología de las transferencias de dinero puede capturar estas necesidades a través de un método de envío, pero es la educación la que puede facilitar y acelerar una transición en esa dirección.

La política pública es un tercer elemento importante que puede acelerar este cambio. Motivar el acceso financiero a través de estrategias piloto particulares, incluidas las promovidas por las oficinas de la FDIC o estatales relacionadas con el acceso financiero para los mercados desatendidos, puede ser acompañado con campañas de educación financiera y asociaciones con RSP para aumentar el uso de cuentas como formas de pago transfronterizas.

Capítulo 6. Vulnerabilidad y remesas en el sector rural mexicano

Introducción: acerca de las remesas a México[86]

Este capítulo presenta el análisis de la encuesta sobre vulnerabilidad de las familias rurales realizada por la Asociación Mexicana de Uniones de Crédito del Sector Social AC en tres localidades rurales de México,[87] con un enfoque hacia el papel de la recepción de remesas. Los resultados muestran que el número de hogares que reciben remesas está por debajo del 15%, un número que no es muy distante del promedio nacional. El aspecto más destacado de este trabajo es referente al fuerte nivel de vulnerabilidad económica en que se ubican los hogares rurales. Aun cuando se controla a estos hogares con los receptores de remesas, la vulnerabilidad se visualiza en la mitad de ellos. Igualmente, se identifica un grupo muy bajo de hogares que no posee fuentes de ahorro y que tiene precarios activos fijos.

La reflexión de este análisis lleva a considerar cómo aprovechar esta condición para apoyar a los hogares receptores con estrategias de manejo o prevención de crisis por la vía de la asesoría financiera, así como a través de la segmentación de hogares de acuerdo a su nivel de vulnerabilidad para determinar el tipo de oferta financiera que se les pueda otorgar.

---

[86] Análisis de la encuesta sobre vulnerabilidad de las familias rurales realizada por la Asociación Mexicana de Uniones de Crédito del Sector Social AC en el año 2008. Manuel Orozco (2010), *The Inter-American Dialogue*, Washington DC, Estados Unidos, 15 de enero de 2010.

[87] La encuesta se realizó en el sector rural campesino e indígena de tres Estados con una muestra de 1.000 hogares.

1. Características de los hogares receptores de remesas

El sector rural tiende a exhibir una mayor dependencia del envío de remesas como resultado de la migración para el trabajo agrícola en Estados Unidos. Esta dependencia, por lo general, se manifiesta en relación con la población y el ingreso. De esta forma, en el caso de las comunidades rurales ubicadas en las localidades donde opera AMUCSS, el porcentaje de hogares que recibe remesas es muy similar a la tendencia nacional.[88] Esta sección presenta una descripción global de las características generales de los receptores de remesas. Como muestra el cuadro 1, el 14% de los hogares en estas comunidades recibe remesa. Aunque el porcentaje parece menor que lo esperado, no es inferior que la media nacional u otros sectores rurales mexicanos.

Cuadro 1
Hogares que reciben remesa

Entidad	(%)
Guerrero	13
Oaxaca	13
Puebla	18
Promedio	14

El nivel de dependencia de las remesas en relación con el ingreso remunerado y no remunerado en estos hogares es de singular importancia para estas comunidades. La dependencia se refleja tanto entre los hogares que no perciben ingreso por concepto de actividad laboral como entre los que trabajan. Esta dependencia es del 80% entre los que no perciben un ingreso laboral –que son el 35% de todos los

---

[88]   La estimación del número de hogares a nivel nacional se basa en el número de transacciones de remesas según el Banco Central de México, que oscila en los 5.000.000 (descontando transacciones no familiares) y produce el 19% de hogares que reciben, la mayoría, en sectores urbanos.

hogares que reciben remesa– y del 40% entre los que trabajan (el 65% de todos los receptores). Incluso en los hogares en donde existe empleo, las remesas juegan un rol importante, ya que éstas representan casi lo mismo que el ingreso laboral.

Por lo general, sin embargo, y excepto en lo referente a la dependencia de las remesas como principal fuente de ingreso, las características demográficas de los hogares que reciben y los que no reciben son las mismas. Por ejemplo, el jefe del hogar es una mujer o un hombre, en ambos grupos, con una diferencia mínima entre los que reciben y los que no. El parentesco del que manda remesas también es relativamente similar. De igual forma, el número de miembros del hogar es igual para ambos entre los que reciben y los que no reciben.

Cuadro 2
Distribución de género, parentesco y recepción de remesa

	Recibe remesa	No recibe
Sexo		
Hombre	52,5%	49,2%
Mujer	47,5%	50,8%
Parentesco		
Jefe de hogar	22,0%	21,1%
Esposo (a)	11,3%	17,4%
Hijo (a)	61,7%	51,9%
Padre / madre	0,0%	0,5%
Abuelo (a)	0,0%	0,1%
Hermano (a)	0,7%	0,0%
Cuñado (a)	0,0%	0,1%
Yerno / nuera	0,0%	0,0%
Nieto (a)	2,1%	1,9%
Sobrino (a)	1,4%	6,4%
Primo (a)	0,0%	0,4%
Suegro (a)	0,0%	0,0%
Tío (a)	0,0%	0,0%
Otro pariente	0,0%	0,0%
Sin parentesco	0,7%	0,2%

Cuadro 3
Número de personas en el hogar

Entidad	No recibe	Recibe
Guerrero	5	5
Oaxaca	4	4
Puebla	5	4

2. La vulnerabilidad económica y la captación de remesas familiares

¿De qué manera son más o menos económicamente vulnerables los hogares que reciben remesas? Considerando que la dependencia de las remesas familiares es fuerte, una respuesta inicial es que estos hogares son más vulnerables en tanto que si dejan de percibir dinero, la transferencia caería. Por otro lado, esa transferencia les ha permitido mejorar su condición económica y los prepararía mejor para lidiar con situaciones de crisis. Estas consideraciones son tan importantes como las referentes a la creación de riqueza, porque la vulnerabilidad económica de hogares rurales constituye uno de los retos del desarrollo. Estos hogares están expuestos a mayores riesgos, en gran parte, porque viven en áreas menos desarrolladas, con una economía agrícola más incipiente y enfrentada a mayor competencia global con precios fluctuantes.

La vulnerabilidad económica de un hogar es aquella en donde él mismo posee poco control de recursos materiales y económicos que le permiten obtener un nivel de autosostenibilidad mínima en el mediano y largo plazo. Esta vulnerabilidad es circunstancial y estructural, y se manifiesta en varias categorías, tales como la posición de poseer propiedad privada (vivienda), medios de producción, un ingreso estable, ahorros, y la posesión mínima de buena salud y formación educativa y laboral. En este sentido, la vulnerabilidad es una condición en la que los hogares no se pueden sostener económicamente, no logran cumplir con sus obligaciones básicas y generar activos en el largo plazo. La vulnerabilidad tiene dos dimensiones, una absoluta y otra de severidad. En términos absolutos, hay hogares que en general no tienen mayores dificultades en satisfacer sus recursos de sostenibilidad económica, sin embargo, su calidad puede ser o no precaria, lo que condiciona un nivel de vulnerabilidad "marginal". Esto último explica la severidad de la vulnerabilidad de un hogar. Por ejemplo, hogares que poseen tierra, vivienda y empleo son en términos absolutos menos vulnerables que los que no poseen esos tres factores. Sin embargo, su nivel de riesgo de vulnerabilidad puede ser similar en tanto que tienen una propiedad precaria, tierra improductiva e ingresos muy bajos. Igualmente, un hogar puede poseer una propiedad y tener su familia empleada, pero sus ingresos pueden ser precarios y su propiedad puede no tener suficiente valor de cambio, lo que limita su independencia económica.

Viendo los resultados de la encuesta a hogares en las zonas estudiadas para este trabajo, el nivel de vulnerabilidad absoluta comparada entre receptores y no receptores muestra datos importantes. Aquí se seleccionó un número de variables que contribuyen a medir la vulnerabilidad, tales como el ingreso, la propiedad privada, de medios de producción, el ahorro, la vivienda, entre otros (ver cuadro más abajo). La selección de variables se basa en la identificación de tres determinantes de sostenibilidad económico-financiera: activos líquidos, como el ahorro, el ingreso; activos fijos, como la propiedad y la vivienda; y riesgos de naturaleza económica, como gastos imprevistos o emergencias.

Primero, ambos grupos tienen una masa grande de hogares desempleados o sin ingreso laboral estable (32 y 36%, respectivamente). Sin embargo, aunque los que no reciben remesa tienen ingresos remunerados que son el doble de los que reciben, en términos de ingreso total, remunerable y no, los hogares que no reciben remesas tienen ingresos mucho más bajos, por la mitad de los que sí reciben. Esta diferencia estriba en gran parte por la transferencia de remesas, pero también por otros ingresos no remunerados (pensiones, subsidios, entre otros). En ambas situaciones, sin embargo, e independientemente de la consideración de otros factores productivos y de activos, los niveles de ingreso se ubican significativamente por debajo del costo de vida anual de estas localidades, que estriba por encima de los 250 dólares mensuales.[89] Segundo, no hay diferencias significativas entre los dos grupos de hogares en relación con otros indicadores que puedan lidiar con la vulnerabilidad económica. Por ejemplo, la mayoría de los hogares son propietarios de tierra, aunque los receptores lo son en porcentajes más altos (el 65%). Sólo un tercio ha realizado otra actividad productiva, y un cuarto ha sufrido alguna crisis económica en tiempo atrás. Aunque muchos poseen vivienda propia, casi nadie posee ahorros, situación que aumenta la vulnerabilidad de estos hogares. En términos prácticos, hogares con ingresos muy bajos y sin ahorros tienen pocas posibilidades de lograr capitalizar sus propiedades o *modus operandi* productivo (para aquel grupo que lo posee), a menos que posean acceso al financiamiento o asistencia en mejor formación laboral.

---

[89] El costo de vida se define aquí en términos del gasto en la canasta básica, gastos de luz y agua, y teléfono, y no excluye lo que se conoce como la canasta básica extendida. Ver Manuel Orozco (2006), "Between Hardship and Hope: Remittances and the Local Economy in Latin America", s/r.

En lo que respecta a los hogares que reciben remesas, el ingreso percibido por tal concepto les permite estar en una posición más favorable, pero no les resuelve las condiciones para la autosostenibilidad o cierto nivel de independencia económica. Al menos la mitad de estos hogares enfrenta algún inconveniente económico.

Cuadro 4
Indicadores de vulnerabilidad (selección) y remesas

	No recibe remesa	Recibe remesa
Hogares que no tienen ingreso remunerado	32	36
Ingreso laboral total del hogar, anual estimado en 2007	9.243	3.900
Monto que recibe por remesas (anual en pesos)		12.000
Monto que recibe de ingreso no laboral, remesa incluida (anual en pesos)	4.200	18.900
Monto total	13.443	22.800
Dependencia de ingreso no laboral en relación con ingreso total	31	82
Dependencia de remesa en relación con ingreso total		52
Algunos indicadores de vulnerabilidad	(%)	
1. Posesión de propiedad de tierra	57	65
2. Realizó actividad productiva adicional en el 2007	34	36
3. Enfrentó crisis económica, tres años atrás o más	16	20
4. Hogares que están en el quintil más alto de ingreso	25	27
5. Hogares receptores de remesa en el quintil más alto		34
6. Hogar que posee vivienda propia	90	89
7. Realización de festejo y gasto en los últimos tres años	21	24
8. Hogares que tienen ahorros monetarios	9	19

Tomando estas siete variables como indicadores de vulnerabilidad, se puede identificar y comparar cómo se ubican los diferentes hogares.[90] Aquí se observa una

---

[90]   Se creó un índice de vulnerabilidad que suma ocho puntos, uno para cada variable. Aquellos que exhibían 3 o menos puntos se ubicaban

diferencia substantiva, en donde dos tercios de los que no reciben remesas se ubican en un nivel de alta vulnerabilidad, mientras el 46% de los que reciben remesas se ubica en este grupo. Estos son hogares que por lo general son los que no poseen tierra, tienen ingresos muy bajos, y han pasado por alguna crisis. Los que se identifican como en nivel medio, menos vulnerables, representan la mitad de los receptores de remesa. Como se discutirá en la tercera sección, estos grupos reflejan necesidades y opciones diferentes. Aquellos con mayor nivel de vulnerabilidad están necesitados de estructuras de beneficio social que les permitan mitigar sus condiciones de pobreza, al menos en el corto plazo. Aquellos en niveles medios pueden ubicarse en el grupo que se beneficiaría más del apoyo financiero, sea mediante el manejo de sus cuentas y gastos, o con el acceso al crédito y la creación de ahorro. Los sectores en nivel alto pueden ser sujetos de mayor apoyo por parte de la gran empresa para participar en las cadenas productivas globales y competitivas.

Cuadro 5
Vulnerabilidad económica y remesas

Vulnerabilidad	No recibe remesa	Recibe remesa
Alto	64	46
Medio	35	49
Bajo	1	5

en el grupo de alta vulnerabilidad; los que recibían 4 o 5 fueron los de vulnerabilidad intermedia; y los que mostraban más de 6 puntos tuvieron vulnerabilidad baja o nula.

3. Remesas y activos financieros: retos presentes

En cualquiera de estos grupos, es importante saber cómo están posicionados en términos de sus finanzas. El posicionamiento se puede identificar en cuanto a la posesión de activos financieros y el conocimiento del mercado de servicios financieros. Otros factores que contribuyen al posicionamiento incluyen la oferta de servicios. En ambas áreas, los hogares que reciben remesas exhiben un mejor posicionamiento que los que no reciben, poseen más activos y conocen mejor el mercado.

En el primer caso, la propiedad de activos financieros es mixta. Por un lado, casi todos los hogares que reciben remesas poseen dos activos fijos básicos: vivienda, y en menor medida (la mitad), algún medio de producción. Por otro lado, como se mencionó arriba, los activos líquidos son pocos, menos del 20% poseen ahorros monetarios. Comparados con los que no reciben remesas, éstos tienen aun menor porcentaje de ahorro.

Una aproximación muestra que la mitad de los hogares ahorra, con un pequeño porcentaje más alto entre los que reciben remesa. Sin embargo, los que ahorran dinero en efectivo son menos numerosos, aun más entre los que no reciben remesa. El 20% de los receptores tiene ahorros en efectivo, contra el 10% de los que no reciben dinero. Los porcentajes de personas que ahorran en una institución financiera caen significativamente a 5 o 6%. Igualmente, el porcentaje de los que han solicitado préstamos a prestamistas o instituciones formales es aun más pequeño, como los que tienen ahorros monetarios. Finalmente, aun agregando cualquier tipo de producto financiero adquirido, el número es bastante bajo; menos de un cuarto de hogares tiene a lo sumo un producto financiero, y menos del 5%, dos productos o más.

Cuadro 6
Ahorro, remesas y productos financieros

		Recibe remesa	
		No	Sí
Hogares que ahorran		55,0%	59,1%
Hogares con ahorro monetario		9,9%	19,0%
Hogares que ahorran en institución financiera		5,2%	6,6%
Hogares que han solicitado préstamos		12,0%	11,0%
Número de productos financieros (incluye cuenta de ahorro, préstamo o seguro con una caja, cooperativa, banco o prestamista)	Ninguno	78,1%	71,5%
	1	18,8%	23,4%
	2	2,8%	4,4%
	3	0,3%	0,7%

Esta tendencia muestra en realidad que el nivel de posicionamiento financiero es relativamente muy bajo. Aun en los hogares que ahorran en términos monetarios, el número es muy pequeño, incluso entre los receptores de remesa. Esto implica que la capacidad de estas personas de generar riqueza está muy limitada y en la mayoría de los casos se reduce a condiciones de subsistencia.

De hecho, los métodos de ahorro que utilizan en su mayoría son de naturaleza no monetaria y con muy limitadas opciones de capitalización de sus activos. Sin embargo, son hogares cuyos miembros valoran la importancia del ahorro, y en particular, el dinero en efectivo y otras fuentes de activos, como los animales. Más de un tercio cree en el ahorro con dinero en efectivo; un cuarto, criando animales; y un tercer grupo, comprando terreno. De alguna manera, la creencia en ahorrar, ya sea en efectivo o en otros activos, es un aliciente que indica el interés en promover algún nivel de productividad a través de esos recursos, si los tuvieran.

Cuadro 7
Métodos de ahorro y remesa

	Reciben remesas	
	Sí	No
En dinero	38,60%	34,40%
Criando animales	24,30%	30,10%
Comprando un terreno o propiedad	20,70%	15,60%
Engordando animales	11,40%	14,20%
Guardando granos	5,00%	5,70%
Total	**100,00%**	**100,00%**

Esta apreciación por el ahorro en efectivo, aunque no se tenga, es un importante factor que puede incidir si las condiciones de generar riqueza se crean por la vía del sector productivo o del mejor manejo de fuentes externas de ingreso como la remesa. El conocimiento de instituciones financieras puede contribuir a acercarse más a este sector, una vez que estas condiciones existan. De hecho, las familias, por lo general, están informadas sobre la oferta de servicios financieros, y los que reciben remesas están mejor informados sobre los servicios financieros (de ahorro y crédito) formales disponibles en su localidad. Por ejemplo, el 77% de aquellos que reciben remesas ha oído hablar de bancos cercanos, a comparación del 64,5% de aquellos que no reciben. Igualmente, están familiarizados con las cajas de ahorro y préstamo, y el 1% más bajo sabe menos de los prestamistas.

Cuadro 8
Familiaridad con instituciones financieras

	Reciben remesas	
	Sí	No
Han escuchado hablar de bancos cercanos	77,30%	64,50%
Han escuchado hablar de cajas	62,40%	63,80%
Hay prestamistas en la localidad	33,30%	31,00%

Un análisis de qué factores inciden sobre la capacidad de ahorro en efectivo muestra que el ingreso y el conocimiento de las instituciones financieras inciden tanto como la recepción de remesas. Usando un procedimiento estadístico de regresión logística, los resultados mostraron que el ahorro financiero como variable dependiente está bajamente correlacionado con otras variables, aunque las variables son significativas en términos estadísticos, en particular, el conocimiento de los bancos, el ingreso y el número de miembros en el hogar. Haber enfrentado una crisis en el pasado tiene un efecto positivo sobre la tenencia de ahorro en efectivo, mientras que la posesión de tierra, no. Estos datos revelan que los hogares dependientes de remesas y con mayores ingresos tienden a tener ahorros monetarios. Además, haber pasado por una crisis, crea un precedente que les hace forjar recursos en caso de futuras emergencias.

La importancia de estos resultados estriba en que aquellos que ahorran en efectivo lo hacen en función de una combinación de factores intuitivos, como las remesas y el ingreso, y menos intuitivos, como la experiencia de una crisis.

Cuadro 9
Resultados de regresión

	B	S.E.	Wald	df	Sig.	Exp. (B)
Conoce de instituciones financieras	.412	.236	3.054	1	.081	1.509
Ingreso	.000	.000	6.321	1	.012	1.000
Recibe remesa	.764	.252	9.159	1	.002	2.146
Número de personas en hogar	-.042	.050	.710	1	.399	.959
Posee tierra	-.352	.208	2.862	1	.091	.703
Enfrentó una crisis tres años atrás	.412	.251	2.691	1	.101	1.510
Constante	-2.346	.311	56.795	1	.000	.096

4. Consideraciones sobre opciones para el desarrollo y los hogares receptores

Este trabajo ha analizado el rol de las remesas en el contexto de vulnerabilidad y de las finanzas en particular. Los resultados del análisis del estudio y de la encuesta muestran que el nivel de vulnerabilidad es significativamente alto en la mayoría de los hogares, y de igual manera, es alta la incapacidad de poseer ahorros monetarios. Estas condiciones limitan la capacidad de crear activos, los cuales dependen de recursos como el buen ingreso, la remesa incluida. En términos generales, esta es una población cuyo vínculo con el desarrollo se ubica más en el asistencialismo que en la generación de activos. En términos de apoyar a los sectores que reciben remesas para mejorar la capitalización de sus recursos, es importante enfocar estrategias de atención a este sector por la vía de la formación y la asesoría financiera, así como por la oferta de seguros.

La discusión sobre la relación entre pobreza y desarrollo identifica tres prácticas diferenciadas: acumulación de activos, estrategias de vida y protección social, que contribuyen a crear un *stock* de recursos sociales, naturales y financieros que permiten ser transferidos por generaciones.[91] Aunque típicamente las remesas ejercen la función de fortalecer la construcción de activos y la generación de riqueza, el contexto rural de las comunidades estudiadas en este trabajo muestra que las remesas están ejerciendo el rol de sostenimiento económico básico o de protección social, debido a la precariedad económica en que se encuentran estos sectores. La propiedad de activos fijos que puedan tener (tierra u otros medios) no les garantiza lo suficiente para tener ingresos estables. Esto es endémico del contexto rural mexicano, y las remesas sólo contribuyen

---

[91]   Moser (2007) y Orozco (2007).

a mantener los hogares a flote, pero no para sacarlos de la pobreza por la vía del ahorro y la inversión.

Sin embargo, hay un importante referente que se observa de los resultados entre los que están ahorrando. Aunque su porcentaje es pequeño, estos determinantes refuerzan la importancia de dar asesoría financiera a todos los hogares que reciben; a unos, para prevenir posibles crisis, y a otros, para considerar opciones de inversión. La asesoría financiera a los clientes permitiría identificar de manera más clara el perfil financiero de cada cliente y afinar su capacidad productiva, de la que una institución financiera pudiera apalancar por la vía del crédito, el ahorro o el seguro. Asesorar a los grupos que reciben remesas permitiría, en primer lugar, agruparlos en diferentes segmentos sociales en relación con el nivel de vulnerabilidad que poseen y considerar el tipo de oferta financiera a proveer. A partir de ahí, se pueden ofrecer y/o diseñar los instrumentos más adecuados.

Capítulo 7. Centroamérica: flujos
MIGRATORIOS Y REMESAS

Introducción

Este capítulo se propone analizar las tendencias de las migraciones y remesas en Centroamérica. La migración en los países centroamericanos es producto de realidades sociales y económicas complejas que poseen sus raíces en la historia de cada país. Parte de este pasado centroamericano que es compartido es esa relación tan estrecha con el país del Norte, los Estados Unidos. Como consecuencia de la migración en esta región en particular, las remesas constituyen un factor central y determinante en las relaciones entre los migrantes y sus familias en su país de origen.

1. Centroamérica: migración y remesas

Centroamérica se caracteriza por ser una región vulnerable debido a la relación de dependencia que mantiene con fuerzas externas dentro del contexto geopolítico y económico mundial. Esta característica central de la región se evidencia con claridad para el caso del fenómeno de la migración y las remesas.

1.1. Tendencias en la migración

Durante la década de 1980, la guerra civil, la inestabilidad política, la violación de los derechos humanos y los desastres naturales constituyeron factores que impactaron con fuerza en la vida de muchos salvadoreños, guatemaltecos, hondureños y nicaragüenses. Por lo tanto, estos ciudadanos se vieron obligados a migrar, en especial, hacia Estados Unidos y Canadá. Aunque a los migrantes centroamericanos se les conoce por lo general como una diáspora relativamente joven, su movilidad laboral les ha permitido hacer frente a los problemas socioeconómicos que aún enfrentan sus familias en sus países de origen.

La década de 1990 fue el período en que se acrecentó la migración en la región, y además, se experimentó un flujo constante que tuvo como destino principal los Estados Unidos. En la actualidad, se encuentran al menos 4.000.000 de centroamericanos viviendo en el exterior, siendo Estados Unidos el destino principal, con valores de entre el 70 y el 80% del total de los migrantes centroamericanos. El destino principal de los nicaragüenses es, por un lado, los Estados Unidos, y por otro, Costa Rica. Países como Canadá, México y España son los otros destinos predilectos de los migrantes centroamericanos.

Utilizando las transacciones de remesas individuales y agregadas de los bancos centrales, se pudo estimar la población migrante de cinco países de la región. El cuadro 1, indica que se trata en total de 4.000.000 de migrantes.

Cuadro 1
Centroamericanos viviendo en el exterior*

País	Costa Rica	El Salvador	Guatemala	Honduras	Nicaragua
Migrantes	186.286	1.159.819	1.061.124	1.147.051	537.334

* Estimaciones del autor (2008).
Fuente: Estimaciones del autor basadas en cifras de remesas trimestrales y en la cantidad promedio trimestral de remesas enviadas del Banco Central.

La región centroamericana posee una población predominantemente joven, por lo que su fuerza productiva es menor del 40%. Por otra parte, la forma en que Centroamérica hace frente a las exigencias de la economía global le ha impedido aumentar su productividad, y por eso se ha centrado en las economías de enclave en el turismo, en las exportaciones no tradicionales o en las exportaciones de maquila. Estos sectores son altamente vulnerables a las fluctuaciones externas que muchas veces ofrecen bajos efectos distributivos, más que otras actividades con componentes de mayor valor agregado.

Los desastres naturales poseen un efecto adverso en la mayoría de estos países de la región, en especial, en aquellos países del Caribe. Los desastres naturales (terremotos, huracanes, inundaciones y demás) han causado graves consecuencias que afectaron fuertemente a las economías de los países, provocando caídas en los precios de los productos agrícolas, sequías, pérdida de cosechas enteras, entre otros.

Cuadro 2
Sequía en Centroamérica: población afectada, 2001

País	Población afectada
Guatemala	113.596
El Salvador	412.064
Honduras	791.970
Nicaragua	187.645

Fuente: *World Food Program*, WFO, UN.

1.2. Flujos de remesas y sus características

Acompañadas de la migración se encuentran las transferencias de dinero de persona a persona, o bien las remesas familiares. El volumen de las remesas a esta región es un indicador importante que evidencia los vínculos transnacionales establecidos por los centroamericanos de la diáspora con sus familias en sus países de origen. Principalmente, las remesas provienen de los Estados Unidos. El monto de las remesas ha crecido de manera exponencial desde 1980, año en que ascendieron a cien millones de dólares. En 1990, estas cifras alcanzaron más de setecientos millones de dólares, aumentaron a tres mil millones de dólares en el año 2000, y en el 2010 las remesas hacia Centroamérica superaron los doce mil millones de dólares.

Cuadro 3
Remesas hacia Centroamérica (en
dólares estadounidenses)

	1980	1990	2000	2006	2010
Belice	(N. D.)	(N. D.)	27.789.149	59.014.595	100.000.000
Costa Rica	4.000.000	47.703.000	120.383.770	485.263.785	509.000.000
El Salvador	10.880.000	322.105.088	1.750.700.000	3.315.691.990	3.539.500.000
Guatemala	26.000.000	106.600.000	563.438.700	3.609.813.100	4.127.000.000
Honduras	2.000.000	50.000.000	409.600.000	2.245.300.000	2.527.000.000
Nicaragua	11.000.000	73.554.000	320.000.000	655.500.000	966.000.000
Panamá	65.000.000	110.000.000	160.000.000	126.000.000*	297.000.000
Centro-américa	118.880.000	709.962.088	3.351.911.619	10.496.583.470	12.065.500.000

Fuente: Bancos Centrales de los países, de la Balanza de Pagos de Divisas.

Estos flujos se han convertido en una de las fuentes más importantes de ingreso para las economías centroamericanas. Las transferencias constituyen en la actualidad el 11% del PIB; es decir, puede variar el impacto entre el 1%, como en el caso de Panamá, y el 28%, para el caso de Honduras. Por otra parte, las transferencias han aumentado los ingresos del 20% de los centroamericanos: al menos una de cada diez personas que recibe dinero. Además, las remesas han ayudado a reducir los problemas socioeconómicos, como el descenso en el índice de la pobreza. Como poco menos de la mitad de la población centroamericana vive en zonas rurales pobres, la gran cantidad de remesas que envían constituye una ayuda social y económica importante. En términos macro, estas transferencias ayudan a aliviar las presiones que posee el gobierno en la generación de empleo. Además, se han elevado los ingresos provenientes de los impuestos de venta debido al aumento en el consumo.

En cuanto al costo del envío de transferencias, los datos muestran que en países donde los flujos anuales son menores y representan un menor porcentaje de PIB, el costo del envío de las transferencias es mayor. Esto se evidencia en el costo de enviar dinero a Belice, Panamá y Costa Rica, los más altos de la región. Un patrón opuesto se encuentra en los otros cuatro países, que tienen mayor flujo anual.

El ingreso de las remesas a menudo sirve como una adición a los ingresos actuales, aumentando el consumo de los hogares y el ahorro. Estas transferencias también han afectado o influido en la situación socioeconómica de las mujeres en Centroamérica, donde la mayoría o bien las dos terceras partes de los beneficiarios son mujeres. En consecuencia, casi la mitad de los hogares receptores de la región centroamericana gasta su dinero en salud y educación. Las mujeres, como las principales responsables de estos hogares, deciden la forma en que se gasta el dinero, como lo demuestra la prevalencia del gasto social.

2. Crecimiento económico y transferencia de remesas

Los flujos descritos anteriormente tienen una posición relevante en relación con la producción nacional y el crecimiento. Con la excepción de Panamá, las remesas hacia Centroamérica se han convertido en una fuente importante de ingresos, ya que la proporción de PIB se ha incrementado con el pasar del tiempo. Desde una perspectiva macroeconómica, el punto central se encuentra en identificar si estos ahorros extranjeros tienen un efecto positivo sobre el crecimiento económico y si efectivamente no afectan a los indicadores clave, tales como la inflación o los tipos de cambio.

Gráfico 1
Remesas como parte del PIB

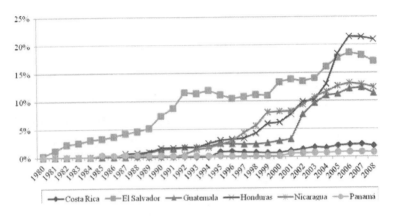

Gráfico 2
Remesas como parte del ahorro externo

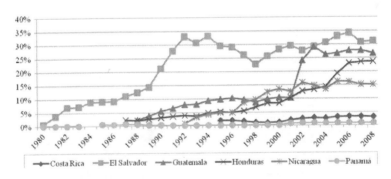

Estos flujos, similares a la ayuda, el comercio o la inversión, también tienen diferentes impactos a nivel macroeconómico. En términos generales, el ahorro externo puede afectar a tres variables: el crecimiento, las tendencias financieras, la moneda nacional y los precios. En un contexto macroeconómico, las remesas, como una transferencia unilateral, pueden influir o ser influidas por el crecimiento económico, las reservas de divisas, u otros factores determinantes como la inflación y las tasas de interés.

2.1. Crecimiento económico y remesas en Centroamérica

Dentro del contexto más amplio de la economía política internacional, Centroamérica y el Caribe han tratado de integrarse en la economía mundial a través de las exportaciones no tradicionales, la industria de la maquila, la inmigración y el turismo. La región ha podido diversificarse en esas cuatro áreas, por lo que ha dejado de ser una región exclusivamente agroexportadora.

Según lo expuesto por Robinson, la acumulación transnacional es donde la entrada de nuevas actividades se mezcla con el modelo de acumulación global.[92] El análisis de Robinson coincide con lo expuesto por Mittelman en que la mano de obra extranjera se circunscribe dentro de una "división internacional del trabajo y el poder", compuesta por una "reorganización espacial de la producción entre las regiones del mundo, los grandes flujos de migración entre y dentro de ellas, las complejas redes de los sistemas que conectan los procesos de producción con los compradores y vendedores, y el surgimiento de estructuras culturales transnacionales que median entre estos procesos".[93] Como

---

[92] Robinson, William I. (s/r), "Transnational Processes, Development Studies and Changing Social Hierarchies in the World System: a Central American Case Study", *Third World Quarterly*, vol. 22, núm. 4, p. 529.

[93] Mittelman, James H. (2000),. *The Globalization Syndrome: Transformation and Resistance*, Princeton, Princeton University Press.

respuesta, la migración surge en los países en desarrollo con personas que buscan mejores oportunidades en los países industrializados cuando logran unirse a las actividades intensivas de mano de obra o en aquellas actividades que requieren bajos niveles de habilidades especializadas en industrias de servicios. A su vez, este flujo transversal de la migración tiene efectos económicos en el país que exporta la fuerza de trabajo.

Para Robinson, el modelo transnacional en Centroamérica se observa a través de "la producción de las fábricas de procesamiento de exportaciones (de ropa, en particular), los servicios transnacionales (especialmente el turismo), la exportación de productos agrícolas no tradicionales y las remesas enviadas por los centroamericanos que trabajan en los Estados Unidos".[94]

Utilizando datos trimestrales de 1999 hasta 2006, se procede a poner a prueba la tesis expuesta por Robinson, que a su vez observar que uno de los efectos de las remesas es el crecimiento económico. El análisis utiliza datos trimestrales en lugar de datos anuales, ya que las fluctuaciones en las tendencias económicas se capturan mejor dentro de unos años que con los flujos agregados anuales. Por otra parte, la economía internacional posee una influencia más cíclica y de corto plazo en el ahorro externo, y por lo tanto, esto ayuda a explicar las fluctuaciones trimestrales en el crecimiento. El modelo excluye a Panamá, porque los flujos de remesas son insignificantes tanto en relación con la producción nacional como con el ahorro externo. Además, los datos sobre las tendencias trimestrales no se han encontrado para este país.

A diferencia de los otros estudios, se realizó el análisis de los datos por separado en cinco países (Costa Rica, El Salvador, Guatemala, Honduras, Nicaragua) y se utilizó

---

[94]   Robinson, p. 539.

el trimestre en lugar del anual de los flujos agregados. El modelo empleado utiliza los valores del registro OLS en el PIB, la maquila, las remesas, las exportaciones no tradicionales, el turismo y la inversión. Se añadió la inversión como otra fuente de crecimiento económico a través del ahorro externo. Debido a la falta de datos, las exportaciones no tradicionales no están incluidas en algunos de los países analizados.

Resultados modelo y de regresión del PIB y factores de ingreso
Modelo:

PIB = Maquila$t$-1 + Remesa$t$-1 + Expo. No-trad. t-1 + Turismo t-1
Donde:

Maquila = exportaciones de maquila.
Remesa = transferencia de remesas.
Expo. No-trad.: exportaciones no-tradicionales.
Turismo = ingresos del turismo de entrada.
Inversión = inversión extranjera directa.

Cuadro 4
Resultados modelo del crecimiento económico y principales fuentes de ingresos de divisas

	Costa Rica		El Salvador		Guatemala		Honduras		Nicaragua	
	Beta	Std. Error	Beta	Std. error	Beta	Std. error	Beta	Std. error	Beta	Std. error
Constante	14.43	0.74	13.87	0.81	4.54	2.71	16.78	1.39	10.42	1.41
Maquila	0.20	0.02***	0.04	0.05	-0.11	0.10			0.16	0.04***
Turismo	0.11	0.02***	0.08	0.02***	0.19	0.08***			0.10	0.06*
Remesas	0.25	0.02**	0.29	0.04***	0.09	0.07***	0.20	0.01***	0.12	0.06***
Inversión	0.62	0.04***			0.70	0.21***	-0.03	0.04***	0.18	0.05***
No-trad. x / USM			0.01	0.06***	0.38	0.31***	0.06	0.07		
r2	0.98		0.99		0.98					

La regresión ofrece resultados mixtos. Sin embargo, la primera conclusión a la que se puede llegar es que el impacto de estos factores sobre el crecimiento no es uniforme. Por un lado, un sector supuestamente fuerte como la maquila sólo es significativo en términos estadísticos en Costa Rica y Nicaragua. La importancia en Costa Rica de la maquila se relaciona con el destacado papel que la externalización de la electrónica ha estado desempeñando en el país desde 1999, mientras que en Nicaragua, la maquila es un fenómeno mucho más reciente que se está aprovechando del crecimiento del país, al menos por el momento. El turismo es estadísticamente significativo en todos los países y confirma la tesis de Robinson de que la industria de la hospitalidad es una fuerza clave en la región. Las exportaciones no tradicionales también son estadísticamente significativas cuando los datos están disponibles. En el caso de Honduras, se utilizaron los bienes hondureños importados a los Estados Unidos como sustituto de la maquila y los bienes no tradicionales, porque la mayoría de estas actividades va a la economía de los Estados Unidos.

Gráfico 3
Exportaciones de maquila desde Centroamérica

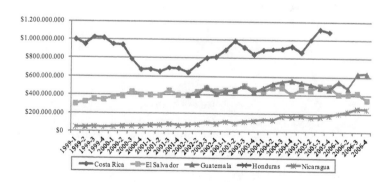

Al mirar los efectos de las remesas sobre el crecimiento, los resultados también varían en estos tres países. A pesar de que estos tienen economías similares e ingresos de remesas relativamente equivalentes, los efectos de las remesas en el crecimiento son positivos en toda Centroamérica.

Gráfico 4
Flujos trimestrales de las remesas en Centroamérica

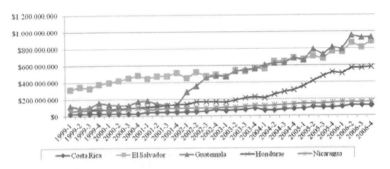

Un tema crítico que se debe señalar es que el modelo del capital transnacional posee validez para Centroamérica, y esto dice algo acerca de una realidad del rol de los enclaves. Otro problema es que la mano de obra exportada puede tener éxito siempre que el retorno de las ganancias beneficie a la sociedad en su conjunto. La ausencia de políticas específicas ante el fenómeno de la migración y las remesas puede tener efectos negativos y adversos a largo plazo, sobre todo después de que esta entrada de ingresos en las economías se consolida como la fuente principal de ingresos.

Otro problema crítico consiste en la falta de sincronía entre la debilidad de la maquila como generador de crecimiento y el discurso político y económico prevaleciente que apoya el fortalecimiento del Tratado de Libre Comercio de Centroamérica con los Estados Unidos, CAFTA (por sus siglas en inglés). Existe además la necesidad de reconsiderar las políticas económicas que buscan restar importancia a algunas estrategias y asistir a otras, como las remesas.

Capítulo 8. La tendencia actual del mercado de remesas a Colombia

Introducción

Este capítulo ofrece una revisión del estado de las transferencias a Colombia en relación con las regulaciones y el nivel de competencia en los últimos años. La primera parte muestra una perspectiva comparada de las remesas vinculada con los ingresos nacionales e internacionales. Aunque en relación con el PIB las remesas son menos que el 3%, éstas representan una fuente estable de las reservas internacionales con volumen de más de 4.000 millones de dólares. También se muestra que tanto en el origen como en el destino de los pagos, las empresas intermediadoras están compuestas por una mezcla de entidades financieras bancarias y no bancarias con fuerte nivel de competencia y con oferta de costos por debajo del promedio en América Latina. Asimismo se observa que las transferencias de pagos están ocurriendo por varios métodos, en donde el 20% de los receptores recibe su transferencia en depósito a cuenta.

1. Caracterización de los flujos de remesas a Colombia

Muchos colombianos emigraron a los Estados Unidos, España y otros países durante la década de 1990, especialmente durante la recesión de 1998-1999. Con el aumento de la emigración, se produjo un aumento en el volumen de remesas enviadas a Colombia por los emigrantes residentes en el exterior. Como resultado, estas remesas están contribuyendo a la economía nacional y han demostrado ser una fuente importante del ingreso nacional. En la medida que la economía colombiana ha mejorado, la importancia de las remesas ha cambiado en los últimos cinco años. Sin embargo, su rol y su volumen mantienen gran relevancia.

1.1. Aspectos macroeconómicos

Para el año 2008, las remesas aumentaron a más de 4.000 millones de dólares, cantidad enviada por aproximadamente 470.000 colombianos que residen en los Estados Unidos. Es un monto casi siete veces mayor al recibido en la década anterior. La tasa de crecimiento anual de las remesas ha sido aproximadamente de más del 20%. Los años de mayor crecimiento fueron 1994 (112% de crecimiento) y 1998 (65% de crecimiento). Colombia recibe en total alrededor de 1.100.000 transferencias.

Gráfico 1
Remesas familiares a Colombia (millones de dólares)

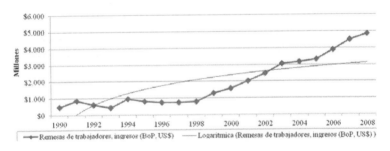

Fuente: Indicadores de desarrollo del Banco Mundial (2008).

La relevancia de este volumen de remesas también se refleja en su relación con los indicadores económicos nacionales, como el ingreso nacional. En 2003, los 3.000 millones de dólares enviados en remesas representaron aproximadamente el 4% del PIB de Colombia, casi cinco veces más de lo reportado en 1993. Para el 2008, estas remesas decayeron al 2% del PIB.

Gráfico 2
Colombia: remesas como % del PIB

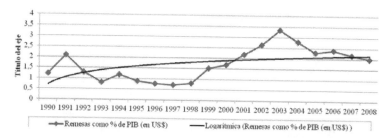

Fuente: Indicadores de Desarrollo del Banco Mundial (2008).

Además de su importancia respecto al ingreso nacional en los últimos años, las remesas representan un creciente porcentaje de las exportaciones de bienes y servicios. En el año 2008, las remesas constituyeron el 15% de las exportaciones totales, aunque reflejaban un volumen menor que en el 2003, que había alcanzado el 24% cuando era un volumen casi cuatro veces superior a lo reportado en la década anterior. Del mismo modo, al comparar con los últimos diez años, las remesas constituyen un creciente porcentaje en relación con la inversión extranjera directa.

Gráfico 3
Colombia: remesas como % de las exportaciones

Fuente: Indicadores de desarrollo del Banco Mundial (2008).

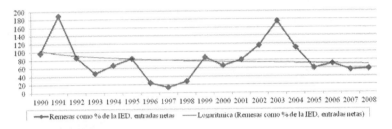

Fuente: Indicadores de desarrollo del Banco Mundial (2008).

Dentro del contexto de las reservas internacionales, la importancia de las remesas continúa siendo estable. Durante el período estudiado, las remesas siguen exhibiendo un porcentaje cada vez mayor de las reservas totales. En el año 2003, las remesas fueron el 28% de las reservas totales, frente al 5,6% de la década anterior, y para el 2008, han continuado la misma tendencia. Entre 1993 y 2003, las remesas totalizaron un promedio consistente del 81% de las transferencias corrientes. Las remesas constituyen tanto un porcentaje positivo como negativo de la balanza de cuenta corriente de Colombia. En el año 2003, la cifra fue del -257%, mientras que sólo tres años antes, la cifra era del 213%.

Gráfico 5
Colombia: remesas como % de cada serie

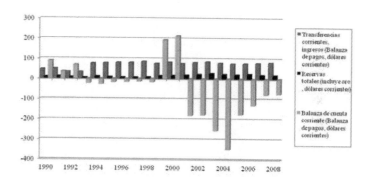

Fuente: Indicadores de desarrollo del Banco Mundial, 2008.

2. Regulaciones financieras

Según la Resolución Externa núm. 8, emitida en el año 2000, y sus modificaciones posteriores, sólo los intermediarios del mercado de dinero (IMC) están autorizados para llevar a cabo las operaciones que se ocupan de las remesas internacionales. Esta lista incluye: bancos hipotecarios, bancos comerciales, corporaciones financieras, compañías de financiamiento comercial, la Financiera Energética Nacional (FEN), el Banco Exterior de Colombia BANCOLDEX, cooperativas financieras, sociedades de bolsa comisionadas y oficinas de cambio de divisas (Forex). Los operadores de transferencia de dinero (MTO) no están autorizados a ofrecer servicios de remesas directamente y suelen asociarse con uno de estos intermediarios aprobados. Además, la Regulación Externa del 2006 establece la información que los administradores del sistema están obligados a proporcionar al público, al Banco Central y a otras entidades de supervisión.

Los individuos que viajan a Colombia con cantidades de moneda por valor superior a 10.000 dólares tienen que informar a las autoridades competentes en el puerto de entrada. Los colombianos residentes y no residentes pueden tener cuentas bancarias en pesos colombianos o moneda extranjera. No hay ningún límite legal para estas cuentas; sin embargo, cada entidad financiera puede regularlas como lo considere necesario, con arreglo al artículo 59 del Estatuto Cambiario.

El programa de los bancos de oportunidades (*Banca de las Oportunidades*) es un programa de reducción de la pobreza a largo plazo, con el respaldo del Gobierno, que pretende aumentar el acceso financiero para las poblaciones desatendidas en zonas pobres y rurales. Esto no es un reglamento en sí mismo, sino un programa de microfinanzas de la agenda del Gobierno. Y aunque no hay ningún reglamento específico que se aplique exclusivamente a las entidades de microfinanzas, existen regulaciones diseñadas para las instituciones financieras no bancarias (NBFI) y para las organizaciones no gubernamentales (ONG) que regulan sus operaciones.

La información financiera y la unidad de análisis establecida por Ley 526 en 1999 sirven en Colombia para detectar y prevenir el lavado de activos y la financiación de actividades terroristas en todas las actividades económicas. Centralizan toda la información recopilada por las instituciones financieras, otras empresas y personas, e informes para el Ministerio de Finanzas, la administración tributaria y la Oficina del Fiscal. El Decreto 663 de 1993 establece normas generales de "Conocimiento del Cliente" aplicables a las instituciones financieras, así como patrones generales, de acuerdo con el Ministerio de Finanzas que ha establecido normas específicas para la prevención de blanqueo del dinero. La Regulación 007 de 1996 fue más tarde modificada por el Reglamento 022 de 2007 y la Regulación 062 de 2007, que establece las obligaciones específicas que las instituciones financieras tienen que cumplir. La Ley 599 del año 2000 define el alcance del delito de blanqueo de dinero. En particular, el artículo 323 de esta ley define la "adquisición, inversión, transporte, custodia o administración de los fondos con el fin de ocultar su origen ilegal de blanqueo de dinero".[95] Además de la legislación, Colombia es miembro del Grupo de Acción Financiera de Sudamérica (GAFISUD), una organización de América del Sur para luchar contra las actividades de blanqueo de dinero en la región.

3. Competencia en el mercado de transferencias de dinero

El corredor de remesas entre Estados Unidos y Colombia tiene catorce RSP y treinta instituciones pagadoras, que ofrecen un total de 2.288 puntos de pago. Bancolombia y Banco Davivienda son los mayores contribuyentes, con el 24 y el 23% de todos los puntos de pago, respectivamente. Los dos más grandes contribuyentes también son socios de varios RSP, con más del 70% de todas las ubicaciones. En términos de los principales proveedores de servicios de remesas, Vigo tiene la mayor presencia, con el 21% de todas las ubicaciones de envíos, seguida por *Xoom* con el 16%.

---

[95]   Ministerio de Finanzas. Disponible en línea: <http://supernet.superfi-nanciera.gov.co>

Cuadro 1
Competidores del mercado de remesas:
proporción del total de puntos de pago por
los principales RSP y pagadores (%)

RSP	Porcentaje %
Vigo	21
Xoom	16
Viamericas	13
Ria	13
Coinstar	8
Otro	39

Cuadro 2
Salida de remesas: principales RSP recibo
de remesas: principales pagadores

Pagador	Porcentaje %	RSP - participación del mercado
Bancolombia	24	33
Banco Davivienda	23	38
BBVA	13	10
Giros y Finanzas CFC	8	6
Granahorrar	6	2
Otros	26	11

Nota: porcentajes referidos a la cuota de mercado que cubre
un pagador en relación con todas las principales instituciones pagadoras (en términos de número de puntos de pago).
El casillero de RSP - participación en el mercado se refiere al
porcentaje de empresas que tienen alianzas.

Las remesas promedio que los colombianos enviaron
entre enero de 2006 y enero de 2010 fueron de 248 dólares,
con un aumento gradual con el tiempo. Esto es comparable al promedio regional de 245 dólares para América

Latina y el Caribe durante el mismo período. El promedio de remesas personales enviadas a Colombia cayó el 13% entre 2008 y 2009.

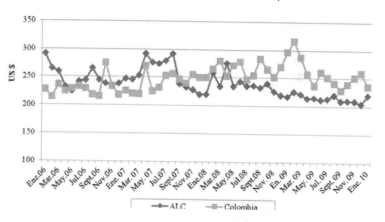

Gráfico 6
Promedio de remesas transferidas a Colombia
(enero de 2006 a enero de 2010)

Estas transferencias son manejadas predominantemente por los miembros de la Asociación de Compañías de Financiamiento (AFIC), que incluye al grupo de remesas (Macrofinanciera, Grupo Bancolombia, Davivienda, Giros y Finanzas, Financiera Cambiamos). Estas entidades manejan el 90% de los pagos de estos giros de remesa a un promedio de 880.000 transacciones mensuales durante 2010.

Gráfico 7
Pagos de AFIC de remesa a Colombia

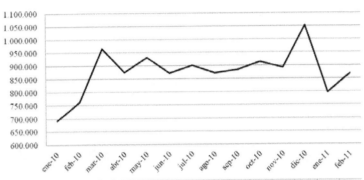

	ene-10	feb-10	mar-10	abr-10	may-10	jun-10	jul-10	ago-10	sep-10	oct-10	nov-10	dic-10	ene-11	feb-11
GRAN TOTAL	691.94	761.70	964.61	874.01	932.01	871.76	901.44	871.83	884.37	914.73	892.19	1.052.7	796.48	869.12

Fuente: AFIC (2011).

Las transferencias a Colombia están entre las menos caras en América Latina. El costo para remitir desde Estados Unidos a Colombia sigue siendo en promedio del 5,3%. El cuadro siguiente muestra la cuota enviada de 200 dólares de los Estados Unidos a Colombia para cada RSP de 2009. Ria ofrece el costo más bajo para remitir a Colombia, el 2,3%, mientras que *Western Union* ofrece el costo más alto, del 14,6%. Sin *Western Union*, el costo promedio cae 4,4%.

Cuadro 3
Costos RSP: cuota de remesas en los
costos por RSP en 200 dólares (%)

RSP	2009	2010
Ria Servicios Financieros	2,3	2,5
Quisqueyana	2,9	4,1
Casa de Cambio Delgado	3,0	4,4
Vigo	4,2	4,8

RSP	2009	2010
La Nacional	4,4	4,4
Orlandi Valuta	4,5	4,4
Viamericas	4,9	4,4
Uniteller	5,4	8,7
MoneyGram	7,0	6,6
Western Union*	9,66	7,5
Promedio	4,82	5,1

Nota: costos totales como porcentajes de cantidades enviadas que incluyen tarifa de envío por transferencia más costos FX. Las cifras representan la tasa que cobra para transferencias y su acondicionamiento.

* Obsérvese un caso donde se prestaron servicios múltiples con diferentes tarifas asociadas; la tasa promedio fue tomada para cualquier servicio el mismo día, con acondicionamiento.

Los bancos dominan el mercado de pagadores en Colombia, con el 84% de todas las ubicaciones. Las NBFI y las oficinas de cambio de divisas (Forex) tienen cuotas importantes del mercado, con 8 y 7% de todas las ubicaciones, respectivamente. Colombia destaca en ambos, MTO y bancos RSP, aunque el banco RSP se asocia con menos del 1% de todas las ubicaciones. La participación de las cooperativas de ahorro y crédito, IMF y puntos de venta, es insignificante.

Cuadro 4
Proporción del total de puntos de pago de
remesas por RSP y pagador (%) (2009)

	Banco	No-Banco Inst. Financ.	Forex	Jugadores Menores	Credit Union	MFI	Otro	Total
MTO	84,0	7,5	6,7	1,3	0	0	0,1	99,7
Banco	0,3	0	0	0	0	0	0	0,3
Todas RSP	84,3	7,5	6,7	1,3	0	0	0,1	100

Fuente: datos recabados por el autor.

En Colombia, la divergencia entre la concentración geográfica de los puntos de pago y la ubicación de la población es una de las más amplias de la región. La mayoría de los puntos de pago, el 60%, se encuentra en las principales ciudades, Bogotá, Barranquilla, Cartagena, Cali y Medellín. Por el contrario, menos de un tercio de la población vive en las principales ciudades. Los bancos, que dominan el mercado pagador (el 61%), están concentrados en las principales ciudades. La venta por menor es la menos concentrada en las principales ciudades; el 60% de todas las oficinas están fuera de las principales ciudades. Bancos RSP y pequeños tienen una muy alta concentración en las principales ciudades, con el 92%.

Cuadro 5
Concentración geográfica. Concentración
de puntos de pago en principales ciudades
por tipo de pagador y tipo de RSP (%)

	Por fuera de las principales ciudades	Ciudades principales
Tipo de instituciones de pago		
Bancos	39	61
Forex	42	58
Instituciones financieras no bancos	47	52
Jugadores menores	60	40
Proveedores de servicios de remesas		
MTO	40	60
Bancos	8	92
Totales país		
Población	69	31
Todos los pagadores / RSP	40	60

Fuente: datos recabados por el autor.
Nota: Las "ciudades principales" fueron escogidas de acuerdo con definiciones tradicionales de metrópolis: sobre 500.000 personas dentro de la ciudad y sobre 1.000.000 en toda el área metropolitana, aunque las ubicaciones de población y ganancias fueron contadas sólo para la ciudad; en Colombia, estas ciudades son Bogotá, Barranquilla, Cartagena, Cali y Medellín.

4. Los bancos y el acceso financiero

Hay dieciocho bancos comerciales que operan en Colombia. Sólo tres de estos bancos pagan remesas con *Western Union* o *MoneyGram*, pero un total de cinco pagan remesas. La mayoría de estos bancos tienen menor cobertura (en términos de número de sucursales) dentro y fuera de las ciudades principales del país. Concretamente, sólo el 53% de todas las sucursales de bancos se encuentra fuera de las principales ciudades, mientras que el 69% de la población colombiana reside fuera de estas ciudades principales.

Cuadro 6
Sucursales bancarias y concentración
geográfica en ciudades principales

	Bancos	Sucursales	Sucursales por banco	Sucursales por fuera de las ciudades principales (%)	Porcentaje de población fuera de las ciudades principales (%)
Colombia	18	3.991	222	53	69

Fuente: datos recabados por el autor.

Aunque la participación de la banca en los pagos no es tan grande como lo es para las empresas de giros y otros, el 20% de las transferencias están siendo depositadas en cuentas bancarias. Esto ha resultado en gran parte por la competencia y la oferta de varias opciones de emisión y pago de transferencias en Colombia, en donde los pagadores ofrecen no sólo pagar en efectivo, sino también realizar la transferencia en depósito a cuenta. Esta opción crea condiciones positivas para aumentar la tasa de bancarización y ahorro entre los receptores, de ahí que el 20% de las transferencias sean depositadas a cuenta.

Capítulo 9. Remesas a Cuba: presente y futuro de la pequeña empresa en Cuba[96]

Introducción

Este trabajo explora hasta qué punto los cubanos que reciben remesas están respondiendo a las reformas económicas del gobierno cubano, las que buscan incentivar actividades por cuenta propia o de la pequeña empresa privada como una estrategia de crecimiento económico y una política de liberalización del Estado. El análisis está basado en el trabajo de campo y en un estudio de los receptores de remesas en Cuba.

Los resultados muestran que las remesas continúan jugando un papel importante en la supervivencia económica de los cubanos, con dinero proveniente de los Estados Unidos y de otras partes del mundo. Encontramos que un porcentaje importante de estos receptores quiere tener su propio negocio, y otro grupo ya ha establecido el suyo. En ambos casos, los negocios están orientados fundamentalmente hacia el sector de servicios y son conducidos por iniciativas empresariales que persiguen la autosubsistencia en lugar de la generación de riqueza.

A la luz de las reformas introducidas por el gobierno cubano, pareciera que hay una discrepancia entre las políticas gubernamentales y las necesidades y los intereses de las personas. Muchas de las actividades económicas que a los receptores de remesas les gustaría emprender como pequeño negocio no están dentro del alcance de

---

[96] Orozco, Manuel y Katryn Hansing (2011), "Inter-American Dialogue", *Palabra Nueva*, núm. 209, agosto de 2011, Nueva York, City University of New York, Black and Hispanic Studies at Baruch College. Disponible en línea: http://www.palabranueva.net/contens/pag_segmento1.html.

las nuevas reformas. Además, estas políticas pueden no ser suficientes para crear un ambiente apropiado para el desarrollo comercial. A la luz de estas limitaciones, hay expectativa entre estas personas, pues desean establecer un negocio y piensan que las remesas y sus familiares en el extranjero les ayudarán a financiarlo. Sin embargo, dada la recesión global y la situación económica de muchos de los remitentes, estas entradas no constituyen un mecanismo formal para el desarrollo de pequeños negocios, y más bien deben funcionar como complemento a una política de incentivos al desarrollo. Teniendo en cuenta tanto la inseguridad de los negocios ya existentes como la de los negocios potenciales, y debido a unas reformas que podrían limitar los incentivos para el crecimiento, es importante considerar la implementación de estrategias que respondan a las condiciones de estos pequeños negocios, como son el microcrédito, el mercado al por mayor, la asesoría técnica y la educación financiera.

1. Tendencias actuales de las remesas a Cuba

Las remesas de dinero han continuado su flujo hacia Cuba, principalmente con transferencias desde los Estados Unidos, pero también desde Europa, y más recientemente, desde América Latina (Venezuela en particular).

Cuatro aspectos principales caracterizan estos flujos. Primero, Estados Unidos continúa dominando las transferencias, pero con menos presencia que en los períodos iniciales; Europa y América Latina han tomado un creciente papel predominante. Segundo, a pesar de los cambios introducidos en 2009 por Estados Unidos en relación con la política de envíos de dineros a Cuba, pocos operadores o compañías de transferencias de remesas han entrado en el mercado, y el uso de mecanismos informales para las transferencias continúa. Tercero, la cantidad recibida ha permanecido igual o ha decaído, probablemente como un síntoma de la recesión. Cuarto, las remesas siguen representando, por lo menos, la mitad del ingreso total de estas personas, quienes pueden así ahorrar, aunque tienden a hacer esto de manera informal.

En el primer caso, el 68% de los receptores de remesas entrevistados recibía el dinero de parientes en los Estados Unidos; el 13% lo recibió de Europa (principalmente España); y el 19% recibió las remesas de América Latina y otros países en vías de desarrollo; de ellos, el 8% las recibió de trabajadores cubanos en Venezuela. Esta última observación puede explicarse por las fuertes relaciones entre Cuba y Venezuela, incluyendo los contratos de trabajo para llevar médicos y otros profesionales a Venezuela.

Un segundo tópico importante es que las redes informales continúan predominando. Aunque algunos cambios políticos en los Estados Unidos han eliminado restricciones establecidas en el año 2005, pocas compañías dedicadas a envíos de dinero han entrado en el mercado de las remesas para ofrecer transferencias a Cuba. Sin embargo, es de notar que esas transferencias informales desde Estados Unidos son menores que las provenientes de América Latina, donde la mayoría de los receptores dijo confiar todavía en amigos o "mulas" para recibir el dinero.

Tercero, las transferencias a Cuba no han aumentado a pesar de la recuperación económica y el relajamiento de las restricciones. De hecho, las cantidades enviadas no han cambiado sustancialmente con respecto a años anteriores. Una razón mayor es que las ciudades desde donde se generan los flujos de dinero son lugares donde la recuperación económica ha sido más lenta; esto incluye el sur de la Florida, Madrid y Barcelona. Por otro lado, aunque las remesas desde América Latina han estado creciendo en volumen, típicamente muestran menores cantidades remitidas, reduciendo aun más los promedios. Sin embargo, la frecuencia de envíos ha aumentado a ocho veces, superior a seis en 2005.

Cuadro 1
Características de las transferencias de remesas a Cuba

	2005	2010/2011
Recibida desde Estados Unidos	81%	68%
Recibida desde España	12%	7%
Años recibiendo remesas	4	9
Cantidad recibida por envío (dólares)	150	125
Frecuencia recibida / año	6	9
Recibida de padres	18%	20%
Recibida de hermanos	22%	35%
Recibidas vía empresa de giros	44%	47%
Recibidas vía "mula", informal	54%	50%

Cuarto, los receptores de remesas poseen pocos activos económicos que podrían servir como recursos en las actividades productivas o comerciales, y la mayoría no posee cuentas bancarias (el 87%). Sin embargo, todos los entrevistados reconocen que ellos ahorran utilizando varios métodos, la mayoría de los cuales son informales. Mientras sus activos están limitados, ellos han acumulado liquidez en forma de dinero en efectivo, sumando reservas que promedian casi 900 dólares.

Cuadro 2
Activos de propiedad entre los receptores de remesas

	%
Tierras	6,3
Maquinaria / equipos	23,3
Computadoras	51,5
Muebles e insumos oficina	5,8

Vehículo / transporte	18
Celular	81,6

Cuadro 3
Método tradicional de ahorro usado por
receptores de remesas y cantidad ahorrada

	%	Cantidad (US$, acumulado)
Guardo el dinero que queda a fin de mes	57	827
Lo invierto en un negocio	2	2.000
Trabajo horas extras	3	1.900
Aprovecho ventas especiales	36	758
Compro bienes duraderos	3	2.600

Estos rasgos sugieren que las características de los receptores de remesas no han cambiado sustancialmente a pesar de las reformas políticas en los Estados Unidos. Se esperaba que los envíos irregulares o por vías no formales disminuyeran, y que aumentara la cantidad de dinero enviado como resultado de las iniciativas bajo la administración de Obama. Sin embargo, los cambios y la adaptación a la política de cambios en Cuba son lentos, y puede tomar mucho más tiempo a los emigrados trabajadores cubanos modificar sus prácticas, particularmente debido a la lenta recuperación económica.

Otro punto importante a destacar es que el ingreso dependiente de las remesas permanece, invariablemente, por debajo del 60%. Los ingresos de los cubanos que reciben remesas permanecen por debajo de los 100 dólares por mes. Esta cifra es importante, pues apunta a algunos problemas más amplios en relación con el tamaño de la economía cubana: los receptores están entre los grupos de ingreso más alto, lo que indicaría que aun siendo el ingreso de estos receptores el promedio nacional, la economía cubana tiene un tamaño inferior a los 25.000 millones anuales, y no 40.000, como se registra oficialmente. Los ingresos entre los receptores de las remesas indican el alcance de la magnitud de sus reservas financieras; típicamente, los receptores de remesas ahorran más que quienes no reciben remesas, y su reserva de ahorro oscila entre 1.000 y 2.000 dólares. Junto con otros recursos, estos fondos constituyen una base para la inversión en un potencial negocio.

2. Las reformas cubanas y el funcionamiento de los pequeños negocios

El esfuerzo del gobierno cubano por reformar su economía alentando a la población al trabajo por cuenta propia ha puesto la atención en el potencial de las remesas y sus receptores en la isla, y en el surgimiento y desarrollo de los pequeños negocios privados.[97] Antes de explorar ese potencial papel, esta sección ofrece una breve apreciación general de las estrategias y reformas económicas aprobadas en el Sexto Congreso del Partido Comunista Cubano.

Los objetivos en el proceso de la liberalización económica pueden resumirse del modo siguiente:

- El aumento del crédito gubernamental mediante el sistema de impuestos a los pequeños negocios recientemente formalizados.
- Liberar las nóminas gubernamentales mediante la reducción del empleo estatal y promoviendo la absorción de los trabajadores que queden disponibles

---

[97]   Goldstein, Josh (s/r), "Cuba & Remittances: Can the 'Money in the Mail' Drive Reform?", *Center for Financial Inclusion*. Disponible en línea: http://centerforfinancialinclusionblog.wordpress.com/2011/02/01/remittances-a-key-driver-of-economic-reformin-cuba/

en un emergente sector privado de micro, pequeñas, medianas empresas.

- Impulsar las exportaciones, fortalecer la moneda e incrementar los salarios como resultado del incremento de la producción y la productividad.

En el sector de pequeños negocios, las reformas autorizan el establecimiento de trabajo por cuenta propia en 178 actividades económicas dentro de la economía cubana. Las actividades generalmente entran en las categorías de trabajo manual, servicios, artesanías y presentaciones artísticas; estas dos últimas podrían considerarse como parte de la importante industria turística cubana.[98] Los pequeños negocios pagarán una tasa impositiva del 25%, mientras los negocios que contratan empleados pueden pagar impuestos de hasta el 50%. Los lineamientos para los niveles de salario estipulan que los sueldos deben aumentar a medida que crece el número de empleados, de modo que el sueldo mínimo para empleados que trabajen en un negocio privado con quince o más trabajadores es tres veces el salario promedio mensual.

3. Interés de los receptores de remesas en establecer microempresas o pequeños negocios

Dado el cambiante contexto para los pequeños negocios, y debido la suposición de que los receptores de remesas pueden ser más propensos a invertir en un negocio, esta sección explora hasta qué punto estas personas deciden comprometerse en una actividad comercial. Los resultados

---

[98] El grupo musical Los Mambises y el dúo de danza Amor son ejemplos de la sorprendente especificidad de las regulaciones dentro de la categoría de actuaciones. "Actividades autorizadas para el ejercicio del trabajo por cuenta propia", *Juventud Rebelde*, 24 de septiembre de 2010.

de la encuesta muestran que hay tres grupos distintos: aquellos que no piensan establecer un negocio propio, los que sí, y aquellos que ya tienen su propio negocio. El 43% de quienes reciben remesas expresaron que no van a establecer un pequeño negocio en Cuba; el 34% dijo que sí; y el 23% indicó que ya tenía su negocio. Aquí analizamos sólo los casos de quienes desean tenerlo y de quienes ya lo tienen. Sin embargo, es importante mencionar que el elevado número de personas que no piensa establecer un pequeño negocio dio como razones principales: la falta de recursos o capital inicial; la falta de conocimiento empresarial; el inestable contexto político-económico. En otras palabras, no es que estas personas no quieran empezar su propio negocio, sino más bien que su situación personal y el contexto en que viven no les favorecen para hacerlo en este momento.

Entre los interesados en crear un negocio y los que ya lo tienen, una conclusión general revela que, dada su posición económica, esta es una población cuyos negocios potenciales y reales se limitan a ser negocios o empresas de subsistencia. Los interesados en establecer un negocio son principalmente hombres (el 67%), quienes invertirían sobre todo en una actividad comercial relacionada con la comida o la ropa, mientras una quinta parte estaría interesada en un comercio de manufacturas o industrias. De hecho, la lista de actividades que indicaban como su línea potencial de negocio incluyó la venta de comida, ropa, o CD y DVD. Estas actividades son una pequeña porción en la lista de trabajos por cuenta propia permitidos por el Estado.

Cuadro 4
Actividades económicas de interés para iniciar un negocio

Actividad	%
Venta de comidas	19
Venta y arreglo de ropa	15
Albañilería y carpintería	11
Artesanía	10
Venta de CD / DVD	8
Agricultura	7
Alquiler habitaciones	5
Paladar	5
Profesor de idiomas	4
Alquiler de equipos	3
Chofer	3
Otros	11

Cuando se le preguntó cuál era el propósito de su negocio privado, la mayoría expresó que era un complemento a su trabajo actual, o como una estrategia de supervivencia después de perder su trabajo actual. Sólo un pequeño grupo (el 9%) declaró que quería poseer un negocio propio porque era un interés personal. Estas respuestas son importantes porque indican la dirección de una posible actividad empresarial. Es poco probable que aquellos que se comprometen en un negocio por necesidad, debido a la pérdida del trabajo, o para incrementar los ingresos personales, hagan crecer de manera sustancial su negocio después de lograr la autosubsistencia. Es más, si el negocio no consigue obtener financiación y fortalecer su potencial de mercado a través de un entrenamiento adicional, su margen de competitividad decrece.

Cuadro 5
Propósito de receptores de remesas
de establecer un negocio

	%
Iniciar nuevo trabajo después de perder el actual	44
Complementar mi ingreso actual	38
Tener mi propio negocio, me gusta	9
Sostener mi familia	8
Otro	1

Cuando se piensa en la posición que ocupa un negocio en el mercado, se percibe que una empresa exitosa es el resultado de varios factores, como son: acceso a capital, conexión a la cadena de valor, habilidad empresarial y apoyo del entorno o contexto regulador. Incluso cuando se crea un negocio o una empresa por necesidad, acceder a las finanzas, ser competitivo o disfrutar de apoyo o incentivos gubernamentales pueden ayudar al crecimiento de estos negocios y a la acumulación de capital. A su vez, estas empresas pueden reinvertir en más empleos, equipamiento, o permiten acumular fondos personales.

Una mirada más cercana a estas personas que reciben remesas muestra características importantes que indican su comportamiento y compromiso potencial en el mundo del negocio, si se considera su acceso a recursos disponibles, acceso a las finanzas y experiencia comercial. En conjunto, el 95% de los interesados en establecer su propio negocio considera que su inversión monetaria sería inferior a 5.000 dólares, y muy probablemente, menos de 1.000 dólares.[99] Además, cuando se les preguntó con qué recursos contaban para empezar su negocio, la cuarta parte afirmó que

[99]   Mil dólares es menos del promedio de ahorros y representaría el mínimo inicial de la inversión, más los recursos que dicen usarían para establecer su negocio.

ya tenía los ahorros necesarios, mientras que el 30% dijo
que ya tenía el local para operar su pequeña empresa, y el
16% contestó que ya tenía su capital activo o trabajando.
Aquellos que tenían dinero en efectivo en mano y un capital
activo promediaban ahorros de 1.600 dólares.

Cuadro 6
Recursos y ahorros disponibles

	%	Ahorros (dólares)
Local	30	1.117
Mercancía y otro material	27	675
Dinero efectivo	25	186
Capital activo	16	1.608
Otro	1	250
No	2	400

Además de la inversión ya existente, se les preguntó
sobre las fuentes financieras que podrían complementar
su inversión inicial, mantenimiento del negocio y las ga-
rantías disponibles. Poco más de un cuarto declaró que
sus propios recursos sirvieron como fuente de financiación
adicional, y casi dos tercios respondieron que buscarían
financiación de familiares que viven en el exterior. Esta
dependencia o esperanza en el apoyo de familiares en el
extranjero confirma expectativas reflejadas en algunos
medios de comunicación en relación con el papel de la
comunidad cubana en el exterior, particularmente en los
Estados Unidos. Ninguno consideró el apoyo de instituciones cubanas para financiar su negocio, y la mayor parte de
ellos veían sus ahorros o el de sus familiares en el exterior
como una garantía financiera.

Cuadro 7
Recursos disponibles para iniciar un negocio

	%
Finanzas de amigos y familiares en el exterior	62
Mis propios recursos	27
Finanzas de amigos y familiares en Cuba	11
Otros	1

A pesar de su debilidad financiera y el no tener un acceso formal a las finanzas, la mayoría de estos individuos tiene alguna experiencia en el negocio que planea desarrollar. Tal condición le daría un margen de competitividad en el mercado, a menos que ya esté saturado.

Cuadro 8
Experiencia o entrenamiento en mercado

	%
Tuve un negocio similar antes de este	48
Me han dicho que este negocio es rentable	5
Tengo experiencia y fui entrenado para este	46

Estas respuestas nos revelan individuos que buscan emprender u operar negocios de subsistencia relativamente pequeños, para los que dependerán del apoyo de familiares que residen fuera de la isla y que podrían estar fuera del alcance del apoyo gubernamental. A su vez, ellos tendrán un impacto limitado en el crecimiento económico y en el desarrollo empresarial.

4. Sobre negocios actuales entre los receptores de remesas

Quienes ya poseen su propio negocio (el 23%) comparten características similares a aquellos que quieren empezar uno nuevo, con la excepción de que el 60% de los dueños actuales son mujeres, contra el 33% de los interesados en establecer un nuevo negocio. Estos pequeños empresarios o cuentapropistas trabajan de modo predominante en servicios y ventas, en muchos casos, en actividades similares a aquellos que quieren empezar un nuevo negocio. El 22% vende comida y el 4% es dueño de un "paladar". En el 70% de estos negocios, el dueño o dueña es el empleado, y sólo el resto tiene un empleado adicional. También la mayoría de estos negocios (62%) tiene una licencia para operar o trabajar, excepto aquellos de ventas callejeras y otras ocupaciones que operan informalmente (38%). Para mantener el funcionamiento comercial, el 63% utiliza fondos provenientes de las ventas, y el 27% utiliza las remesas para subvencionar su negocio. Generalmente, estos trabajadores por cuenta propia mantienen su negocio en el mismo lugar de residencia (80%) o son vendedores callejeros (12%).

El valor medio de las ventas mensuales es de 200 dólares, una cantidad que añade poco a sus ingresos totales. Como más de la mitad de sus ingresos vienen de las remesas, estas actividades por cuenta propia pueden complementar sus ganancias con el trabajo adicional, pero no pueden representar la mitad de todo el ingreso a menos que el 40% de sus ventas se convierta en salarios.

Cuadro 9
Actividades económicas de cuentapropistas

	%	US dólares (renta mensual)
Venta de comidas	22	123
Peluquería-Barbería-Manos	19	60
Venta y reparación de ropas	8	95
Alquiler habitaciones	4	1.400
Venta-alquiler videos	7	40
Artesanía	4	233
Paladar	4	500
Agricultura	3	75
Guardería Infantil	3	110
Importar-Exportar	3	550
Maestro-repasador	3	100
Ponchero	3	200
Otros	15	200

Consideraciones finales

Los resultados del estudio muestran que los cubanos que reciben remesas continúan confiando en esas remesas para administrar su sobrevivencia diaria. Hay además indicios de que aquellos interesados en establecer un negocio o quienes ya tienen uno predominantemente operan en un nivel de subsistencia y no pueden generar riqueza adicional. Cuando las reformas comienzan a implementarse, es importante considerar los tópicos que pueden contribuir al desarrollo de los pequeños negocios en Cuba. También es importante entender la correspondencia entre el tipo de pequeño negocio o empresa que surge en el contexto cubano, los recursos que es necesario fortalecer y convertir en negocio exitoso, así como el impacto que ello tendrá a corto y largo plazo.

En cualquier sociedad, los pequeños negocios deben encarar el difícil equilibrio que representa lograr el éxito y superar los desafíos. Dependiendo del tipo de negocio, los problemas a resolver pueden variar. El éxito comercial depende de lograr crecientes márgenes de ganancia, mantener la liquidez financiera, cubrir los costos laborales, buscar la innovación y vender de modo consistente servicios y bienes de calidad. Estos pequeños negocios también son confrontados con varios desafíos, algunos inherentes al negocio propiamente (acceso al capital, vinculado a la cadena de valores), otros asociados a la economía global (administrativa y comercialmente competitivos) y las motivaciones empresariales. Debido a que los cuentapropistas o pequeños empresarios cubanos conforman sobre todo negocios de subsistencia, es de máxima importancia identificar los instrumentos que pueden permitir a estos negocios desarrollarse y crecer para que puedan generar riqueza. Esto puede lograrse atendiendo al desarrollo de sus capacidades comerciales, su inserción en las cadenas de valor globales y domésticas, el acceso a los recursos financieros para funcionar y expandirse, así como los incentivos necesarios para operar en un ambiente formalizado.

Primero, confiar en las remesas o en los ahorros acumulados como un medio primario para invertir no es una situación ideal, pues tales recursos son típicamente variables y pueden usarse para otras actividades. Los ahorros pueden servir como parte de una garantía financiera para obtener un préstamo, pero no como la fuente de financiación principal: si se agotan totalmente antes que la empresa se desarrolle por completo, el negocio puede fallar y el empresario queda en peor condición.

Segundo, el papel de las microfinanzas es fundamental, ya que puede ayudar a poner estos negocios en una mejor posición para extender sus actividades y volverse sustentables. Además, las microfinanzas darían también la posibilidad a los cubanos que no reciban remesas de ganar acceso a capital y entrar al sector emergente de los cuentapropistas. Como los pequeños negocios en desarrollo no suman réditos anuales por encima de los 3.000 dólares, pronosticar la cantidad correcta de dinero necesario para ayudar al crecimiento del negocio es parte de una estrategia financiera. Más aun, sobre esa base y asumiendo que aproximadamente 100.000 pequeños negocios han sido abiertos debido al actual proceso de reformas, las carpetas del crédito pueden representar por lo menos unos 300 millones de dólares.

Tercero, el entrenamiento de cuentapropistas o pequeños empresarios interesados en actividades que son competitivas está conectado directamente a las cadenas de valor comercial, y exhibir el potencial para alcanzar economías de escala es importante. Muchos de los que contestaron estaban interesados en establecer negocios o actividades no competitivos o que encuentran ya un mercado saturado. Así, evaluar el mercado para actividades comerciales y productivas puede coincidir con la asesoría técnica para negocios en los cuales es conveniente invertir y establecer su empresa, y cómo hacerlo.

Cuarto, en este momento, no existen mercados al por mayor en Cuba. Para incentivar la creación de pequeños negocios, el Estado cubano debería vender mercancías y materiales al por mayor.

Quinto, el actual contexto regulador o legislativo no es muy favorable a los cuentapropistas o pequeños empresarios. Las cuotas de impuesto aplicadas sobre estos individuos estrangularán su capacidad para operar y reinvertir en el crecimiento de su negocio; semejante contexto regulador no prolongará los negocios más allá del nivel de subsistencia. Permitir que los nuevos negocios queden exentos del pago de impuestos durante un período de tiempo e implicarlos gradualmente en la estructura impositiva pueden ayudarles a crecer a corto plazo.

Finalmente, siendo estas pequeñas operaciones comerciales conducidas directamente por el propietario o la propietaria, proporcionar asesoría financiera sobre administración económica en un establecimiento familiar donde hay al menos dos o tres fuentes de ingreso sería una estrategia importante. Los pequeños negocios de subsistencia normalmente guardan un pobre proceso contable de sus actividades comerciales, y mezclan las entradas con otras fuentes de ingreso, lo que hace difícil determinar cómo se comporta el negocio.

Apéndice

Sobre la metodología del estudio

El sondeo en Cuba se realizó en varias ciudades del país. El 50% se realizó en La Habana. Los investigadores trabajaron en una muestra representativa de los diferentes estratos sociales, demográficos, étnicos y regionales de la población. Sin embargo, dado el contexto político cubano, los investigadores no realizaron entrevistas aleatorias en la calle, sino que aplicaron el proceso de bola de nieve (*snow ball*) entre personas que podían ser entrevistadas en confianza. La muestra para el sondeo incluyó a 300 cubanos receptores de remesas.

Cuadro 10
Interés de receptores de remesas en establecer negocio

		No inte-resado	Interesado	Ya tengo negocio
Edad promedio		46	42	46
Acceso a Internet	No	60,00%	55,90%	72,10%
	En lugares públicos	16,20%	17,60%	10,30%
	En casa	23,80%	26,50%	17,60%
Sexo	Masculino	39,20%	66,70%	39,70%
	Femenino	60,80%	33,30%	60,30%
Educación	Universitario	76,20%	44,10%	42,60%
	Algún nivel superior	17,70%	37,30%	42,60%
	Preuniversitario	6,20%	18,60%	14,70%
Estado civil	Casado/a	24,60%	37,30%	47,10%
	Convivencia	30,00%	30,40%	26,50%
	Soltero/a	25,40%	27,50%	7,40%
	Divorciado/a	14,60%	3,90%	19,10%
	Viudo/a	5,40%	1,00%	0,00%
Número de perso-nas viviendo en la casa	1	2,30%	1,00%	0,00%
	2	23,10%	28,40%	14,70%
	3	51,50%	31,40%	61,80%
	4	20,80%	37,30%	19,10%
	5	1,50%	0,00%	4,40%
	6	0,80%	2,00%	0,00%
¿Fue afectado por perder su trabajo?	No	96,90%	70,60%	97,10%
	Sí	3,10%	29,40%	2,90%
¿Cree que usted o alguien en su fami-lia será afectado por perder el trabajo?	No	11,50%	8,80%	5,90%
	Sí	88,50%	91,20%	94,10%
Grupo étnico	Afrodescendiente	20,80%	33,30%	19,10%
	Blanco	79,20%	66,70%	80,90%

SECCIÓN 2. MEJORES PRÁCTICAS Y LECCIONES APRENDIDAS

Capítulo 10. Migración y desarrollo en la política nacional, y temas, instrumentos y lecciones aprendidas[100]

Introducción

Este capítulo aborda la relación entre la migración y el desarrollo dentro del contexto de las políticas públicas. La relación empírica entre remesas y desarrollo, por ejemplo, es evidente, ya que se observa que tanto desde las redes de pago como desde la creación de activos, las remesas influyen sobre éstos. Sin embargo, el desarrollo no sólo es orgánico, sino además inducido mediante políticas que promuevan el bien público. Mientras no existan políticas que integren la migración dentro de estrategias de desarrollo, el efecto que tendencias como las remesas tienen en los países receptores será menor.

Este capítulo considera los temas de migración y desarrollo en relación con el conjunto de instrumentos de política disponibles y comparados con el contexto de la migración y el desarrollo en la práctica. El trabajo proporciona evidencia sobre cómo la práctica regular ha demostrado el impacto positivo de la política de desarrollo en determinados aspectos, tales como los derechos laborales, aprovechamiento de las transferencias de remesas, o la inversión de los migrantes. Por otra parte, introducimos un modelo que ayuda a determinar el éxito o el fracaso de una estrategia de aplicación en particular.

---

[100] Originalmente, Orozco, Manuel (2011), *Migration and Development in National Policy: Issues, Instruments and Lessons Learned*, Kosovo, Banco Mundial, misión en Kosovo, enero de 2011. Trabajo realizado para el gobierno de esa nación.

En el capítulo, se demuestra que hay problemas por lo menos en diez temas que se interceptan con la migración y el desarrollo, así como también una gama de instrumentos de políticas como asistencia técnica, educación, otorgamiento de facilidades, entre otros, para tratar y aprovechar esos aspectos. También exploramos el papel de dos aspectos críticos adicionales. En primer lugar, la experiencia internacional demuestra instancias en que la política tiene éxito en el aprovechamiento de la migración para promover el desarrollo. En segundo lugar, el capítulo adicionalmente identifica las variables que pueden determinar el éxito o el fracaso en la aplicación de las políticas de desarrollo. Este capítulo ofrece así una visión global de la experiencia internacional sobre migración y desarrollo, y sirve como referencia para estructurar y organizar una estrategia preliminar.

1. La migración en la política nacional de desarrollo

A medida que la migración cada vez más interactúa con el desarrollo, integrar políticas dentro de las políticas nacionales es un factor clave para asegurar el crecimiento económico y social. Los planes nacionales de desarrollo típicamente son diseños de las metas establecidas por los países relacionadas con el progreso social y económico, y una mención de las herramientas que tratan de utilizar para alcanzar esos objetivos. En la mayoría de los casos, las metas incluidas son la efectiva prestación de servicios de salud y educación, oportunidades de empleo adecuadas, la reducción de la pobreza, las estrategias de competitividad y el desarrollo de la infraestructura nacional. Los planes son diseñados por las entidades gubernamentales que supervisan estas áreas y son actualizados en las variadas escalas temporales.

Los planes nacionales de desarrollo y las políticas son los instrumentos que guían a los países sobre la forma en que se procederá a promover el desarrollo económico y social. Este enfoque garantiza que los recursos de un país sean utilizados de manera eficaz con el fin de promover el crecimiento económico mediante la concentración en las prioridades de políticas determinadas.[101]

Estas prioridades de desarrollo a menudo no coinciden con las realidades de la migración. La intersección entre migración y desarrollo ha sido un tema de importante discusión de interpretación. Para algunos, la intersección es causal, por lo cual la migración es un subproducto del desarrollo; mientras que para otros, la causalidad es a la inversa (por ejemplo, las teorías del *push-pull*). Para otros, la intersección es funcional, es decir, cualquier efecto que la migración tenga sobre el desarrollo se considera como interrelacionado. Otra perspectiva sostiene que la migración es inherente al desarrollo de una sociedad como la unidad de análisis, especialmente en lo que lleva a la movilidad laboral y los vínculos económicos con el país de origen.

El trabajo empírico demuestra que la relación de la migración y el desarrollo es del tipo orgánico que se entrecruza con los determinantes de la movilidad laboral y el compromiso económico de los migrante para con los factores que conducen al desarrollo. Hain de Haas afirma que "la migración no es una variable independiente que explica el cambio, sino que es una variable endógena, una parte integral del cambio en sí mismo en la misma medida que puede permitir profundizar el cambio".[102] La migración y el desarrollo se complementan cuando el proceso es

---

[101]   Orozco, Manuel (2007), "Ahorros en el extranjero y acumulación de bienes de los migrantes", Capítulo 14, Caroline Moser (ed.), *Reduciendo la pobreza global: el caso de acumulación de bienes*, Washington DC, Brookings Institution Press.

[102]   Hain de Haas (2008), "Migración y desarrollo", s/r.

acompañado por diferentes dimensiones de la movilidad laboral y siguiendo el intercambio económico que se despliega a partir del proceso de migración.

Tanto la *movilidad laboral* como la *participación económica de los migrantes* generan una serie de relaciones que plantean opciones para impulsar el desarrollo de nuevas políticas. Estas relaciones son endógenas o de aprovechamiento. En el primer caso, algunos aspectos de la relación son intrínsecos al proceso de la migración y el desarrollo en sí (el acto de enviar dinero por sí tiene un efecto positivo sobre los hogares). En el segundo caso, se trata de aspectos de la relación que informan acerca de las características que, desde la perspectiva del formulador de políticas, pueden ser aprovechadas para avanzar en el bien público (formulación de políticas para aumentar las oportunidades para acumular activos a los receptores de remesas). El bien público se refiere a los beneficios para los trabajadores migrantes, sus familias y la comunidad en general. Usando la movilidad laboral y el intercambio económico de los migrantes con el país de origen, hay un número de temas de política constitutivos de relaciones de aprovechamiento del desarrollo. Estos temas no son exhaustivos, pero reflejan la dinámica general de la migración y su vinculación con el desarrollo.

Desde el punto de vista de la política de desarrollo, la movilidad laboral y el desarrollo comparten características que dependen de la demanda de mano de obra calificada y de los arreglos legales de la movilidad. El estatus legal y las habilidades tienen efectos divergentes sobre el bien público.

A mayor riesgo que corran los migrantes, menor será el impacto en el bien público; *a contrari sensu* se aplica para aquellas personas en condiciones seguras. El intercambio económico que los migrantes realizan con el país de origen, aprovechando las características de desarrollo, incluye aquellas típicas opciones económicas individuales (el cumplimiento de las obligaciones familiares, la inversión, el consumo de productos del país de origen, y la realización de actividades filantrópicas). Cada actividad tiene grados de efectos en función de las capacidades de generación de activos para el bien público más amplio.

1.1. Problemas y desafíos de la movilidad laboral

La migración extranjera de trabajo se conecta con el desarrollo en el sentido de que las fortalezas y vulnerabilidades de una persona en su situación legal y el nivel de calificación en el momento de salida tendrán un efecto sobre su relación con el país de origen. Por ejemplo, los inmigrantes no calificados que salen sin permiso de trabajo formal son más vulnerables a obtener menos ingresos, tienen más dificultades para encontrar trabajo, son más propensos a ser víctimas de los estereotipos sociales y se enfrentan a limitadas oportunidades de movilidad para ascender.

Los temas de política que resultan de esta realidad tienen como objetivo abordar las vulnerabilidades o el fortalecimiento de las circunstancias materiales de las personas. Estos enfoques empoderan a las personas antes de su salida y durante su trabajo en el extranjero, y su éxito variará dependiendo de la naturaleza y el propósito de la migración. El recuadro a continuación proporciona un diseño visual en donde los grupos y los temas pueden encajar en estas necesidades.

Cuadro 1
Migración formal

Proceso de migración formal	Obtención de capacidades
Negociación y establecimiento de programas de migración laboral; facilitación de proceso de emigración, acceso justo a reclutamiento; acuerdos bilaterales relacionados a la protección de Derechos Humanos y laborales.	Educación técnica de la fuerza laboral; adquisición de calificaciones en el país de origen; entrenamiento de calificaciones; educación y entrenamiento sobre derechos laborales; asesoría de educación financiera.

Gráfico 1
Condición legal y posición calificada

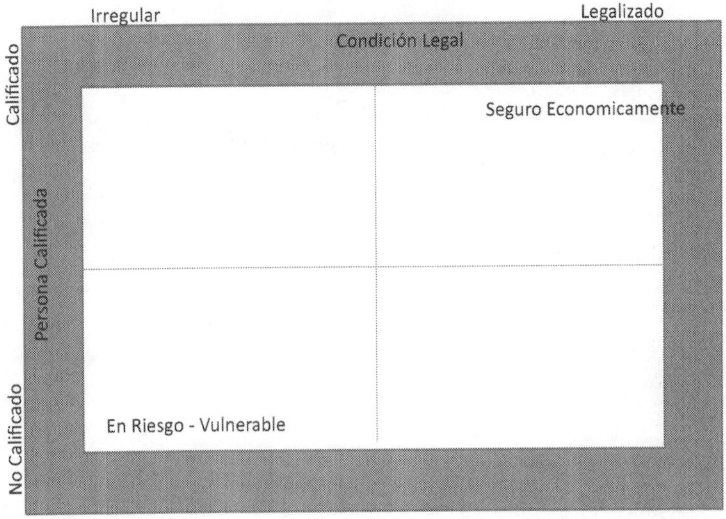

Irregular   Legalizado

Condición Legal

Calificado

Persona Calificada

No Calificado

Seguro Economicamente

En Riesgo - Vulnerable

Estos seis temas, aunque no exhaustivos, han demostrado ser componentes claves de la relación entre la movilidad de la fuerza laboral y el desarrollo. Un proceso formalizado para la movilidad laboral, unido a una fuerza laboral bien entrenada, conduce a la mejora de la condición del trabajador migrante, cuyas familias se benefician de las remesas en los dos países. En el primer caso, los que migran con mayores calificaciones y protección de derechos (incluido el derecho a trabajar) tienen mayores ingresos y están más conectadas con el país de origen. Para las familias de los migrantes, la cantidad de dinero recibido no sólo es ligeramente superior a la media, sino que también los motiva a acercarse al sistema financiero: los familiares de los migrantes que reciben dinero a través de transferencias bancarias son más propensos a poseer cuentas bancarias. Finalmente, ambos países se benefician a nivel macro cuando los trabajadores migrantes están mejor entrenados y protegidos. Los migrantes y los receptores de remesas no sólo aumentan las recaudaciones fiscales originadas por esos ingresos, sino que además amplían la competitividad en el país anfitrión. En el país de origen, los trabajadores calificados son más propensos a transferir sus habilidades en una variedad de maneras.

1.2. Problemas y desafíos de las remesas y otras actividades económicas de los migrantes

Como se mencionó antes, los inmigrantes y su país de origen (familia, sociedad y Estado) se involucran de manera mutua a través de una serie de relaciones, muchas de las cuales son de carácter económico, otras son culturales y políticas. En particular, las actividades económicas que realizan los inmigrantes con sus países de origen se relacionan con cuatro áreas principales: el envío de dinero a sus familiares, el consumo de productos del país de origen, la inversión en el país de origen y la filantropía actuando como miembro de una más amplia base de migrantes.

El impacto de estas actividades de desarrollo se cruza con las capacidades de generación de activos. Es decir, estos activos se construyen a través de esas actividades, por lo tanto, así puede verse cómo el desarrollo es impulsado por la migración. Las transferencias de remesas, así como también las demás actividades económicas realizadas por los migrantes, se enfrentan a algunos retos que limitan las oportunidades de optimizar aun más estos flujos para el desarrollo. Estos retos incluyen: el acceso financiero pobre (en especial, para los beneficiarios en las zonas rurales); los entornos regulatorios que restringen la participación en las transferencias de dinero de entidades tales como instituciones de microfinanzas y la limitación de la competencia en el mercado (por ejemplo, mediante acuerdos de exclusividad entre operadores de transferencias de dinero e instituciones financieras); y los problemas relativos a los caros costos de las transferencias de remesas. Como resultado de estos desafíos, los migrantes a menudo invierten de manera informal, debido al acceso limitado a productos formales y a servicios financieros, y los ahorros de los receptores de remesas se mantienen de manera informal.

Los problemas se encuentran también en otras áreas. Las asociaciones de migrantes o grupos de la diáspora a menudo enfrentan dificultades para encontrar los socios adecuados para trabajar en su país de origen, para hallar el apoyo de los gobiernos locales o nacionales para mejorar o asistirles en sus esfuerzos. Como personas que quieren invertir, son también bloqueados por el hecho de que si no tienen una cuenta de banco antes de salir de su país, es muy poco probable poder abrir una en el extranjero.

Así, los temas de política sobre las actividades económicas de los migrantes con sus países de origen son las siguientes:

- Reducir los costos de transacción.
- Facilitar el acceso financiero a los migrantes y sus familias a través del diseño de productos, regulación

bancaria, educación financiera, y fortalecimiento de las instituciones de microfinanzas alternativas.

- Reforma de las leyes para mejorar la competencia.
- Introducir nuevas tecnologías de pago.
- Diseño de oportunidades de inversión para los migrantes.
- Promover el comercio y el turismo.
- La asociación con diásporas para trabajar en el desarrollo.
- Llegar a las diásporas para que se involucren con una mayor colaboración y comprensión.

Gráfico 2
Involucramiento económico: dimensiones e impacto

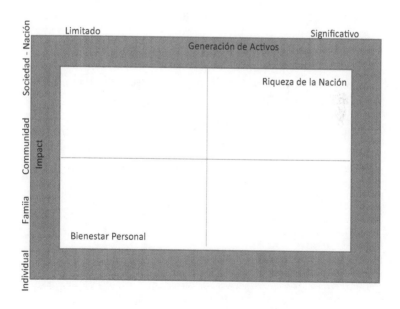

Ante esta realidad, aquí identificamos aquellas iniciativas en donde la política puede ser críticamente importante para promover la optimización de las remesas a través de la administración de fondos y de capital de los migrantes. Las iniciativas no son absolutas, pero reflejan el debate sobre la política pública sobre estos temas.

2. Reducción de informalidad, mejora de la competencia y reducción de costos

En primer lugar, la política debe abordar el mercado de transferencia de dinero mediante la reducción de la informalidad, la mejora de la competencia y la reducción de los costos, así como también ofreciendo incentivos para mejorar la tecnología de transferencia de dinero. La mayoría de las asociaciones de migrantes subrayan que la reducción de costos debe ser abordada y sus soluciones varían desde sanciones o esquemas de planes de reinversión de las ganancias hasta una mayor competencia para la divulgación y el seguimiento de la información.

La existencia de redes informales a menudo resulta de la ausencia de un número significativo de competidores o instituciones que pueden hacer posible la transferencia de dinero en las áreas más remotas.[103] Dado que la mayoría de los gobiernos de los países en desarrollo establecen que sólo los bancos están autorizados a realizar pagos o transferencias de remesas en moneda extranjera, muchas zonas rurales son desatendidas y son a su vez asumidas por pequeños empresarios informales. Esta restricción

---

[103]   Las remesas son transferencias de dinero que se llevan a cabo dentro una red de pago existente, es decir, un sistema que realiza transacciones con dinero extranjero y nacional a través de instituciones autorizadas (típicamente, bancos comerciales, tiendas minoristas, casas de cambio, cajeros automáticos o terminales en puntos de venta, POST).

legal limita el acceso del consumidor a otras instituciones financieras que pudieran ofrecer ese servicio. Revisar la legislación que permite a las instituciones financieras no bancarias, tales como las instituciones de microfinanzas, que paguen o transfieran las remesas ayudará a reducir la informalidad y aumentará la competencia.

La reducción de los costos en los últimos años se ha debido en gran medida a una mayor competencia entre operadores de transferencias de dinero. En América Latina y el Caribe, los costos han bajado de forma considerable, así como también en otras áreas del mundo, tales como Rusia a Asia Central y el Cáucaso del Sur, o Europa al Sudeste de Asia y África occidental. Uno de los retos principales para la competencia que prevalece en muchas partes del mundo son los contratos de exclusividad de las agencias de transferencias de dinero (MTO, por sus siglas en inglés). Los contratos de exclusividad son contratos legales entre las agencias de transferencia de dinero y los agentes (tanto en el origen como en la distribución) que restringen que los agentes negocien o hagan contratos con otras agencias de transferencias de dinero por lo menos durante un período de cinco años. El resultado final es que los agentes de transferencias de dinero son excluidos de la justa competencia, y a menudo sobreviene la informalidad. En Nigeria, por ejemplo, hay menos de cinco agencias de transferencia de dinero importantes que operan en el país, en parte porque los bancos sólo están autorizados a operar, y estos bancos a su vez tratan de garantizar un volumen adecuado con una agencia de transferencia de dinero importante. A su vez, dado que el MTO importante espera exclusividad, se cierra cualquier posibilidad de que entren otras compañías. Como resultado, tres cuartas partes de los pagadores están operando con sólo dos operadores de transferencia de dinero.

Sin embargo, queda mucho por hacer. En algunos casos, el abaratamiento de los costos ha llegado a expensas de la entidad que realiza los pagos, que a menudo recibe el 20% de los ingresos por transacción. En las zonas rurales donde la infraestructura es deficiente y la seguridad es crítica, las instituciones pagadoras enfrentan mayores costos que los ingresos obtenidos, por lo tanto, las estrategias de mitigación son necesarias para paliar los problemas de las comunidades rurales.

Los esfuerzos adicionales para reducir los costos implican una mayor transparencia, mejorar el entorno de la competencia de los operadores de transferencias de dinero (incluyendo el monitoreo del costo de una transferencia, tanto en el precio como en la comisión cambiaria en el extranjero, la calidad del servicio ofrecido), la divulgación, el apoyo a las pequeñas empresas de transferencia de dinero para participar en el mercado, y la introducción de medios alternativos de transferencia de dinero, tales como Internet, las tarjetas de débito o de tecnología de telefonía móvil. Las recientes complicaciones de reglamentación en los países en donde se originan las remesas han causado que los bancos sean cautelosos al hacer negocios con los operadores de transferencia de dinero, y subsecuentemente, muchos bancos han terminado sus relaciones bancarias con los MTO. Este obstáculo ha creado un entorno operativo difícil para los MTO, la mayoría de los cuales son negocios en propiedad de las minorías, y por lo tanto, perjudica al usuario final.

Por otra parte, las nuevas tecnologías pueden permitir transacciones de cuenta a cuenta más baratas, pero todos los jugadores en el mercado deben aprender a promover las mejores tecnologías y aplicarlas. En relación con los beneficiarios, esto requiere una mayor educación financiera, además de un comportamiento ajustado en la forma de cobrar el dinero. La aplicación de la tecnología podría incluir la distribución de tarjetas de débito para los consumidores, así como la introducción de terminales en puntos de venta entre los pequeños comerciantes. En un indicador mundial, casi el 30% de los receptores de remesas utiliza tarjetas de débito o de crédito, aunque el 90% o más cobra sus remesas en efectivo. Educar a la gente en cómo adaptar sus prácticas financieras aprendiendo los beneficios de la utilización de estos instrumentos financieros de pago aumentaría su uso por encima de la tendencia actual y ayudaría a proteger y administrar mejor sus ingresos.

Un ejemplo importante de esto es la experiencia de la asociación llamada *Jamaica National Building Society* (JNBS, por sus siglas en inglés). A través de su filial, *JN Money Services Ltd.*, JNBS sirve a los jamaicanos que viven en la diáspora, facilitándoles los servicios de remesas en Canadá, EE.UU. y el Reino Unido. Con la colaboración y cooperación de la USAID, JNBS decidió automatizar el proceso de enviar y recibir transferencias de dinero a través de la tecnología de lectores de tarjetas (máquinas lectoras de tarjetas conocidas como terminales en puntos de venta). Como resultado, ahora tiene más de 70.000 usuarios de tarjetas. El 50% de los receptores de remesas han sido introducidos en el sistema bancario formal, con el 40% de los que reciben sus remesas a través de un producto de tarjeta que se utiliza consecuentemente para hacer compras en las pequeñas empresas que aceptan tarjetas de débito. En una nota relacionada, la mayoría de los clientes de pequeñas empresas del banco también se benefician de hacer pagos de remesas a través de un mayor acceso tanto al crédito como a los clientes que reciben remesas. Las tasas de ahorro han aumentado de manera considerable, no sólo a través de depósitos directos a cuentas de ahorro, sino también por la reducción de la cantidad de dinero en efectivo en circulación y mediante un mayor uso de las transacciones electrónicas.

La política que incentiva reducir costos y mejorar la competencia y la tecnología incluye la reducción de los impedimentos de identificación de los migrantes, ofreciendo incentivos fiscales u otros incentivos a los bancos y operadores de transferencia de dinero para que importen artefactos tecnológicos para las transferencias, tales como dispositivos para puntos de venta (POS).

La tecnología juega un papel importante en la entrega eficaz y eficiente de las remesas. Estos dispositivos POS son una oportunidad para mejorar los efectos del gasto de las remesas, al permitir los pagos electrónicos y reducir el uso de dinero en efectivo en la calle, así como también aumentan el ahorro e influyen positivamente en los flujos de ingresos para los bancos.

Cuadro 2
Acceso a la banca para inmigrantes y giros de remesa

La experiencia de los Estados Unidos y otros países que permiten a los migrantes, independientemente de su situación legal, escoger qué método utilizar para enviar remesas (ya sea un MTO o un banco) está dando que hablar. La iniciativa de *Wells Fargo* en los Estados Unidos de reconocer la identificación consular mexicana como un medio para permitir que los migrantes abran cuentas de ahorros aumentó el acceso a la banca en más de medio millón de mexicanos. La experiencia de los indonesios, que hacen remesas desde Corea del Sur, Singapur y Hong Kong, es similar: los inmigrantes pueden abrir cuentas bancarias independientemente de su situación legal, y gozan no sólo de costos bajos, sino que también pueden acceder a otros productos financieros. Este tema es particularmente importante, ya que los gobiernos trazan una línea entre el negocio y la política de migración: los operadores de servicios de remesas no son Migración o la Policía Fiscal, sin embargo, ellos mismos son cumplidores de las regulaciones relacionadas a la transferencia de dinero.

3. Instituciones microfinancieras

El acceso a la tecnología puede ser costoso para las instituciones financieras o para los proveedores. Por lo tanto, las soluciones políticas, tales como desgravaciones fiscales o incentivos relacionados con la mejora de la tecnología, deberían ponerse en práctica.

Por último, los temas del costo de la divulgación pueden ser abordados a través de la implementación de iniciativas de tecnología de bajo costo. Establecer los mecanismos para informar a los consumidores acerca del costo del envío de dinero entre los diferentes competidores, basándose en Internet o los teléfonos móviles, puede mejorar sus conocimientos y ayudar a tomar las decisiones sobre qué método utilizar.

3.1. Acelerar proyectos de intermediación financiera con las cooperativas de crédito e instituciones microfinancieras

Otra alternativa es acelerar el acceso financiero a través de proyectos con las instituciones microfinancieras (IMF), cooperativas de crédito y los bancos pequeños. Estas instituciones financieras alternativas han demostrado un papel clave en la banca de los tradicionalmente no bancarizados y en la transformación de los clientes de remesas en clientes de otros servicios financieros. El apoyo de estas instituciones financieras de parte de los gobiernos y de los países donantes ha sido bajo a pesar de los esfuerzos de las IMF para llegar a los receptores de remesas. La ayuda financiera que se han concedido en general ha apuntado al diseño de productos financieros, de mercadeo y de tecnología. En Moldavia, por ejemplo, la mayoría de los flujos va a familias de zonas rurales donde la presencia del banco es más restringida, pero en que las asociaciones de ahorro y crédito tienen alcance más profundo, aunque no están autorizadas para ofrecer servicios de remesas o no tienen el apoyo para llegar a los destinatarios y los migrantes. Aumentar el apoyo y la participación de estas instituciones financieras pequeñas es de vital importancia para acrecentar el acceso a los servicios financieros y mejorar la educación financiera y de activos. Los tipos de ayuda incluyen el diseño de productos financieros y de mercadeo, el desarrollo de tecnología informática, la investigación de mercado, y el cumplimiento normativo.

Una forma de asistencia gubernamental o internacional es el apoyo a las cajas de ahorro, las instituciones microfinancieras y las cooperativas de crédito para construir redes que pueden permitir negociaciones positivas con las compañías de transferencia de remesas. La vinculación de los bancos en los países de origen con la institución microfinanciera del país de destino es también una propuesta ganadora para ambas instituciones, y un ejemplo de colaboración público-privada. A través de los programas de cooperación exterior de España, *Caxia Catalunya*, una caja de ahorros en España, estableció acuerdos con otros bancos y cajas de ahorro que ayudan a la gente a enviar dinero al menor costo de 1.500 puntos en efectivo a cualquiera de las 1.000 sucursales socias en Marruecos, Senegal, Argentina, Bolivia, Colombia, Ecuador, Perú, Brasil, República Dominicana, Pakistán, China, Bulgaria y Rumania. El impacto de tales esfuerzos es múltiple. Las instituciones financieras atraen a estos clientes, tienen acceso a moneda extranjera y aumentan sus ingresos, mientras que los clientes en ambos lados se benefician al mantener cuentas de ahorro además de recibir su dinero en una institución financiera de confianza.

3.2. Involucrando a las instituciones bancarias para que ofrezcan amplios servicios financieros

Además de ofrecer incentivos a las instituciones financieras no bancarias para que lleguen a los clientes de remesas, los bancos más grandes que ofrecen servicios de remesas deben ser blancos para que se involucren. El acceso al servicio de la banca sigue siendo bajo a pesar del elevado porcentaje de los pagos efectuados por los bancos y los ingresos derivados de sus servicios: los envíos de remesas representan el 20% o más de los ingresos netos total de los bancos en el país de destino. Debe de haber esfuerzos para aumentar las oportunidades de reinversión en la comunidad. A lo largo de América Latina y el Caribe, los bancos realizan casi el 50% de todos los pagos de remesas en efectivo (en lugar de hacerlo vía cuentas), y en Asia Central, África, el Cáucaso del Sur, Europa del Este y partes del Sudeste de Asia, el porcentaje es casi del 100 (sólo para competir con los servicios postales o algunas cooperativas de crédito). Los bancos funcionan de manera predominante como máquinas de dinero en efectivo al por menor, en lugar de instituciones de depósito. Los bancos comerciales no han aprovechado esta situación de poder ofrecer acceso a otros servicios financieros a los receptores de remesas, como cuentas de cheques o de ahorros. Debido a las funciones de los bancos en la distribución de las remesas en la región, es particularmente importante que se muevan más allá de los simples pagos en efectivo de las remesas y ofrecer programas de educación financiera dirigida a los receptores de remesas, el diseño de productos financieros o de mercadeo, y la modernización de los sistemas de pago, a fin de profundizar en el acceso financiero a través de la propiedad de cuentas bancarias.

3.3. Apoyar proyectos encaminados a mejorar las oportunidades de inversión en el país y entre la diáspora

Hay algunas iniciativas de política que pueden centrarse en mejorar las oportunidades para la inversión a pequeña escala para crear nuevos negocios respondiendo así a la demanda de los migrantes y sus familias de invertir. Estas iniciativas incluyen, por ejemplo, vincularse en oportunidades de inversión para transformar la agricultura de subsistencia de los receptores de remesas en agricultura comercial y fomentar un entorno favorable para la inversión por parte de los migrantes.

Estas empresas también se relacionan con las remesas y la migración cuando se promueve la inversión de los migrantes en términos de turismo y comercio nostálgico. Sobre este último punto, la investigación muestra que aproximadamente un tercio de los migrantes visita su país una vez al año, mientras que el 80% importa cosas del país de origen, como productos alimenticio. Estas actividades contribuyen al crecimiento de las pequeñas empresas que son fruto de una demanda emergente de la diáspora de los bienes y servicios en el territorio de origen.[104] La política del Gobierno puede orientar el desarrollo de pequeñas empresas, para atender la demanda de productos nostálgicos a través de asistencia técnica para exportarlos, con apoyo financiero, la formalización de empresas y el registro o acceso a los mercados.

3.4. Diseñar productos que incluyan servicios de educación y salud

Los destinatarios de remesas tienden a gastar más en educación y salud que los que no son receptores, y los migrantes expresan un deseo de aumentar las transferencias para cubrir estas categorías. Sin embargo, la oferta no se encuentra: la educación y los servicios de salud adecuados a menudo no son bien conocidos o no están disponibles. Una forma de proporcionar estos servicios es a través de

---

[104] Orozco, Manuel (2008), "Tasting Identity", *Micro NOTE*, num. 56, Washington DC, United States Agency for International Development, septiembre de 2008.

la colaboración entre las instituciones microfinancieras y los proveedores de salud y de educación que ofrecen financiamiento. En educación, esto significa apoyo técnico a las instituciones financieras y de educación para diseñar productos educativos (de ahorro y préstamos a estudiantes), clases, actividades extracurriculares y lecciones de Internet para los niños de familias con migrantes.

Estos tipos de inversiones por parte de las familias receptoras llevarán a la obtención de un mayor nivel educacional y también una inversión continua de parte de la persona que envía el dinero desde el extranjero. El diseño de productos de salud a los remitentes y los receptores también es importante. Este diseño incluye un seguro de vida, seguro médico, atención de emergencia, repatriación del cuerpo, y cuidado de los niños que pueden proteger tanto a los migrantes como a los familiares. El acceso a la atención de salud mejorará el nivel de vida de los migrantes y los receptores. Los migrantes también deberían beneficiarse de estos esquemas de seguro de salud que pueden remediar lesiones relacionadas con el trabajo. En Malasia, cada año alrededor de 100 a 150 trabajadores inmigrantes de Bangladesh mueren debido a varias razones, como la muerte súbita, la muerte por trabajos de riesgo y otras causas. Actualmente, hay compañías de seguros en colaboración con instituciones financieras que comercializan estos productos de salud a los migrantes y sus familias, cerrando una brecha en la demanda de servicios de salud.

3.5. Prestar asistencia técnica en el conocimiento práctico financiero y de remesas

Educar a la gente sobre el papel de las finanzas es un paso crítico hacia el desarrollo, y es también cada vez más importante entre los receptores de remesas. La educación financiera y de remesas, la formación en la adquisición de

habilidades, se pueden establecer en cooperación con los
bancos centrales e instituciones financieras para llegar a
los millones de receptores de remesas. Esta asistencia
técnica debería considerar la información sobre el valor
financiero de las transferencias como un mecanismo para
construir el crédito, los activos y el uso de pagos alternativos a través de instrumentos electrónicos, como tarjetas
de débito y crédito.

Gráfico 3
Temas de intersección en migración y desarrollo

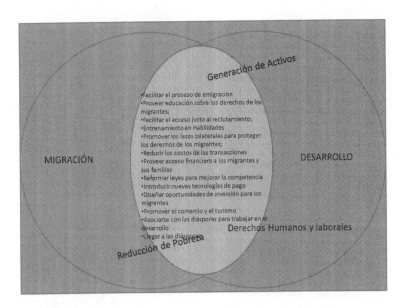

Fuente: Orozco, Manuel y Beatriz Slooten (2011), "Migración
y política migratoria laboral, los casos de Costa Rica y Nicaragua", s/r, octubre de 2011.

4. Opciones de políticas, herramientas y experiencias vigentes

Esta serie de temas depende del tipo de instrumentos utilizados para implementar una política determinada. Los instrumentos de política son los métodos disponibles de la intervención pública que se utilizan para dar forma o asegurar el resultado de un tema en particular. Los instrumentos de política son generalmente de tres tipos: el establecimiento de normas, el entorno propicio o instrumental, y la aplicación e intervención. Dependiendo del tema político, el instrumento se centrará en cualquiera de esos tipos.

Los tipos de instrumentos que son más comunes en la intersección entre la migración y el desarrollo incluyen la asistencia técnica a los migrantes, el sector privado, el gobierno y la sociedad civil, estableciendo mecanismos de comunicación con los migrantes y las partes interesadas, creando mecanismos de financiación, estableciendo acuerdos de asociación con gobiernos extranjeros y otras entidades, y fomentando la creación de capacidades.

Esta sección examina los instrumentos en relación con algunas políticas implementadas en el área objeto de revisión.

4.1. Asistencia técnica

La asistencia técnica es un instrumento típico de la política empleada por los gobiernos y las organizaciones internacionales de desarrollo destinadas a fortalecer algún área de la política gubernamental.

La asistencia técnica es proporcionada por los expertos que llevan a cabo la investigación, la capacitación, la formulación y la evaluación de proyectos, y muchas veces, el desarrollo de productos. El desarrollo de productos a menudo se aplica a los conocimientos técnicos del sector privado, pero no de forma exclusiva, e incluye el diseño de herramientas que mejoran ciertos resultados deseados. Muchos gobiernos u organizaciones de desarrollo han adoptado políticas en áreas específicas asociadas a la migración y el desarrollo mediante la asistencia técnica como mecanismo. La asistencia técnica presta un servicio que fortalece las instituciones y al mismo tiempo logra un resultado deseado en particular.

Hay muchos casos de asistencia técnica en todo el mundo con un enfoque sobre la migración y el desarrollo. Aquí se ilustran dos ejemplos, la alfabetización financiera y la reducción de los costos de transacción. Una de las opciones políticas –un tema en el campo de las remesas– ha sido aumentar el acceso financiero. Su enfoque ha sido variado: para algunos expertos, incluye la reducción del costo del envío de remesas y el uso de los bancos; para otros, ha sido el diseño de productos financieros, la educación financiera o el diseño de nuevas tecnologías.

Uno de los muchos casos para tratar sobre el acceso financiero de los receptores de remesas se refiere a la asistencia técnica sobre el control de los gastos de envío de remesas. El Banco Mundial ha puesto en marcha una iniciativa global para registrar los costos de envío de remesas,[105] que a su vez ha sido seguida por los gobiernos en otras partes del mundo. El Reino Unido, Francia, Italia, los Países Bajos, México, entre otros, han creado sitios *web* de información sobre los costos de envío de remesas para sus principales corredores de remesas de migrantes en el exterior. En todos estos casos, los gobiernos han contado con la asistencia técnica de expertos en la recopilación de datos, el diseño y la diseminación. El último desarrollo en asistencia técnica

---

[105]   Al respecto, ver disponible en línea: <http://remittanceprices.worldbank. org/>.

al respecto es el sitio *web* www.sendmoneypacific.org, que es un proyecto financiado por Australia y Nueva Zelanda sobre el costo de enviar dinero a familias y amigos en las naciones insulares del Pacífico Sur. El proyecto fue creado conjuntamente por las agencias de cooperación de Australia y Nueva Zelanda (*AusAID* y *NZAID*) con *Developing Markets Associates Ltd. (DMA)*, institución contratada para ejecutar el proyecto. El sitio *web* proporciona información sobre la ubicación, el método de transferencia, las tarifas, el costo total, la velocidad de la transferencia y los concesionarios pagadores. Este enfoque ha tratado de eliminar las barreras a la información, empoderar a los migrantes para tomar las mejores decisiones financieras y fomentar una sana competencia entre los proveedores de servicios de remesas.

El campo de la educación financiera como una herramienta de acceso financiero para los receptores de remesas se ha convertido en otro tema de política de interés por el cual se busca asistencia técnica para implementar la política. En cooperación con los bancos en el Cáucaso (Georgia y Azerbaiyán), el Banco Europeo de Reconstrucción y Fomento contrató el asesoramiento técnico del Centro del Diálogo y Microfinanzas Interamericano para proporcionar asesoramiento financiero con el objetivo de captar el ahorro entre los receptores de remesas. La investigación arrojó que los receptores de remesas tienen una gran capacidad para ahorrar, pero pocos tienen cuentas bancarias. Se encontró que el asesoramiento financiero constituye un importante primer paso para la participación en instituciones financieras formales. El proyecto procuraba proporcionar a los receptores de remesas el conocimiento base (de finanzas, productos financieros existentes y a quién contactar) para considerar qué productos financieros se adaptan mejor a su situación financiera. El proyecto se centró en un porcentaje de conversión del 20% de las transacciones de los clientes bancarios de 18.000 personas que recibían educación financiera, y captó cerca de 4.000.000 de dólares en depósitos durante el período de seis meses de duración del proyecto. Al igual que en el sitio *web* sobre el costo de las remesas, este instrumento de asistencia técnica ha sido replicado en otros países del mundo.[106]

4.2. Comunicación y difusión: oficinas diáspora administradas por el gobierno

Los instrumentos de difusión y comunicación son fuentes importantes de la política pública del gobierno. Permiten una mejor relación entre el Estado y la sociedad y definen las metas y los programas con mayor claridad. Estos instrumentos suelen depender de un marco institucional que puede ser dirigido por un ministerio o una parte de un organismo ministerial. Los países con poblaciones migrantes sustantivas residentes en el extranjero crean este tipo concesionario institucional. La decisión sobre si un ministerio o una agencia administrará una diáspora o la política de asuntos migratorios depende de un consenso y del liderazgo de la élite política, de los recursos disponibles y del reconocimiento de la necesidad de establecer tal esfuerzo.

Por ejemplo, en los últimos diez años, muchos países africanos han reconocido la importancia de llegar a sus diásporas y decidieron mandar a sus funcionarios públicos a trabajar en ese esfuerzo. El nivel de esfuerzo dedicado al alcance de sus diásporas ha sido desigual, sin embargo, de un total de catorce países africanos, sólo cuatro tienen ministerios, tres divisiones y siete algún tipo de mandato a un funcionario público. El personal dedicado al trabajo es mayor cuando la oficina tiene un rango ministerial, pero

---

[106] Orozco, Manuel (2009), *In Search of Policy Options and Solutions: Family Remmitances, Diaspora Partnerships and Development Opportunities*, s/r, 9 de noviembre de 2009.

incluso en esos casos, su presupuesto de funcionamiento fuera de los salarios está por debajo de 1.000.000 de dólares. El apéndice 1 muestra la lista de los países africanos con varias oficinas de difusión. El recuadro muestra los distintos elementos que componen las oficinas de la diáspora.

Cuadro 3
Apoyo institucional a comunidades en el exterior en África

Instituciones a cargo	Personal	Presupuesto	Figura jurídica	Autoridad a cargo
Ministerios (4); divisiones (3); agencia informal (7)	Más de 50 (3); 10 a 50 (6); menos o sin especificar (5)	500.000 a 1.000.000 de dólares (3); 100.000 a 1.000.000 de dólares (3); menos de 100000 dólares (8)	Ley (3); decreto (1); ninguno (10)	Ministro (3); director (2); ninguno (9)

Fuente: Orozco, Manuel, *Entrevistas realizadas con catorce gobiernos africanos*, Proyecto FFIAPP.

Cuando se trata de lidiar con la migración y las políticas de desarrollo del gobierno, se ha procurado comunicar mejor y llegar a las comunidades migrantes y a los temas relacionados con este campo. Los métodos utilizados dentro de esta área han sido los talleres, los diálogos de política, las visitas internas, las reuniones oficiales y las conferencias internacionales. El grado de impacto de estos métodos varía en función de los objetivos fijados, pero sí impacta en su mayor parte para sentar las bases de una relación más fuerte. A continuación se ilustran tres casos: México, Marruecos y Armenia.

4.2.1. El Instituto de Mexicanos en el Exterior

Un caso clave de la divulgación y la comunicación es la del Instituto de Mexicanos en el Exterior. El Instituto de los Mexicanos en el Exterior (IME) está bajo la autoridad de la Secretaría de Relaciones Exteriores (Relaciones Exteriores) y se encarga de manejar los asuntos de la Oficina Presidencial para los Asuntos Comunitarios de los Mexicanos en el Extranjero y el Programa de las Comunidades Mexicanas en el Exterior. El IME cuenta con un consejo consultivo integrado por 152 miembros, incluidos los representantes de la comunidad mexicana en México y la comunidad mexicano-americana en los Estados Unidos. Los objetivos del IME incluyen la promoción de las políticas públicas del gobierno mexicano para atender las necesidades de las comunidades mexicanas en el exterior, actuando como vínculo entre las comunidades en conjunto con sus homólogos de México y de apoyo para la formación del liderazgo en las comunidades de migrantes.

La dotación de personal y el presupuesto del Instituto evolucionaron con el tiempo. Un subproducto de una oficina de divulgación creada en 1987 que contaba con dos funcionarios públicos creció a un equipo de quince personas que coordinan las diversas actividades relacionadas con la educación, el enlace con las asociaciones de migrantes y otras instituciones (públicas y privadas) vinculadas a los migrantes y la migración. Su presupuesto anual cubre los gastos administrativos y los proyectos hasta por un monto de menos de 2.000.000 de dólares. Sin embargo, el mandato del Instituto de enlazarse con las oficinas consulares y otras agencias del gobierno le ha permitido recaudar fondos de cada institución con la que trabaja. La relación con las más de treinta oficinas consulares en los Estados Unidos y en otros países ha ampliado y fortalecido sus actividades y esfuerzos para apoyar a los mexicanos que viven en el extranjero.

El IME ha sido fundamental en la organización de conferencias educativas que se han diseñado para promover una mejor comprensión de los programas y servicios que el Gobierno de México promueve a través de su red consular con el fin de mejorar la calidad de vida de los mexicanos que viven y trabajan en el extranjero, además del desarrollo de sus comunidades de origen en México. Estas conferencias educativas, por lo general, suelen durar tres o cuatro días, en que los participantes hacen presentaciones y realizan otras actividades que buscan crear redes de comunicación que generan el intercambio de ideas, proyectos y programas encaminados a lograr un mayor acercamiento entre las comunidades mexicanas.

El IME también promueve el programa 3 x 1 SEDESOL a través de su red consular.[107] A través de un acuerdo mutuo, cualquier grupo que envía dinero a México por medio de 3 x 1 deberá registrarse en el directorio organizacional del IME. Este acuerdo tiene un doble efecto: IME ayuda en la promoción del programa 3 x 1, mientras que aumenta la sensibilización y la amplitud de su directorio. Si bien este régimen de promoción tiene sus ventajas, al IME le gustaría mejorar la visibilidad del director a México, animar a más bancos para ofrecer el sistema a las comunidades de migrantes, y convencer a estas comunidades de los beneficios de entrar en el sistema financiero frente a la mera utilización de operadores de transferencias de dinero para enviar remesas a casa. El IME entiende que contactar a líderes de la comunidad respetados y confiables en el campo de las remesas y de la banca en los EE.UU. es la clave para llegar a los migrantes, multiplicar la información puesta a su disposición y proporcionar la confianza necesaria para que aprovechen para convertirse en miembros del sistema financiero formal.[108]

---

[107] 3 x 1 es un programa fundado federalmente sobre asociaciones de desarrollo local entre asociaciones de bases migrantes, el Estado y los gobiernos locales. Por cada dólar que la comunidad migrante done, cada institución pública proporcionará un dólar adicional para el proyecto local.

[108] Orozco, Manuel (2009), "On Diasporas and Development in the Global Era", *Inter-American Dialogue*, Grupo de Trabajo 4 Euromed, Sesión 4,

4.2.2. La experiencia marroquí

Al igual que México, Marruecos es un ejemplo de un país con una oficina de difusión fuerte con apoyo político, con una plantilla de más de cincuenta empleados públicos y un presupuesto relativamente estable. Desde 1990, el gobierno marroquí ha adoptado nuevas políticas hacia los emigrantes marroquíes en un esfuerzo por "cortejar a la diáspora". El gobierno intenta involucrar a los emigrantes, facilitando su regreso al país para las vacaciones, así como también fomentando la inversión en el país.

Los órganos principales involucrados en la aplicación de las nuevas políticas de emigración son la Fundación Hassan II *pour les Marocains à l'Étranger Résidant* y un ministerio para los marroquíes residentes en el extranjero. La Fundación Hassan II fue creada por el gobierno con el propósito declarado de la preservación cultural, incluidas las clases de lengua árabe, las enseñanzas religiosas y las excursiones culturales, el asesoramiento jurídico y la asistencia social para los emigrantes, el fomento de la inversión en Marruecos y el impulso a las buenas relaciones internacionales.[109] Adjunta a la fundación está *l'Observatoire de la Communauté Marocaine Résidant à l'Etranger* (OCMRE), cuyo objetivo es observar y analizar las condiciones y necesidades de la diáspora marroquí.

Recientemente, Marruecos hizo esfuerzos para crear el *Conseil Supérieur de la Communauté Marocaine à l'Etranger* (CSCME), 'Consejo Superior de la Comunidad Marroquí en el Extranjero'. El *Conseil Consultatif des Droits de l'Homme* (CCDH), un consejo consultivo creado en 1994 para asesorar al rey sobre cuestiones de derechos humanos, desempeña un papel cada vez más importante

---

15 de mayo de 2009.

[109]   Al respecto, ver disponible en línea: <http://www.alwatan.ma/html/FHII/Presentation.html>.

en este proceso. En 2003, fue creada una comisión especial sobre los derechos humanos de los emigrantes, compuesta por representantes designados de las comunidades de emigrantes. En noviembre de 2006, amplias consultas se iniciaron en la preparación para la creación de la CSCME. Los 37 miembros del consejo fueron nombrados formalmente por el rey Mohamed VI en el año 2008.[110]

4.2.3. El Ministerio de la Diáspora armenia

La diáspora armenia tiene una larga historia de involucramiento con Armenia, pero hace poco el gobierno creó un enfoque institucional para llegar a sus comunidades. El Gobierno de Armenia creó en el año 2008 una unidad ministerial para lidiar con la diáspora armenia contratando personal, con más de cincuenta funcionarios públicos y estableciendo un presupuesto modesto[111] y un mandato para vincularse con la diáspora. La planilla incluye a dos viceministros, tres consejeros y nueve directores regionales.

Se le ha confiado al Ministerio el objetivo de proteger los derechos, la identidad y los intereses de los migrantes armenios vis a vis la patria. A tal efecto, el Ministerio ha participado en las tareas de alcance que incluyen eventos culturales, así como la promoción de alianzas de inversión con la diáspora. En su mayor parte, el objetivo del Ministerio ha sido la difusión y la comunicación, en lugar de la ejecución de proyectos económicos. Por ejemplo, en el año 2010, el Ministerio llevó a cabo algunos de los siguientes proyectos:[112]

---

[110] Al respecto, ver disponible en línea: <http://www.focus-migration.de/ Morocco.5987.0.html?&L=1>.

[111] El presupuesto para el Ministerio para proyectos es menor a 5.000.000 de dólares. Sin embargo, como en México, incluyendo personal, los costos de operación podría dobla el monto presupuestado.

[112] Al respecto, ver disponible en línea: <htp://www.mindiaspora.am/en/ Activities_2010>.

1. Patrocinar visitas de jóvenes de la diáspora armenia a Armenia.
2. Patrocinio del Festival Cultural Pan-armenio.
3. La organización de foros profesionales y congresos científicos.
4. Coordinación y organización de concursos escolares sobre la preservación de la identidad armenia.
5. Organización de eventos para rendir homenaje a notables armenios de la diáspora.
6. Aplicación del Año de la Lengua Materna.
7. Apoyo a las instituciones educativas y organizaciones de la comunidad en la diáspora con la literatura armenia.
8. La organización de las actividades encaminadas a ampliar las oportunidades educativas para los armenios de la diáspora.
9. Programa "Establecimiento de un Callejón de Benefactores Armenio".
10. La organización de videoconferencias y teleconferencias sobre el tema la "Armenia y la diáspora".
11. Promoción para unir a la nación con la repatriación.

4.2.4. Otras experiencias

Otras iniciativas han surgido en este campo dependiendo de la comunicación y divulgación. Un caso es el de la colaboración del PNUD con el Gobierno de Sierra Leona. Bajo la dirección del Programa de Reforma del Sector Público de Sierra Leona del PNUD y la Oficina de Asuntos de la Diáspora en la Oficina del Presidente, el Proyecto de Apoyo a la Diáspora se creó para proporcionar asesoramiento en aquellos ámbitos donde el Gobierno tiene que reforzar su relación con la diáspora. Este apoyo incluye actividades de difusión como conferencias y campañas de relaciones públicas.

El PNUD y el Gobierno de Sierra Leona han llevado a cabo campañas de relaciones públicas en los Estados Unidos con el objetivo de crear una red entre el Gobierno de Sierra Leona y la comunidad de la diáspora, con el fin de compartir información sobre los desarrollos socioeconómicos en Sierra Leona, colaborar en la información de la Oficina de Asuntos de la Diáspora y los pasos de la implementación del proyecto de la diáspora, alentar y apelar a los miembros calificados de la diáspora para que apliquen para los puestos de expertos, y crear una campaña en línea.[113] Estos esfuerzos han creado conciencia y el interés de la diáspora acerca de los acontecimientos que suceden durante la reconstrucción del país.

La transferencia de conocimientos es otra consideración política entre los gobiernos con respecto a sus diásporas. Los gobiernos entienden que la transferencia de capital humano de sus propios nacionales de regreso en el país es una herramienta clave para el desarrollo. Algunos países han tratado de establecer diferentes tipos de programas de transferencia de conocimiento. El Departamento Ciencia, Tecnología e Innovación de Colombia, Colciencias, desarrolló un programa de difusión para la diáspora con el fin de facilitar el intercambio con expertos en el extranjero. El departamento creó un sitio *web* para el intercambio de información entre los científicos y académicos en Colombia y en el extranjero, y ha establecido acuerdos bilaterales con los gobiernos para desarrollar programas de intercambio y visitas de gira con la diáspora. El objetivo es el de fortalecer las relaciones con la diáspora, mientras se promueve la transferencia de conocimientos en la innovación de la ciencia.[114]

---

[113] Al respecto, ver disponible en línea: <http://www.sl.undp.org/projec-toverview.htm>.

[114] Departamento Administrativo de Ciencia, Tecnología e innovación (Colciencias). Disponible en línea: <http://www.colciencias.gov.co/web/internacional/home>.

4.3. Mecanismos de financiamiento

Otro instrumento de la política adoptada por algunos gobiernos y organizaciones internacionales es la formación de los sistemas de donación para promover determinados tipos de inversión o de asistencia técnica. Estas facilidades incluyen préstamos, donaciones, planes de inversión con la diáspora y la participación del sector privado en proyectos de migración y desarrollo. Ellos no son tan populares y generalizados, porque implican una importante labor de organización, así como también la asignación de los recursos financieros, humanos e infraestructurales. En la mayoría de los casos, las agencias internacionales de desarrollo, como el FIDA, el BID, el Banco Mundial, el Banco Africano de Desarrollo o la Agencia Francesa de Desarrollo, han puesto en marcha mecanismos de financiación a través de la concesión de subvenciones competitivas. Los gobiernos también han hecho esfuerzos, pero en un número limitado de casos.

Por ejemplo, el Fondo Mutuo de la Diáspora de Ruanda (RDMF) fue creado en marzo de 2009 a través de la colaboración de la diáspora de Ruanda y el Banco Nacional de Ruanda (BNR). La iniciativa tiene como objetivo reunir fondos de los expatriados ruandeses para movilizar y potenciar sus inversiones en su país de origen, como una manera de utilizar las remesas para promover el desarrollo nacional. El fondo se usa como capital utilizado en asociación con la diáspora en proyectos que tienen por objeto mejorar el desarrollo socioeconómico de Ruanda. El BNR, junto con el Consejo Consultivo de Mercado de Capitales, proporcionará el apoyo necesario para la aplicación del fondo. Su interés es promover la inversión de la diáspora a través de bonos del Tesoro y bonos corporativos y acciones.[115]

---

[115]   Al respecto, ver disponible en línea: <http://www.bnr.rw/event.aspx?id=30>. La iniciativa no es aún completamente operacional y está en las primeras etapas de implementación.

La experiencia del Gobierno de El Salvador es también ilustrativa de la promoción de líneas de crédito. El Banco Multisectorial de Inversiones (BMI) es un banco de segundo piso de desarrollo en El Salvador que ofrece fondos de mediano y largo plazo a través de varias instituciones financieras que son supervisadas por la Superintendencia del Sistema Financiero (SSF) en El Salvador. El BMI creó una iniciativa de inversión en asociación con bancos comerciales locales para financiar préstamos hipotecarios para los migrantes salvadoreños. La sociedad de inversión cuenta con la participación de las empresas de construcción, el Ministerio de Relaciones Exteriores y otras agencias gubernamentales y privadas, tales como los bancos que promueven la iniciativa. A través de esta iniciativa, se han promovido ferias comerciales de vivienda en los Estados Unidos, trabajo en colaboración con las comunidades de inmigrantes y los líderes de la diáspora en los Estados Unidos para invertir en viviendas en El Salvador. Como resultado, el BMI ha sido capaz de financiar cientos de préstamos para viviendas.[116]

En Moldavia, a través del Ministerio de Economía se creó un plan de desarrollo del sector privado con fondos del Banco Mundial. El mecanismo de financiación se centró en la promoción de las transferencias de conocimiento a través de la migración a corto plazo en Europa, principalmente en Eslovenia. El mecanismo fue utilizado para enviar a los administradores de Moldavia y a trabajadores calificados cuello azul a los países avanzados a trabajar durante seis meses y regresar con nuevos conocimientos aplicables a Moldavia. A través del mecanismo de financiación, los moldavos pudieron disfrutar de salarios más

---

[116]   Orozco, Manuel (2009), *In Search of Policy Options and Solutions: Family Remittances, Diaspora Partnerships and Development Opportunities*, s/r, 9 de noviembre de 2009.

altos trabajando para empresas extranjeras. Al término de su estancia de seis meses, los inmigrantes aprendieron habilidades productivas en el extranjero.[117]

4.4. Asociaciones: acuerdos bilaterales sobre migración laboral

Las asociaciones son un instrumento de política muy importante de preferencia para los gobiernos. La perspectiva de las asociaciones tiene por objeto aumentar el impacto del desarrollo mediante la celebración de acuerdos de cooperación entre los gobiernos y las diásporas, y entre el sector privado y otros actores de la migración. También se busca incrementar la influencia del desarrollo sobre las normas o actividades instrumentales. Las asociaciones podrían ser normativas, instrumentales o de servicios orientados hacia su naturaleza, en función del enfoque adoptado y del tema político.

Un tipo importante de asociación incluye al gobierno que lideró los acuerdos bilaterales sobre migración laboral. Estos acuerdos contienen negociaciones sobre a) colaboración para exportar e importar trabajadores hacia y desde otro país; b) proporcionar formación profesional, o conocimiento sobre la protección de derechos laborales; o c) establecer políticas de desarrollo conjuntas. Aquí discutimos sobre algunos casos de negociaciones sobre migración laboral, sobre todo en los efectos de la negociación, los temas en juego y los resultados obtenidos. Es importante señalar que si bien no es replicable ninguna negociación, los acuerdos bilaterales presentan patrones comunes en lo que respecta a la finalidad de la negociación.

---

[117] Ellerman, David (2003), "Policy Research on Migration and Development", Documento de Trabajo de Investigación núm. 3117, Banco Mundial, agosto de 2003.

4.4.1. Acuerdos bilaterales sobre migración laboral

Las negociaciones sobre migración laboral varían dependiendo del propósito del trabajo, pero normalmente se ocupan de acuerdos en un mínimo de tres aspectos, a saber: a) el trabajo temporal para un número determinado de trabajadores; b) los requisitos específicos relativos a los conocimientos que se esperan, las normas de seguridad, la promesa y el compromiso de regresar, y la preselección de la mano de obra; c) el debido proceso de preparación para emigrar, incluyendo la documentación de los trabajadores, el examen médico y la certificación de trabajo. El proceso de implementación requiere contrapartes bilaterales para mantener el compromiso de monitorear el progreso de la llegada de los trabajadores, el rendimiento y el retorno.

Estos acuerdos bilaterales adoptan dos formas: por un lado, estrictas negociaciones bilaterales, sin un intermediario; por otro, con intermediación o negociación asistida. En algunos países, los gobiernos que negocian la exportación de mano de obra dirigen el proceso completo de negociación entre ellos, desde los convenios sobre la contratación de los trabajadores, el procesamiento de documentación y certificación médica, hasta su protección. En otros países, existe una mezcla de intermediarios que incluyen agencias privadas o internacionales que colaboran en la ejecución de un programa de exportación de mano de obra.

Un ejemplo de negociación con intermediación es el acuerdo entre Canadá y Guatemala. Este acuerdo fue negociado entre los dos países con el apoyo técnico de la Organización Internacional para las Migraciones en Guatemala. Los dos países llegaron en el año 2003 a un acuerdo para dar trabajo temporal a los guatemaltecos en Canadá en actividades agrícolas en donde Canadá experimentó una escasez de mano de obra. Como parte del acuerdo, el Gobierno de Guatemala convino en encargar a la OIM la administración y supervisión del programa.

La OIM-Guatemala asistió a Canadá y a Guatemala para desarrollar el programa de migración laboral temporal a Canadá desde Guatemala en el año 2003. El programa se lleva a cabo por los ministerios de Asuntos Exteriores y de Trabajo. La OIM trabaja con FERME (*Fondation des Entreprises en Recrutement de Main-d'oeuvre agricole Etrangere*), una asociación de empresarios en Montreal que representa a cientos de empleadores y coordina la contratación temporal de trabajadores migrantes temporales. El gobierno canadiense acuerda en asignar un número limitado de visas de trabajo temporales a los guatemaltecos, una vez que la agencia de contratación y la OIM desarrollen un perfil laboral que haya sido aprobado y procesado por el Gobierno de Guatemala. El resultado del acuerdo ha sido relativamente exitoso, moviendo el proyecto de un acuerdo piloto de dos años de duración limitada a Quebec a un programa de trabajadores huéspedes de larga duración que abarca a 3.700 trabajadores que laboran en tres provincias canadienses adicionales (Columbia Británica, Alberta y Ontario), así como también diferentes sectores (incluyendo las granjas de aves de corral, jardinería, servicio de lavandería y construcción).[118]

Los trabajadores guatemaltecos vienen de quince departamentos y 57 municipios, pero la mayoría ha venido de tres departamentos: Sacatepéquez (36,9%), Chimaltenango (21,2%) y Guatemala (16,7%). Los trabajadores de Sacatepéquez han venido en su mayoría de Sumpango (42,2%) y Santiago Sacatepéquez (34,1%); los trabajadores de Chimaltenango han llegado en su mayoría de Tecpán (42,7%) y Patzún (32,9%); mientras que los trabajadores del departamento de Guatemala han llegado principalmente del municipio de San Juan Sacatepéquez (91,2%).[119]

---

[118]   Entrevista con Sonia Pellecer, OIM-Guatemala.
[119]   Entrevista con Sonia Pellecer, OIM-Guatemala.

La OIM presta asistencia técnica al Gobierno de Guatemala, participa en la selección de los trabajadores, aconseja a los seleccionados acerca de los documentos de viaje y otros requisitos para viajar a Canadá, y se encarga de sus vuelos. Ellos trabajan con los empleadores en Canadá (además de FERME, otras organizaciones empleadoras incluyen FARMS y WALI) para conocer sus necesidades laborales específicas. La OIM es capaz de reclutar trabajadores en sectores específicos (90% de ellos en el trabajo agrícola) en Guatemala. Además, la OIM presta asistencia a los trabajadores mediante la administración de sus exámenes médicos, que luego son enviados a Trinidad y Tobago para ser analizados y documentados como parte de los requisitos para los trabajadores a participar en el programa. Los costos operativos del programa de 120 dólares de los EE.UU. están cubiertos por exención de impuestos, y el costo inicial para los trabajadores es inferior a 340 dólares para ser pagados antes de la salida: 160 para los visados, 75 para Medex, 70 de impuesto de aeropuerto, y 36 de seguro médico.[120]

El contrato del trabajador es de entre cuatro y seis meses, y está cubierto bajo las leyes laborales canadienses. El acuerdo estipula que todos los migrantes deben regresar a su país de origen al final de sus contratos.[121] El 93% de los trabajadores cumplió con su contrato en el año 2007 (las razones del no cumplimiento de su rango de contrato van desde la baja productividad a problemas de salud a razones familiares).[122]

---

[120]   Al respecto, ver disponible en línea: <http://www.sedi.oas.org/ddse/english/cpo_trab_quebec.asp>.
[121]   Al respecto, ver disponible en línea: <http://www.sedi.oas.org/ddse/english/cpo_trab_quebec.asp>.
[122]   Al respecto, ver disponible en línea: <http://www.sedi.oas.org/ddse/english/cpo_trab_quebec.asp>.

Entre tanto, mientras que al principio el proyecto se orientaba sobre todo hacia la población masculina (el proyecto se inició en el año 2003 con 215 trabajadores, de los cuales 180 –84%– eran varones y 35 –16%– eran mujeres), el número de mujeres participantes ha ido en aumento (en el año 2005, del total de 675 trabajadores, 611 –90%– eran hombres y 64 –9,5%– eran mujeres). Sin embargo, el crecimiento por género es diferencial, así como la proporción de mujeres contratadas ha disminuido a pesar del aumento en el número absoluto de mujeres que participan en el programa. Esto se debe al hecho de que sólo una granja está contratando trabajadoras.

De acuerdo con una encuesta del año 2008 que OIM llevó a cabo entre los migrantes, el 95% dijo que estaba contento con las condiciones de trabajo y de vida, así como también con la relación con los empleadores.[123] Casi todos los supervisores inmediatos hablan español, y en algunos casos, los inmigrantes han comenzado a aprender francés. El 60,3% dijo que no tenía problemas con el idioma, dado que la mayoría de los empleadores y los supervisores hablaban español. Por otro lado, el 39,7% de todos los trabajadores dijo que tenía problemas de lenguaje, sobre todo en las tiendas y los bancos. Para el 8,6% de todos los trabajadores era difícil entender las instrucciones de trabajo, mientras que el 17,24% consideró que tenía dificultades para comunicarse con los empleadores para informarles sobre los problemas en el trabajo o en sus casas.

Según un informe del año 2007 de la OIM, el ingreso percibido por los trabajadores del programa se invierte principalmente en la construcción de viviendas (45,3%) y la ampliación de la casa (7,8%), lo que significa que un

---

[123]   Al respecto, ver IOM Guatemala. Disponible en línea: <http://www.iom.int/jahia/Jahia/media/press-briefing-notes/pbnAM/cache/offonce?entryId=25318>.

total del 53,1% se ha gastado en vivienda. Mientras tanto, el 10,8% se ha utilizado para el pago de las deudas, el consumo de alimentos (9,8%), zapatos y ropa (5,5%), mobiliario y equipo (4,5%), educación para los niños (3,8%), compra de terrenos (3,4%), salud (3,1%), ahorro (3,1%), compra de herramientas agrícolas (0,1%), y otros gastos (2,8%).[124]

4.4.2. Programas de migración calificada en el Caribe: asociaciones público-privadas

Algunos gobiernos que tienen en cuenta la demanda de mano de obra calificada en los países de destino de migrantes negocian con las compañías privadas de empleo programas de migración a corto plazo que arreglan el tema de la visa y el proceso de contratación. Un ejemplo de tal acuerdo es el programa del Gobierno de San Vicente de formación de enfermeras para la exportación.

Según la Unidad de Planificación del Ministerio de Salud, el Gobierno de San Vicente mantiene acuerdos bilaterales con compañías médicas para obtener compensación de instituciones proveedoras de atención médica que contratan enfermeras de San Vicente. En el momento de contratación, los socios de los EE.UU. reembolsan al Gobierno de San Vicente el costo de formación por EC$45.000 (17.000 dólares estadounidenses) por cada enfermera vicentina empleada en sus organizaciones. Los fondos recibidos son reinvertidos por el Gobierno de San Vicente para mejorar la formación de enfermeras (por ejemplo, formación de educadores de enfermería, actualización de material didáctico e instalaciones).[125]

Existen además programas de codesarrollo para los migrantes y sus familias. Otro proyecto digno de mención financiado por la AECI (Agencia Española de Cooperación

---

[124]   Al respecto, ver IOM, Cuaderno de Trabajo 2007.
[125]   Al respecto, ver disponible en línea: <http://www.pubmedcentral.nih.gov/articlerender.fcgi?artid=1955379>.

Internacional),[126] en cooperación con la OIM en Nicaragua, es un proyecto binacional de desarrollo conjunto entre Costa Rica y Nicaragua. Los flujos de migrantes desde Nicaragua a Costa Rica se han destacado a través de los años, específicamente como resultado de una serie de factores, incluyendo desastres naturales (terremotos y huracanes), conflictos políticos y desequilibrios económicos estructurales. Con el apoyo del Gobierno español y la asistencia técnica de la OIM, los gobiernos de Nicaragua y Costa Rica acordaron participar y apoyar los proyectos que vinculan a la migración con el desarrollo. Los gobiernos confiaron en el trabajo de OIM Nicaragua para participar en la agenda del programa de desarrollo y su aplicación.[127] El acuerdo entre los dos países apuntaba a promover las condiciones de inserción de los migrantes nicaragüenses en los mercados laborales de Costa Rica, mejorar la situación psicosocial de los migrantes y de sus familias, y promover su integración social con el objetivo de aprovechar el impacto del desarrollo de estos flujos migratorios y los servicios financieros para los migrantes que envían remesas y las familias que las reciben.[128]

Los dos gobiernos negocian una agenda de colaboración que incluye las siguientes actividades del proyecto que fueron llevadas a cabo por la OIM:[129]

- Mejorar los servicios de la Oficina de Migración en Nicaragua para acelerar la tramitación de documentos. Crear una "ventanilla única" en el Ministerio de

---

[126]   Véase AECI. Disponible en línea: <http://www.aecid.es/>.
[127]   Al respecto, ver IOM-Costa Rica. Disponible en línea: <http://www.iom.int/jahia/Jahia/activities/americas/central-america-and-mexico/costa-rica>.
[128]   Al respecto, ver disponible en línea: <http://www.iom.int/jahia/Jahia/facilitating-migration/pid/2031>.
[129]   Al respecto, ver disponible en línea: <http://www.iom.int/jahia/Jahia/facilitating-migration/pid/2031>.

Trabajo y la Oficina de Migración en Nicaragua para agilizar los procedimientos de migración en lugares de origen de migrantes.

- Desarrollar y fortalecer los medios de intercambio de información entre las autoridades pertinentes en materia de migración en ambos países (dentro y entre países).
- Fortalecer las habilidades, conocimientos y recursos de los consulados de Nicaragua en Costa Rica para proteger a sus nacionales.
- Realizar campañas de información y sensibilización en ambos países, dirigidas a los empleadores, los sindicatos, los trabajadores migratorios y el público en general.
- Organizar los servicios de fronteras de Costa Rica para comprobar de inmediato las llegadas y salidas de los trabajadores temporales. Esto incluye la creación de un Consulado de Costa Rica en Rivas, Nicaragua.
- Fortalecer las habilidades, conocimientos y recursos de la Dirección de Migración de Costa Rica para documentar a los migrantes nicaragüenses, como un medio para garantizar su acceso a los servicios sociales.
- Proporcionar educación financiera a las familias de los migrantes en Nicaragua.

El programa ha logrado un éxito significativo, ya que ayudó a construir la confianza entre los dos países sobre la manera de administrar la inmigración a Costa Rica. El programa de educación financiera, que contó con la participación de entidades del sector privado, incluía la educación de más de 7.000 hogares durante un período de tres meses como un medio para ayudar a administrar mejor sus recursos y aumentar sus ahorros.[130]

---

[130] Al respecto, ver disponible en línea: <http://www.iom.int/jahia/Jahia/media/press-briefing-notes/pbnAM/cache/offonce/lang/en?entryId=29028>.

4.5. Regulación

La regulación es a menudo un instrumento de elección entre gobiernos. Sin embargo, en el contexto de migración y desarrollo, la elección de tal herramienta depende de los temas que se interceptan con la ley. Dos importantes áreas de control regulatorio que se relacionan con la migración y el desarrollo se refieren a las reglas que pueden facilitar la competencia en transferencias de dinero y las regulaciones sobre la contratación de trabajadores.

El gobierno filipino, haciendo uso de la ley, estableció la Administración de Empleo en el Extranjero de Filipinas (POEA, por sus siglas en inglés) para administrar la migración (sobre todo en los aspectos de movilidad laboral) en cuatro áreas claves:

- Regular la contratación o empleo en el extranjero.
- Informar a los migrantes acerca de los recursos disponibles en el extranjero a través de un proceso de implementación obligatoria.
- Proporcionar protección y representación a través de un fondo de bienestar para migrantes y voto en ausencia.
- Desarrollar mecanismos de registro para entender las necesidades de los migrantes.

La Administración es el brazo del Gobierno que hace que la política baje los costos de la migración y mejore los beneficios de la migración. El Código de Trabajo de Filipinas, en 1974, estableció la Junta de Desarrollo del Empleo en el Extranjero (OEDB, por sus siglas en inglés) para promover "un programa sistemático para el empleo de los trabajadores filipinos en el extranjero". La OEDB promovía a los filipinos en posibles países anfitriones, reclutaba a trabajadores de la población local y les aseguraba el empleo en el extranjero. En 1982, la OEDB, la Junta Nacional de Hombres de Mar y la Oficina de Servicios de Empleo se consolidaron en la Administración Filipina de Empleo en el Extranjero (POEA). Como parte de esa actividad, el Gobierno regula las agencias privadas de contratación a través del Departamento de Trabajo y Empleo (DOLE, por sus siglas en inglés). Las oficinas filipinas de trabajo en el extranjero, las embajadas y los consulados en el extranjero tienen el mandato de supervisar los contratos de empleos extranjeros. La regulación consiste en asegurar que no haya contratistas demandando honorarios de alto costo a los migrantes que buscan trabajo en el exterior.[131]

En el área de las remesas, los gobiernos están cada vez más conscientes de que algunas reglas pudieran ser perjudiciales para la competencia, y la falta de control de las prácticas de las empresas también pueden estar en contra de la competencia. En el continente africano, en varios países, se han promovido regulaciones contra los acuerdos de exclusividad con el fin de evitar la competencia desleal de los principales proveedores de servicios de remesas.[132] El Gobierno de Nigeria decidió aprobar un reglamento que rechazó la creación de contratos de exclusividad entre los operadores de transferencia de dinero y los pagadores de remesas. Del mismo modo, otros gobiernos de África han seguido el mismo enfoque –a saber, Uganda y Ruanda–, y el Banco Africano de Desarrollo también ha considerado

---

[131]   Ruiz, Neil G. (2008), "Migration and Remittances Team", *Migration and Development Brief*, núm. 66, Development Prospects Group, The World Bank, 11 de agosto de 2008, p. 200; Azam, Farooq (2005), "Public Policies to Support International Migration in Pakistan and the Philippines" y "Managing Migration: Lessons from the Philippines", Arusha Conference, "New Frontiers of Social Policy", 12 a 15 de diciembre de 2005.

[132]   Los acuerdos de exclusividad son arreglos contractuales que se presentan por grandes operadores de transferencia de dinero que evitan que el pagador de remesas se asocie con ninguna otra empresa. Si un operador de transferencia de dinero se asocia con 7 de 10 pagadores en un país, éste se convierte en un control monopólico. En África, dos MTO tienen el 60% del mercado en virtud de este tipo de acuerdos.

prestar asistencia técnica para evaluar los entornos regulatorios que pueden mitigar la falta de competencia derivada de contratos de exclusividad.

4.6. Protección social y personal

La protección de los servicios sociales es otro instrumento de política de especial importancia en las políticas públicas, y por lo tanto, tiene uso en la migración y el desarrollo. La protección es tanto en el ámbito de la seguridad social así como también en la protección personal de las personas que son vulnerables a las violaciones de sus derechos. Por ejemplo, en el marco de su programa de administración de inmigración, el Gobierno filipino exige que los migrantes tengan un seguro obligatorio para casos de incapacidad o muerte durante su empleo en el extranjero. Los pagos de seguros también han constituido una fuente importante de ingresos para el Estado filipino, que tiene previsto ahora reinvertir en las necesidades de los migrantes asociadas al acceso financiero.

Debido a que existe un gran flujo de migración irregular entre México y los Estados Unidos, el Gobierno mexicano creó el Grupo Beta. El Grupo Beta es una unidad del Instituto Nacional para las Migraciones de México que se creó en 1990, hace años, para proteger a los migrantes de los delincuentes y los peligros naturales en zonas de alto riesgo a lo largo de las fronteras de México y en las zonas de tránsito. Estos agentes son entrenados en la búsqueda y el salvamento por tierra y mar, primeros auxilios, derechos humanos y asistencia social. Para el Gobierno mexicano, ellos están cumpliendo con la protección de los derechos humanos basada en los artículos 137 y 138 de la Ordenanza General de Derecho Público.[133]

---

[133] Al respecto, ver disponible en línea: <http://tindallfoster.com/immigrationresources/immigrationinthenews/MexicoWorriesAboutItsSouthBorder.pdf; http://www.gob.mx/wb2/egobierno/egob_grupo_beta>.

4.7. Educación

El papel de la formación de capacidades como un instrumento de política es también relevante para los gobiernos. La formación profesional, la sensibilización, el desarrollo del conocimiento son formas diferentes de instrumentos de política educativa dirigida a fortalecer a la sociedad, informar y formar a los individuos. La formación profesional en particular ha sido una práctica evidente en los países exportadores de mano de obra que tienen una tradición de migración de mano de obra semicalificada.

En Pakistán, la Comisión Nacional de Educación Técnica y Vocacional (Navtec) exporta pakistaníes bien entrenados y calificados al Oriente Medio y a las regiones del Golfo para maximizar las remesas extranjeras a Pakistán y para mejorar las condiciones de las familias de los trabajadores. La Comisión tiene el mandato de facilitar, regular y proporcionar una dirección política para la educación técnica, y formación profesional para satisfacer la demanda nacional e internacional de mano de obra calificada.[134] La Comisión ofrece capacitación profesional en treinta oficios que están conectados a las demandas laborales de países extranjeros. Las herramientas adoptadas para garantizar la formación son las siguientes:

- Talleres de capacitación técnica.
- Programas de aprendices.
- Utilización de los sistemas de información del mercado laboral (una base de datos de la población de mano de obra disponible por competencias e industria).
- Creación de comités de asesoría de profesiones por sector (un consejo que recomienda qué profesiones

---

[134] Al respecto, ver disponible en línea: <http://www.navtec.gov.pk/webpages/aboutus.html>.

son necesarias en el país para mejorar los programas de mano de obra extranjera).

- Certificación reconocida internacionalmente para asegurar la transferencia de competencias.

5. Estrategias

Las opciones políticas y sus instrumentos forman parte de un plan nacional. Estas estrategias tienen diferentes formas, algunas contienen un comprensivo e incluyente rango de instrumentos de política, mientras que otros casos tienen un efecto limitado. Por ejemplo, en el segundo caso, algunos países asiáticos recurren a políticas de administración de la migración que diseñan políticas complejas que abordan la movilidad laboral. Sin embargo, estas políticas no se ocupan de otros aspectos de la migración, tales como las remesas y las maneras de aprovechar estos flujos. En los países latinoamericanos, las estrategias se han centrado en aprovechar las remesas, pero se ha prestado menos atención a la salida de la migración.

En general, la estrategia resulta del balance entre la gama de opciones de políticas y los instrumentos disponibles para los diseñadores de las políticas, basados en una consideración de lo que sería más adecuado. Tal consideración se hace mirando la correspondencia entre la naturaleza del tema político y la función del instrumento de política (instrumental, normativo o de intervención).

Cuadro 4
Temas de política e instrumentos

Instrumento de política / Temas de política	TA	C&O	FF	P	R	S&PP	E
Facilitar el proceso de emigración	R	R					
Proveer educación acerca de los derechos de los migrantes	R	R		R		R	R
Facilitar el acceso justo al reclutamiento	R					R	R
Formación técnica	R		R				R
Promover lazos bilaterales para proteger los derechos de los migrantes	R	R			R		R
Reducir los costos de transacción	R	R	R	R			R
Proveer acceso financiero a los migrantes y sus familias	R		R	R	R		
Reformar leyes para mejorar la competencia	R				R		
Introducir nuevas tecnologías de pago	R		R	R	R		
Diseñar oportunidades de inversión para los migrantes	R		R	R			
Promover el comercio y el turismo	R		R	R			
Asociarse con las diásporas para trabajar en desarrollo	R		R	R			
Llegar a las diásporas	R	R	R	R			R

TA: Asistencia Técnica; C&O: Comunicación y Difusión; FF: Mecanismos de Financiamiento; P: Asociación; R: Regulación; S&PP: Protección Social y Personal; E: Educación; R: Recomendado; NR: No Recomendado.

6. Factores determinantes de las opciones políticas de migración y desarrollo

La experiencia en los pocos casos que existen donde los gobiernos han proseguido a implementar políticas nacionales de desarrollo que integran la migración sugiere que hay algunas consideraciones claves que contribuyen a determinar la elección política correcta. De hecho, qué temas políticos y qué instrumentos son elegidos por los gobiernos dependen de una serie de factores que definen la probabilidad de la aplicación de una política. La elección de una política y su instrumento es precedida por un proceso de toma de decisiones determinadas por consideraciones políticas, así como también otros factores tales como los costos, la claridad y la comprensión del tema de la política, la capacidad institucional, la evaluación del riesgo y los resultados esperados. La probabilidad de escoger un tema de política y el instrumento será el resultado de la evaluación de los diversos factores determinantes.

6.1. Conocimiento

Un factor fundamental que influye en la elección de un instrumento y un tema es la conciencia de su existencia y las propiedades y atributos que los hacen posibles. Conocer el universo de los temas de la política y los instrumentos garantiza una revisión política más amplia. Hay dos importantes mecanismos para asegurar que un gobierno tiene pleno conocimiento de los temas y los instrumentos relacionados con la migración: a) consultar con las instituciones públicas acerca de su conocimiento y práctica política en la gama de los temas de la política; b) involucrar a fundaciones e instituciones académicas en los *think tanks* para saber qué documentos, datos e investigaciones existen sobre la migración y las actividades económicas de los migrantes. Muchas veces –en la mayoría de los casos–, las instituciones tienen un conocimiento muy rudimentario de la dinámica de la migración, que se reduce a menudo a supuestos básicos –muchos de cuales no son comprobados– acerca del número de los migrantes y los volúmenes de remesas. Aún no hay base de conocimientos sistematizados sobre la relación empírica entre migración y desarrollo o las unidades fundamentales del análisis.

6.2. Oportunidad

Estos temas y los instrumentos pueden ser accesibles en función de la oportunidad que exista de adoptarlos. Una oportunidad política consiste en objetivos compartidos y en el impulso de políticas que se refleja en el grado de consenso (importancia compartida y preferencia sobre la herramienta y el tema) entre todos los profesionales. Una oportunidad eleva el perfil de posibilidades de adoptar temas e instrumentos. La oportunidad política puede estar por encima de un tema, y el instrumento se estima a partir de tres factores interrelacionados: la posición, la preferencia y la influencia de los tomadores de decisiones sobre el tema político y el instrumento. Las opciones sobre los temas y los instrumentos son decisiones políticas, y por lo tanto, es importante entender la relevancia de cada actor que podría influir en la elección de políticas relacionadas con la migración a desarrollar.

6.3. Costos

Aun cuando los tomadores de decisiones están en consenso y ofrecen la oportunidad política de elegir el tema político adecuado y el instrumento correspondiente, los costos pueden constituir una restricción en la elección de un instrumento. La estimación de costos se refiere a la revisión de los gastos asociados a la ejecución del instrumento. La estimación se evalúa contra la posibilidad de su adquisición, considerando qué cantidad de recursos financieros existe para obtener el instrumento. El balance neto produce el costo o el beneficio.

6.4. Recursos o capacidad institucional

La capacidad institucional de los temas de la política pública y de los instrumentos es un factor que garantiza su correcta aplicación. La capacidad se refiere a la habilidad de las instituciones para llevar a cabo su trabajo con los recursos tanto humanos como materiales. Esta capacidad alberga un inventario de métodos que necesita para alimentar los instrumentos.

6.5. Riesgos

Las consideraciones de riesgo son de importancia crítica en la elección de un determinado instrumento. Existen riesgos asociados al uso de un instrumento en particular, e incluyen los cálculos de los problemas que pueden resultar en la aplicación del instrumento. Muchas de las actividades no prevén los riesgos que podría haber en el proceso, porque las expectativas no fueron comunicadas apropiadamente con los datos adecuados, la información, los recursos o el asesoramiento de expertos. Uno de los riesgos más típico es cuando los gobiernos han hecho suposiciones sobre el tamaño de su comunidad emigrante, exageran su interés de invertir en el país de origen y diseñan ambiciosos programas que se ocupan de las inversiones de la diáspora. En la mayoría de los casos, los proyectos fracasan completamente debido a la programación inconsistente con las demandas reales de los migrantes. Algunos gobiernos han diseñado bonos como instrumentos financieros para llegar a las diásporas y atraer inversiones, pero los resultados son incompletos, limitados o fracasados.

6.6. Los resultados esperados y el impacto del desarrollo

Tener una clara comprensión de los resultados esperados de un enfoque particular contribuye a determinar una política elegida. Las expectativas de los resultados deben corresponder con los objetivos establecidos, así como también con un conjunto de indicadores mensurables que evalúen el grado de consecución de los resultados propuestos. De particular importancia es considerar un marco acerca del impacto del desarrollo. Las consideraciones sobre desarrollo y migración incluyen cuatro indicadores en particular: la titularidad, la conmensurabilidad, la sostenibilidad y la replicabilidad. La colaboración entre la diáspora y el gobierno en el desarrollo incorpora mecanismos que: a) crean propiedad a las comunidades que se benefician de los proyectos; b) claramente distinguen entre necesidades y deseos de los beneficiarios; c) aseguran que la asociación proporciona las herramientas para la autosostenibilidad de un proyecto después de su implementación; y d) contienen los atributos y los instrumentos que pueden ser replicados en otros lugares.

Así, los resultados deben ser medidos en función de dos aspectos principales: a) la correspondencia entre los resultados esperados y el producto real entregado; b) el impacto de este producto en el desarrollo local. Estos dos puntos son fundamentales: un resultado se mide por su efecto esperado, pero el resultado mismo no es una condición *sine qua non* de un efecto positivo en el desarrollo local. Este tema es particularmente importante en vista del hecho de que hay muy poca experiencia en proyectos de migración y desarrollo, existen pocas herramientas disponibles para los responsables de hacer políticas, y no muchos expertos en el campo que puedan integrar con plenitud la migración en las políticas de desarrollo sin riesgo de fracaso. Los grupos de la diáspora, por ejemplo, no son expertos en desarrollo; los responsables de hacer las políticas tienen muy poca experiencia en las políticas de aprovechamiento de las remesas. Por lo tanto, hacer que los resultados esperados tengan sentido es un factor determinante en la elección de la política. A continuación, se explica cada componente.

7. Consideraciones finales

Este documento ha ofrecido un resumen acerca de cómo la migración y el desarrollo interactúan entre sí, y cómo ciertas dinámicas asociadas a las remesas podrían necesitar decisiones políticas. La migración se intercepta cada vez más con el desarrollo, ya sea en función del proceso de migración o como un subproducto de las actividades económicas, sociales y de otro tipo en que los migrantes y sus familias participan. Los puntos de intersección, tales como las remesas, muestran un número de temas de política para los cuales se pueden aplicar las estrategias e instrumentos sobre la base de las lecciones aprendidas y los conocimientos de la política. Pero la comprensión de las advertencias y los factores determinantes del éxito son parte integral que asegura una manera efectiva de componer las herramientas de la política que en materia de migración pueden aprovecharse para fortalecer el desarrollo.

Apéndice 1

Instituciones gubernamentales que trabajan en asuntos de las diásporas en África

Ministerio de la diáspora

Ministerios	Oficinas o agencias dentro del Ministerio	Vehículo no institucional
Burkina Faso; Cabo Verde; Congo; Marruecos	Benín; Camerún; DRC; Egipto; Mali; Senegal;	CAR; Chad; Costa de Marfil; Gambia; Ghana; Guinea Bissau; Guinea; Guinea Ecuatorial; Liberia, Libia; Níger; Nigeria; Sierra León; Togo; Túnez
Hasta diez empleados	Menos de cinco (excepto Egipto)	Hasta dos personas

Ministerios

Burkina Faso: Ministère des Affaires Éstrangères, (http://www.mae.gov.bf/SiteMae/index.jsp). Trabaja en la comunicación con la diáspora. (http://www.burkinadiaspora.bf/)

Cabo Verde: Ministerio dos Negocios Estrangeiros, Cooperacao e Comunidades: http://www.gov.cv/minnec/

Congo: Ministère des Affaires Etrangères et de la Cooperation Internationale.

Marruecos: el Ministerio de Relaciones Exteriores trabaja con la diáspora. Hay entidades separadas.

Agencias dentro de ministerios

Benín: Ministerio de Asuntos Exteriores, Departamento de Diáspora dentro del Ministerio.

Camerún: Ministerio de Relaciones Exteriores, Subdirectorado a cargo de la Diáspora, creado en el año 2007. Otros ministerios (como Turismo) también tienen servicios externos que lidian con los asuntos de las diásporas en el extranjero.

DRC: el Ministerio de Relaciones Exteriores trabaja con la diáspora. Un viceministro dentro del Ministerio se hace cargo de los asuntos que tienen que ver con la diáspora.

Egipto: Ministerio de Relaciones Exteriores (http://www.mfa.gov.eg/MFA_Portal). El Ministerio de Relaciones Exteriores trabaja con la diáspora.

Mali: el Ministerio de Relaciones Exteriores se hace cargo de llegar a la diáspora, pero no existe un departamento separado en la lista de su sitio *web* (http://www.mae.gov.ml/).

Senegal: el Ministerio de Relaciones Exteriores tiene una Dirección específica de senegaleses en el exterior. (http://www.diplomatie.gouv.sn/maeuase/ang_maeuase/senegalese_abroad.htm).

Sin vehículo institucional

República Centro Africana: el Ministerio de Relaciones Exteriores trabaja con la diáspora pero no existe oficina o agencia dentro del ministerio.

Costa del Marfil: el Ministerio de Relaciones Exteriores trabaja con la diáspora.

Gabón: el Ministerio de Relaciones Exteriores trabaja con la diáspora.

Gambia: el Ministerio de Relaciones Exteriores trabaja con la diáspora.

Ghana: el Ministerio de Relaciones Exteriores trabaja con la diáspora.

Guinea Bissau: el Ministerio de Relaciones Exteriores trabaja con la diáspora.

Guinea: el Ministerio de Relaciones Exteriores trabaja con la diáspora.

Guinea Ecuatorial: el Ministerio de Relaciones Exteriores trabaja con la diáspora.

Liberia: el Ministerio de Relaciones Exteriores trabaja con la diáspora.

Libia: el Ministerio de Relaciones Exteriores trabaja con la diáspora.

Níger: el Ministerio de Relaciones Exteriores trabaja con la diáspora.

Nigeria: el Ministerio de Relaciones Exteriores trabaja con la diáspora.

Sierra León: el Ministerio de Relaciones Exteriores trabaja con la diáspora.

Chad: el Ministerio de Relaciones Exteriores trabaja con la diáspora.

Togo: el Ministerio de Relaciones Exteriores trabaja con la diáspora.

Túnez: el Ministerio de Relaciones Exteriores trabaja con la diáspora.

Capítulo 11. Remesas y desarrollo: la educación financiera desde una perspectiva internacional[135]

Introducción

Este capítulo presenta el análisis y los resultados obtenidos en el trabajo de campo realizado acerca de la educación financiera como una herramienta importante para convertir a los clientes de remesas en clientes bancarios. El documento analiza las características financieras de los clientes receptores de remesas que toman asesoría financiera y la medida en que se modifican algunas de sus actitudes y prácticas en el momento de presupuestar y ahorrar. El análisis se basa en los datos recogidos en la evaluación de más de 35.000 clientes que reciben asesoramiento financiero en cuatro países, y que retiran sus remesas de doce instituciones financieras.

Esta investigación y el trabajo actual de educación financiera son el resultado de la investigación empírica previa y del trabajo de campo sobre los receptores de remesas en todo el mundo. Entre los hallazgos identificados más destacados en este trabajo, cabe destacar los que se detallan a continuación.

Cerca de dos tercios de las personas que recibieron asesoría financiera dijo que no tenía un presupuesto realizado para manejar sus ingresos. A su vez, es mayor el porcentaje de personas que envían remesas y tienen presupuestos que

[135] Orozco, Manuel; Elisabeth Burgess; Nancy Castillo y Landen Romei (2010), "Remesamericas 2010, Remittances for the Future", Washington DC, Inter-American Dialogue, documento presentado en *Inter-American Development Bank's Multilateral Investment Fund's*, en México DF, el 6 de mayo de 2010.

el de las personas que reciben las remesas. Con el 70% de los receptores de remesas que no dan seguimiento ni manejo a la gestión de estos flujos de valor, existe una clara oportunidad para ofrecer asesoramiento financiero para que estos receptores puedan mejorar la gestión de tales flujos para la construcción de activos. En la mayoría de los países, la prevalencia del presupuesto es menor en las zonas rurales que en las urbanas, y es menor entre las personas que no tienen un flujo constante de ingresos, como los trabajadores agrícolas, las amas de casa, los desempleados y los estudiantes. Las personas que tienden a tener un presupuesto suelen tener ingresos más altos que aquellas personas que hacen o no tienen un presupuesto para sus ingresos.

A pesar de la prevalencia relativamente baja de un presupuesto entre los receptores de remesas, muchas personas están ahorrando dinero. Sin embargo, la mayoría de los ahorrantes mantienen su dinero de manera informal, menos de la mitad de las personas que recibieron asesoramiento financiero tiene un producto financiero, y sólo la mitad de ellos tiene un producto para el ahorro. Un pequeño grupo (el 15%) presupuesta y ahorra de manera formal.

La razón más común que las personas dieron para no usar el sistema financiero formal es su falta de familiaridad con los productos bancarios. Esto plantea una falla importante en las políticas y en el mercado en cuanto a suministrar información sobre el sistema financiero formal a los receptores de remesas. La educación financiera ha demostrado ser una manera de informar a este grupo de personas sobre estos temas.

En los países estudiados, después de recibir la asesoría, más del 90% de las personas indicaron que iban a mantener algún tipo de seguimiento como respuesta, y más del 15% de las personas adquirieron poco después un producto financiero de la institución donde recibieron la asesoría. Los resultados indican dos elementos importantes. Primero, que las personas que continuamente han estado ahorrando son más propensas a abrir una cuenta. Y segundo, aquellos que dijeron que no hacían un presupuesto son más propensos a asumir la práctica de administrar su dinero y abrir una cuenta.

Como los resultados de este proyecto muestran, la asesoría financiera lleva a tener un mayor conocimiento y a convertir a las personas en clientes de depósito. En ese sentido, y teniendo en cuenta los resultados, es importante realizar una serie de recomendaciones que permitan profundizar en áreas o en ciertos grupos, para facilitar la creación de políticas adecuadas. En particular, a las mujeres, a las personas del sector rural, a los ahorradores informales y a las personas que no realizan un presupuesto. Por otra parte, en los casos de los grupos donde la educación se ha dado, es importante seguir con los esfuerzos en materia de educación financiera, sobre todo entre los ahorrantes formales y las personas adultas mayores.

1. Las remesas y las finanzas como la intersección de las características del desarrollo

La investigación y la práctica política han demostrado que los receptores de remesas tienen una mayor propensión a poseer cuentas bancarias o ahorrar que aquellos que no reciben remesas. En parte, esta situación se deriva del hecho de que las remesas aumentan la cantidad de ingresos disponibles a su alcance.[136] Por ejemplo, en América Latina, los receptores de remesas tienden a poseer más cuentas bancarias que los que no reciben remesas (ver gráfico 1). Por otra parte, al menos el 50% de las personas

---

[136] Para una revisión de la investigación empírica sobre las remesas y el acceso al sistema financiero, visitar, disponible en línea: www.thedialogue.org/page.cfm?pageID=80.

que reciben remesas, ahorra, y dependiendo del país, la cantidad de ahorros acumulados como resultado de la afluencia de remesas de migrantes asciende a por lo menos 1.000 dólares estadounidenses.

Los flujos de remesas cumplen la función de contribuir a la creación de activos, tanto líquidos como fijos. Más importante aun, este patrón no es exclusivo de los hogares urbanos, también ocurre en las comunidades rurales a nivel mundial. Tomemos el caso de África (ver cuadro 1), donde los receptores de remesas en zonas rurales de África presentan una mayor proporción de ahorro que aquellos que no reciben remesas. En promedio, ahorran casi el doble que los no receptores. Una realidad similar se encuentra en América Latina y el Caribe, Asia Central y el Cáucaso, y otros países asiáticos como Filipinas, Indonesia o Bangladesh.

Gráfico 1
América Latina: tenencia de cuentas bancarias entre personas que reciben y no reciben remesas

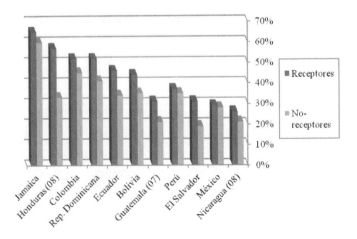

Cuadro 1
Proporción de receptores y no receptores de remesas de acciones y ahorro

País	Proporción
Nigeria	3.2
Zambia	2.4
Kenia	2.1
Etiopía	2.1
Senegal	2.0
Zimbabue	1.9
Tanzania	1.9
Benín	1.8
Somalia	1.8
Camerún	1.7
Uganda	1.5
Egipto	1.2
Chad	1.2
Burundi	1.1
Marruecos	1.0
Burkina Faso	1.0
Ruanda	0.9
Somalia	0.9

Fuente: Orozco, Manuel (2009), *Sending Money Home*, IFAD.

Aunque este patrón se encuentra en otras partes de los países en desarrollo, un reto importante es que la mayor parte de estos ahorros son informales. En América Latina, por ejemplo, el porcentaje de receptores de remesas que ahorra en una cuenta de depósito es inferior al 20%.

Cuadro 2
Prácticas de ahorro entre los receptores de remesas (%)

Cantidad promedio ahorrada (US$)	500	1.400	900	1.300
Dinero invertido en algún negocio	34	17	15	13
Seguro médico	0	13	0	6
Cuenta de ahorros en banco, MFI, cooperativa	12	15	18	16
Fondo mutuo	0	1	30	6
Compra de bienes (casa, auto)	28	3	2	4
Compra de animales	6	0	2	2

Fuente: Orozco, Manuel (2008), *Encuestas de hogares realizadas en cada país.*

Desde un punto de vista de la creación de políticas, es importante que los activos puedan crearse y mantenerse. Una herramienta de desarrollo exitosa para mejorar el acceso financiero y la independencia financiera personal es la educación financiera.

2. La educación financiera como estrategia para el acceso al financiamiento entre los receptores de remesas

La educación es un factor importante para determinar la creación de activos. La falta de educación financiera es común a nivel mundial, lo cual provoca una capacidad limitada en la toma de decisiones. Esto se refleja cuando, por ejemplo, se prefiere invertir todos los ahorros en una propiedad en vez de buscar financiamiento, o cuando se pide prestado una cantidad de dinero que está por encima de lo que se puede pagar. La crisis económica que actualmente afecta a la economía mundial ha impactado la vida de los inmigrantes y la de sus familias que reciben remesas. Dar a ambos grupos las herramientas necesarias para manejar su dinero, motivarlos a proteger sus ahorros para extender su durabilidad y a identificar las formas para hacer frente a sus deudas, son estrategias críticas de negocio y desarrollo.

Por ejemplo, los inmigrantes o sus familias pueden tener interés en invertir, pero su demanda de financiamiento es limitado, debido en parte a la falta de experiencia en el manejo de sus finanzas.[137] La práctica más común es la de guardar dinero y mantenerlo en su casa (para mantener dinero en efectivo "debajo del colchón"), en lugar de depositarlo en una institución financiera.

La educación financiera es una manera de formar e informar a las personas sobre conceptos cuyo uso ha sido muy limitado. Los programas de educación financiera, en general promovidos por los países industrializados, han traído buenos resultados, han mejorado el acceso financiero y ayudado a las personas a alcanzar su independencia económica.[138] Sin embargo, pocos programas se han centrado en la educación de los migrantes y los receptores de remesas para ampliar su conocimiento de los instrumentos financieros. Es importante destacar que las pocas experiencias que existen en la oferta de educación financiera a los destinatarios y remitentes sobre el ahorro y la inversión han sido exitosas y beneficiosas.

Una estrategia exitosa ha sido llevada a cabo por *Inter-American Dialogue* con dos receptores de remesas en la región del Cáucaso y América Latina, y con remitentes en los Estados Unidos. La estrategia consiste en educación y

---

[137] Orozco, Manuel (2009), "Asegurando futuros: el interés de inversión y estrategia de comercialización para los salvadoreños en el exterior", s/r, 7 de mayo de 2009.

[138] Ver la experiencia en Irlanda, en los Estados Unidos o Canadá, entre otros. Y la experiencia reportada por *International Association of Deposit Insurers* (IADI).

asesoramiento. El asesoramiento se lleva a cabo con las instituciones financieras que ofrecen productos de utilidad para los destinatarios y remitentes, como cuentas de ahorro y opciones de crédito. El resultado es la conversión de los clientes de remesas en clientes de bancos a través de la venta cruzada de productos financieros.

Esta labor ha evolucionado a partir de la investigación empírica y el trabajo de campo con remitentes y receptores de remesas. Como resultado de todo ese trabajo, a continuación se enumeran las cinco tesis principales que explican la metodología de la educación financiera:

- Tesis 1: la vida de una persona está determinada por cómo mantiene el equilibrio entre ingresos y gastos.
- Tesis 2: un adecuado equilibrio o balance entre los ingresos y los gastos asegura independencia financiera y económica.
- Tesis 3: las personas utilizan cuatro instrumentos para mantener la independencia económica: realizan un presupuesto, tienen ahorros, crédito y seguro.
- Tesis 4: el asesoramiento sobre el uso de estos instrumentos depende de un método que establece una relación entre las instituciones financieras y las personas.
- Tesis 5: este asesoramiento, también conocido como educación financiera, busca otorgar una definición adecuada de sus atributos, explicaciones, ilustraciones e implicaciones.

El modelo incluye implícitamente la venta de productos financieros, mientras que un educador o promotor financiero ofrece una información básica al cliente acerca de las finanzas. En las entrevistas, la gente de todos los niveles socioeconómicos expresó la importancia de primero tener una buena orientación, una explicación de los productos y la manera de obtenerlos. Del mismo modo, la educación financiera como herramienta útil de asesoramiento ayuda a los receptores de remesas a comprender los beneficios de mantener un equilibrio entre sus ingresos y gastos, y a valorar la posibilidad de: a) otorgar financiamiento para sus familiares en el extranjero; y b) encontrar un financiamiento en casa (a veces con ayuda indirecta de su relación en el extranjero). Por lo tanto, tengan o no recursos para ahorrar, pueden aprender a hacer un presupuesto.

Los resultados de este modelo muestran que alrededor del 20% de las personas educadas también tiene una actividad económica con la entidad participante. En el año 2008, un proyecto piloto se llevó a cabo en Moldavia durante seis meses con la colaboración de la Organización Internacional para las Migraciones y de cuatro instituciones bancarias. De los 7.000 beneficiarios que fueron educados, el 80% expresó su interés en la obtención de los servicios financieros. Además, se encontró una correlación entre aquellos que obtuvieron una cuenta de ahorros y los que tenían conocimiento de temas financieros.[139]

Otro ejemplo es el proyecto de la cooperativa FEDECACES, donde la institución otorga créditos para el mejoramiento de vivienda para los receptores de remesas en El Salvador. La institución ofrece seminarios sobre educación financiera para promover el producto. Estos seminarios son desayunos o café que son más atractivos para los clientes que simplemente dar un folleto para llevar a casa. Los clientes que reciben la educación invitan a otros clientes a participar. Además, otras instituciones financieras están aprendiendo que es necesario dar un paso intermedio entre las demandas de productos y tener todo el conocimiento y voluntad de tomar un producto, y ese paso podría ser la educación financiera.

---

[139]   Orozco, Manuel (2008), *Planting the Seeds of Financial Inclusion: Financial Literacy for Remittance Recipients in Moldova*, Budapest, Interational Labour Organisation, junio de 2008.

3. Los resultados del proyecto sobre educación financiera en cuatro países

En esta sección, se observan detenidamente los datos de 35.089 personas en América Latina (Guatemala y Paraguay) y el sur del Cáucaso (Azerbaiyán y Georgia) que han recibido asesoramiento financiero en el último año. En los cuatro países, el personal de las instituciones financieras fue contratado para trabajar como educadores y fue entrenado para utilizar la metodología de *Inter-American Dialogue* sobre la educación financiera, mencionada antes. El ejercicio de la educación tuvo un gran éxito, ya que ofrece una oportunidad para que las personas comprendan mejor la importancia de la elaboración de presupuesto y de las finanzas. En el cuadro 3, se describen las características de los diferentes casos estudiados a través de estos proyectos.

Cuadro 3
Resumen de cuatro proyectos de educación
financiera y de receptores de remesas

	Georgia	Azerbaiyán	Paraguay	Guatemala	Todas
Número de clientes educados	18.862	7.426	6.374	2.427	35.089
Duración del proyecto (meses)	6.5	4	4.5	2	17
Instituciones involucradas	5 bancos y 1 MFI	4 bancos	1 MFI	1 banco	12
Clientes rurales (%)	15	12	66	75	30
Mujeres (%)	65	45	56	75	60
Tiene parientes en el extranjero (%)	55	69	73	99	64
Recibe remesas (%)	50	53	88	99	61
Envía remesas (%)	0	6	2	0	2
No recibe remesas (%)	50	41	10	1	38

Fuente: Proyecto de educación financiera (2010).

El grupo que participó en esta actividad es mayoritariamente rural en América Latina, y más urbano en la región del Cáucaso. Sin embargo, en Georgia, así como en Paraguay, existe una mayor concentración de receptores de remesas en las áreas rurales (el 85% de los que recibieron el asesoramiento en zonas rurales recibe remesas, mientras que el 48% que habita en zonas urbanas recibe remesas), tal como lo indica el cuadro 4. La dependencia de las remesas como ingreso es mayor en las áreas rurales. Sin embargo, en los cuatro países analizados, los receptores de remesas de las áreas rurales reciben en promedio montos más bajos que los receptores en zonas urbanas.

Cuadro 4
Porcentaje de receptores de remesas según
área donde se habita (rural o urbano)

	Georgia		Azerbaiyán		Paraguay		Guatemala	
	Rural	Urbana	Rural	Urbana	Rural	Urbana	Rural	Urbana
Recibe remesas (%)	85	43	4	48	89	85	99	99
Remesas (US$ / transferencia)	200	212	300	300	108	108	150	150
Frecuencia de remesa (número de transferencias por año)	6	12	6	12	10	12	12	12
Remesas anuales (US$)	1.600	2.225	1.920	2.400	688	860	1.798	2.023
Número de años recibiendo remesas	3	3	2	2	1	1	3	3

Fuente: Proyecto de educación financiera (2010).

Al igual que en otros países del mundo, de las personas que reciben remesas y que se estudiaron en estos cuatro países, el 60% son mujeres. Como lo muestra el cuadro 5, las mujeres reciben la misma cantidad por año que los hombres en Azerbaiyán (2.400 dólares) y Guatemala (1.798 dólares), pero en Georgia y Paraguay, las mujeres reciben más que los hombres cada año.

Cuadro 5
Cantidad de remesas según género

	Georgia		Azerbaiyán		Paraguay		Guatemala	
	Mu-jeres	Hom-bres	Mu-jeres	Hom-bres	Mu-jeres	Hom-bres	Mu-jeres	Hom-bres
Cantidad transferencia (US$)	200	213	250	300	108	108	150	187
Número de veces por año	12	12	12	6	11	10	12	12
Cantidad por año (US$)	2.000	1.939	2.400	2.400	774	753	1.798	1.798

Fuente: Proyecto de educación financiera (2010).

4. Presupuesto y ahorros: comprendiendo las prácticas de los receptores de remesas

La educación financiera general se centra en cinco aspectos clave de las finanzas: los pagos o transacciones, el presupuesto, el ahorro, el crédito y la mitigación del riesgo o seguro. Dos aspectos centrales para las finanzas personales son el presupuesto y el ahorro, que a la vez son factores que pueden contribuir sustancialmente a mejorar la independencia financiera y la riqueza de una persona u hogar.

Esta sección estudia dos problemáticas centrales. En primer lugar, ¿cuál es el perfil financiero o cuáles son las características de los receptores de remesas? En particular, en relación con la realización de un presupuesto, el ahorro y la propiedad de productos financieros. En segundo lugar, interesa cómo la gente responde a los estímulos del asesoramiento o la educación financiera (es decir, cómo reacciona a la formación e información acerca de los productos financieros). Los datos presentados y analizados en esta sección fueron resultado de la realización de un formulario de evaluación para ejecutar el seguimiento del perfil de los clientes, sus prácticas habituales y su conocimiento sobre las finanzas.

4.1. Prácticas en el ahorro y el presupuesto

La investigación previa y el trabajo de campo realizado con las personas receptoras de remesas han demostrado que existen diferentes categorías de personas que presupuestan y de personas que ahorran. En el primer caso, se trata de personas que hacen o no un presupuesto. Aquellas que presupuestan son personas que siguen un método básico para tener un control de sus necesidades de gastos y de ahorro. En el segundo caso, nos encontramos con tres grupos de personas en la categoría de ahorro: los que no ahorran, los que lo hacen de manera informal, y los que utilizan el sistema financiero para ahorrar.

Cuando se observó a la población que recibió la educación financiera, se encontró con que pocas personas hacen o tienen un presupuesto, y que al contrario, muchas ahorran, aunque de manera informal. Un porcentaje pequeño (el 15%) hace o tiene un presupuesto, y a su vez, ahorra formalmente, es decir, en una institución financiera.

Cuadro 6
Características del ahorro y el presupuesto
de personas receptoras de remesas (%)

Personas que...	Personas que...		
	No ahorra	Ahorra de manera informal	Ahorra formalmente (tiene una cuenta)
No presupuestan	34	22	20
Presupuestan	0	15	15

Fuente: Proyecto de educación financiera (2010).

Además, se encontró que menos de la mitad de los receptores de remesas que recibieron asesoría financiera tiene un producto financiero, y sólo la mitad de aquellos con productos tiene un producto de ahorro.[140] Guatemala fue una excepción, donde más del 60% de los clientes de remesas de este banco dijo tener un producto financiero.[141] Sin embargo, menos de la mitad de los guatemaltecos poseen algún tipo de producto financiero de ahorro; esto es comparable con los niveles bajos en la tenencia de cuentas de ahorros en otros países.

Las razones más comunes que las personas dieron para no tener un producto financiero de ahorro es que no están familiarizadas con los productos bancarios. Por lo tanto, desde la perspectiva de acceso a un producto financiero, este grupo constituye un objetivo clave para las intervenciones de educación financiera y oferta de productos. Este es un grupo que se benefició de la asesoría financiera en los cuatro países estudiados.

Cuadro 7
Tenencia de producto financiero entre
los receptores de remesas (%)

	Georgia	Azerbaiyán	Paraguay	Guatemala
Tiene un producto financiero*	45	43	36	62
Tiene un producto de ahorro**	37	18	14	25

* Incluye créditos, ahorros, seguro y otros productos financieros.
** Incluye cuentas de ahorros, cuentas corrientes, tarjetas de débito y certificados de depósito.
Fuente: Proyecto de educación financiera (2010).

---

[140] Aquí, los productos financieros para el ahorro incluyen cuentas de ahorros, cuentas corrientes, tarjetas de débito y certificados de depósito.
[141] Este banco con operaciones en áreas rurales ha logrado consolidar una estrategia agresiva para lograr atraer más clientes.

4.1.1. Haciendo un presupuesto

Hacer o tener un presupuesto no es una práctica común entre la mayoría de las personas, y estos resultados confirman este hecho. También se muestran las diferencias entre los países, donde la mayoría de las personas no está acostumbrada a usar alguna forma sistemática para manejar o gestionar sus ingresos y activos. Como puede observarse, las prácticas de hacer o tener un presupuesto se clasifican en tres categorías: aquellos que no presupuestan; los que tienen un presupuesto elemental (es decir, lo hacen de vez en cuando o accidentalmente); y los que tienen un presupuesto y ahorran.

A lo largo de los cuatro países, el 65% de las personas que han recibido una educación financiera no presupuesta, el 5% presupuesta de manera rudimentaria, y el 30% tiene un presupuesto sofisticado que le permite ahorrar.

Las prácticas difieren de modo sustancial entre los países. Guatemala es un caso atípico en el que sólo el 5,5% de las personas con educación financiera tiene un presupuesto sofisticado, mientras que en Azerbaiyán, el 49% de las personas con educación financiera tiene un presupuesto sofisticado. En términos prácticos, se encontraron dos categorías principales, las personas que presupuestan y aquellas que no lo hacen.

Las diferencias más importantes se ven en la brecha entre el mundo rural y el mundo urbano, la edad, las ocupaciones clave, los ingresos, las prácticas de remesas y las prácticas de ahorro.

Cuadro 8
Características de las personas que tienen un presupuesto
y de las que no lo tienen (%, a menos que se indique otro)

Variables	Personas que...	
	Que no tienen o no hacen un presupuesto	Sí presupuestan
Total	65	30
Rural	76	21
Urbana	62	32
Mujer	65	29
Hombre	66	30
Edad (media)	38	40
Edad (mediana)	35	38
Negocio	59	37
Empleado	58	37
Agricultura	73	23
Construcción	40	58
Profesor	47	48
Retirado	60	34
Ama de casa	76	20
Desempleado	78	18
Profesional	52	42
Estudiante	78	19
Ingreso anual personal (media) (US$)	2.834	5.241
Ingreso anual personal (mediana) (US$)	1.455	3.226
Ingreso anual del hogar (media) (US$)	6.834	9.748
Ingreso anual del hogar (mediana) (US$)	5.091	7.000
No recibe remesas	59	36
Recibe remesas	70	26
Envía remesas	51	46
Cantidad por año (media) (US$)	4.113	4.654
Cantidad por año (mediana) (US$)	1.560	1.591
Guatemala. Cantidad ahorrada (media) (US$)	354	167
No ahorra	82	0
Ahorra de manera informal (sin cuenta)	61	40
Ahorra formalmente (tiene cuenta)	57	43

Fuente: Proyecto de educación financiera (2010).

Se identificó que más personas en las áreas urbanas realizan o tienen un presupuesto que las personas que viven en las zonas rurales. Sólo en Azerbaiyán, más de la mitad de las personas que recibieron una educación financiera presupuesta. Una posible razón de esto es que en Azerbaiyán, las personas que viven en las zonas rurales son más propensas a tener o hacer un presupuesto (el 62%) que las personas que viven en las zonas rurales en los demás países (con un promedio del 20%).

Los hombres y las mujeres muestran prácticas similares cuando realizan su presupuesto, aunque en Paraguay, los hombres más que las mujeres, son más propensos a tener más habilidades a la hora de hacer un presupuesto. Lo contrario ocurre en Georgia. Además, la edad juega un papel importante cuando se estudia la práctica de realizar un presupuesto, ya que la edad media más baja es para aquellos que no hacen o no tienen un presupuesto. Esto puede indicar que se les debe enseñar a las personas desde temprana edad cómo hacer un presupuesto.

La ocupación de cada persona provee un salario, y por lo tanto, este salario tiende a determinar las prácticas financieras de cada una. En esta muestra, las ocupaciones que generan una incertidumbre en sus ingresos tienen los niveles más bajos de tenencia de un presupuesto: los agricultores, las amas de casa, los desempleados y los estudiantes. Sin embargo, estas son las personas que más necesidad tienen de contar con un presupuesto, ya que esto les permitiría prepararse mejor para los tiempos de incertidumbre en un futuro. Por otro lado, las ocupaciones con los mayores índices de tenencia de un presupuesto son las de los trabajadores de la construcción, los maestros y los profesionales. Las tres ocupaciones tienen los mayores niveles de certeza con respecto a sus salarios.

Del mismo modo, tener un presupuesto ayuda a las personas a dar un seguimiento a sus ingresos y gastos, así como incorporar sus metas a su plan financiero. Estos métodos tienden a ayudar a las personas para ahorrar dinero. En los cuatro países estudiados, los que cuentan con un presupuesto tienen mayores ingresos personales anuales que los que no presupuestan. En Guatemala, aquellas personas que no tienen un presupuesto ganan un cuarto de lo que ganan aquellas personas que tienen un presupuesto; en Georgia, ganan cerca del 60%; y en Azerbaiyán y Paraguay, el 70% de lo que ganan los que sí tienen un presupuesto. Guatemala tiene bajos índices de personas que ahorran, así como de personas que tienen o realizan un presupuesto.

Para los remitentes y receptores de remesas, realizar un presupuesto es especialmente beneficioso. Las remesas forman parte de su presupuesto, ya sea como fuente de ingresos, en el caso de los beneficiarios, o como un gasto, en el caso de los remitentes. Si se comparan las cifras de los remitentes y los receptores de remesas, un porcentaje mayor de remitentes dijo contar con un presupuesto. Esto indica que los remitentes piensan con cuidado la forma de incluir una remesa en sus gastos mensuales, mientras que los beneficiarios no parecen considerarlo. Una mayor educación financiera para los receptores de remesas podría mejorar los niveles de las personas que hacen un presupuesto, y por lo tanto, ayudar a optimar las remesas para promover el desarrollo económico y la acumulación de ahorros en los países receptores.

¿Por qué las personas no tienen un presupuesto?
La razón más comúnmente citada para no tener un presupuesto es la falta de conocimiento del concepto (38%). Otros, a pesar de un conocimiento declarado de lo que es presupuestar, no lo hacen por las siguientes razones: alguien más maneja las finanzas en sus hogares (19%); no tienen tiempo (14%); o saben cuáles son sus ingresos y gastos sin tener un presupuesto por escrito (4%). Sólo el 15% no presupuesta, porque no cree que sea una práctica útil para ellos personalmente.
La educación financiera se enfoca en aquellas personas que no conocen realmente el concepto de presupuestar. Esto lo hace ofreciendo una explicación básica de los procesos. A las personas que creen que no es útil conocer el concepto, se les explican los beneficios de tener un presupuesto y las implicaciones que esto puede tener en la vida de un individuo. La independencia financiera se logra a través de la comprensión y el control de las finanzas personales.

4.1.2. Ahorros y productos financieros entre los receptores de remesas

Las prácticas de ahorro difieren de modo sustancial entre cada uno de los grupos. Estos grupos pueden dividirse en aquellos que no ahorran, aquellos que ahorran de manera informal y aquellos que ahorran formalmente en una institución bancaria. Cuando se observa el total de personas que recibió educación financiera, el 31% no ahorra, el 43% ahorra de manera informal y sólo el 26% ahorra formalmente, lo cual indica la presencia de ahorros, pero también la limitación al acceso financiero.

Cuadro 9
Perfiles de ahorro de los receptores de remesas (%)

	No ahorra	Ahorra informalmente (no tiene cuenta)	Ahorra formalmente (tiene cuenta)
Georgia	33	30	**37**
Azerbaiyán	17	64	18
Paraguay	33	53	14
Guatemala	42	33	25
Total	**31**	**43**	**26**

Fuente: Proyecto de educación financiera (2010).

Haciendo una comparación entre los países, Guatemala presenta la proporción más alta de personas que no ahorran del todo, mientras Georgia tiene los índices de ahorro formal más altos entre los cuatro países. En Azerbaiyán y Paraguay, se registró la menor cantidad de ahorros formales. En suma, las diferencias más preponderantes entre estos tres grupos se encuentran en el área o locación geográfica, ya sea el área rural o urbana, en la ocupación, cuánto reciben en remesas y su ingreso. Para el caso de Guatemala, se pueden observar estas diferencias en la cantidad en que las personas ahorran.

Cuadro 10
Características de las personas que ahorran (%)

Variables	No ahorra	Ahorra informalmente (no tiene cuenta)	Ahorra formalmente (tiene cuenta)
Rural	38	46	15
Urbana	27	38	35
Negocio	22	39	39
Empleado	27	49	24
Agricultura	34	50	16
Construcción	38	49	13
Profesor	17	38	45
Retirado	31	43	26
Ama de casa	35	47	18
Desempleado	45	35	21
Profesional	16	34	50
Estudiante	37	42	21
Otro	24	46	29
Cantidad por año (mediana) (US$)	1.498	1.458	2.000
Ingreso personal anual (mediana) (US$)	545	1.505	2.247
Ingreso del hogar anual (mediana) (US$)	3.636	4.731	6.061
Cantidad ahorrada. Sólo Guatemala (US$)	315	224	425

Fuente: Proyecto de educación financiera (2010).

Vivir en un área rural es todavía un factor que pareciera determinar la habilidad de ahorro de la persona. La mayoría de las personas que viven en zonas rurales ahorra informalmente (el 46%) o bien no ahorra del todo (el 38%). Sólo el 15% ahorra en una institución financiera. Esto contrasta fuertemente con aquellas personas que viven en zonas urbanas, donde el 35% ahorra en una institución financiera. Esta situación puede deberse a la variabilidad de la presencia de estas instituciones en estos ambientes. Aun así, las personas que habitan en zonas urbanas ahorran más informalmente que de manera formal.

Cuadro 11
Porcentaje de tendencias nacionales
y regionales de ahorro

		No ahorra	Ahorra de manera informal (no tiene cuenta)	Ahorra formalmente (tiene cuenta)
Georgia	Rural	36	44	19
	Urbana	33	23	**44**
Azerbaiyán	Rural	24	65	11
	Urbana	16	**62**	22
Paraguay	Rural	40	51	9
	Urbana	19	57	25
Guatemala	Rural	41	34	25
	Urbana	44	31	25

Fuente: Proyecto de educación financiera (2010).

Georgia es el único país donde una mayor cantidad de personas de las zonas urbanas ahorra en una institución financiera, aunque la diferencia más notable se encontró en Guatemala, donde las personas que viven en las zonas urbanas tienen prácticamente los mismos niveles de ahorro. En este país, el 41 y el 44% de quienes viven en zonas rurales y urbanas, respectivamente, no ahorran en absoluto, y sólo una cuarta parte de cada grupo ahorra en una institución financiera.

Las ocupaciones de las personas influyen en su nivel de ahorro y en su capacidad de hacer un presupuesto. Las personas sin ahorros, generalmente son personas que están desempleadas, trabajan en la construcción, son estudiantes o amas de casa; por lo tanto, son los grupos más vulnerables a las emergencias y a los altibajos de la economía. Cabe destacar que más de un tercio de las personas en todas las ocupaciones ahorra de manera informal; por ejemplo, desde el 34% de los profesionales al 50% de las personas que trabajan en la agricultura, ahorran informalmente. Los anteriores porcentajes señalan la ausencia de una adecuada difusión y acceso a instituciones financieras. Los maestros, los empresarios y los profesionales tienen los mayores índices de ahorro en instituciones financieras.

Guatemala tiene el menor nivel de ahorro entre los países, más de un tercio de los propietarios de negocios no ahorra, y lo mismo ocurre con los empleados. En este país, los jubilados son el grupo más vulnerable. Azerbaiyán y Paraguay tienen las mayores tasas de ahorro informal en todos los grupos de ocupación: en la mayoría de las ocupaciones, más de la mitad, y a veces más de dos tercios de los grupos, ahorran de manera informal. Entre todos los países, los profesores en Georgia tienen la mayor tasa de ahorro en una institución financiera en comparación con cualquier otra ocupación, con el 69%.

4.2. Ahorros, remesas e ingreso en los cuatro países

Las conductas de ahorro también están estrechamente relacionadas con las cantidades de dinero que la gente tiene a su disposición, que pueden ser examinadas mediante el análisis de los montos de remesas que reciben por año y sus niveles de ingresos, tanto personales como del hogar.

En todas estas categorías, las personas que ahorran de manera informal reciben y tienen mayores valores promedio de remesas e ingresos que los que no ahorran, y aquellos que ahorran de manera formal tienen aun mayores cantidades en estas categorías. Las cantidades medias también siguen la misma tendencia. En el caso de Guatemala, para el que se tienen datos disponibles, las personas que ahorran formalmente son capaces de ahorrar en cantidades mayores que las que ahorran de manera informal o no ahorran.

En Georgia, no existen diferencias en las cantidades recibidas de remesas entre los que no ahorran o ahorran de manera informal, sin embargo, aquellos que ahorran formalmente reciben en promedio más del doble de la cantidad que las personas de los otros grupos. En Paraguay, el monto promedio y la media de las remesas recibidas en un año difieren muy poco entre los niveles de ahorro.

Azerbaiyán presenta el aumento más marcado en las cantidades promedio y la media de los ingresos individuales y familiares de aquellos que ahorran formalmente en comparación con aquellos que ahorran de manera informal o no ahorran. Guatemala muestra una desviación de la tendencia general: el ingreso personal es mayor para aquellos que no ahorran y menor –casi la mitad– en aquellos que ahorran formalmente. El ingreso familiar promedio no aparece como una desviación significativa, pero los que tienen la mayor cantidad son los que ahorran de manera informal, seguido por los ahorradores formales.

Cuadro 12
Ahorro, ingreso (US$) y remesas

		Ingreso anual del hogar	Remesas anuales	Por cuantos años
Georgia	No ahorra	4.000	1.939	3
	Ahorra de manera informal (no tiene cuenta)	5.455	1.818	3
	Ahorra formalmente (tiene cuenta)	6.255	2.182	3
Azerbaiyán	No ahorra	6.162	2.100	2
	Ahorra de manera informal (no tiene cuenta)	6.250	2.400	2
	Ahorra formalmente (tiene cuenta)	10.500	2.400	2
Paraguay	No ahorra	3.441	774	1
	Ahorra de manera informal (no tiene cuenta)	3.226	753	1
	Ahorra formalmente (tiene cuenta)	6.451	886	1
Guatemala	No ahorra	0	1.498	3
	Ahorra de manera informal (no tiene cuenta)	125	1.798	3
	Ahorra formalmente (tiene cuenta)	0	2.397	3
Total	No ahorra	3.636	1.498	2
	Ahorra de manera informal (no tiene cuenta)	4.731	1.458	2
	Ahorra formalmente (tiene cuenta)	6.061	2.000	3

Fuente: Proyecto de educación financiera (2010).

4.3. Productos financieros

Menos de la mitad (el 44%) de las personas que han recibido educación financiera tiene un producto financiero. Este número varía entre los cuatro países en estudio, como lo indica el cuadro 13. Guatemala tiene el porcentaje más alto de tenencia de un producto financiero, con el 62% de los que recibieron educación financiera.

Cuadro 13
Porcentaje de personas que poseen un
producto financiero por país

Georgia	Azerbaiyán	Paraguay	Guatemala
45	43	36	62

Fuente: Proyecto de educación financiera (2010).

De los que tienen un producto financiero, el 52% tiene un solo producto, otro 27% tiene dos productos, y el 12% tiene tres productos. Esto parece indicar la poca diversidad y difusión de los productos. Guatemala posee el porcentaje más alto de personas que tienen un solo producto (cuenta de ahorros), el 77%. Paraguay y Georgia mostraron tener la mayor diversidad en el número de productos que pertenecen a clientes.

Los productos disponibles incluyen: productos de ahorro, crédito, tarjetas y seguros, algunos de los cuales están orientados a los receptores de remesas exclusivamente. Los productos más utilizados son las cuentas corrientes financieras (el 45% tiene este producto), los préstamos de consumo (el 24%) y las cuentas de ahorro (el 22%). Menos del 20% tiene una tarjeta de crédito y el 15% tiene una tarjeta de débito. Además, los productos de seguros mostraron los porcentajes más bajos: el 15% tiene seguro de salud y sólo el 4% tiene seguro de vida.

Aquellos que no tienen una cuenta (corriente, de ahorros, certificado de depósito) expresaron diversas razones por las que no poseen una cuenta. Un tercio indicó que no conocer realmente el significado o la utilidad de una cuenta es un motivo principal para no tenerla. Seguidamente, el 19% de las personas dice no necesitar una cuenta, y el 12% dice no confiar en los bancos. Algunas de estas razones fueron más pronunciadas en algunos países que en otros.

En Georgia, las dos razones más utilizadas por las personas para justificar por qué no tienen una cuenta fueron, primero, el hecho de no conocer el concepto ni la utilidad de una cuenta, y segundo, no necesitar de una cuéntala (35%). Además, el 18% de los paraguayos indicó que no tiene una cuenta porque guarda su dinero en su casa. La desconfianza de las personas en los bancos se dio como razón para no tener cuenta en Guatemala, con el 27% de las personas. Esta cifra, nada despreciable, puede proveer una oportunidad a los bancos de ganarse la confianza de estos clientes.

En total, más de la mitad de los hombres y la mitad de las mujeres tienen al menos un producto financiero. Esto se encuentra en todos los países, excepto en Paraguay, donde sólo el 37% de las mujeres y el 44% de los hombres tienen un producto financiero.

Las personas que viven en zonas urbanas tienen una probabilidad mayor de tener un producto financiero (el 61%) en comparación con las de las zonas rurales (el 42%). En Georgia, esta diferencia es más pronunciada, donde el 65% de las personas en áreas urbanas tiene un producto financiero en comparación con sólo el 29% de las personas en las zonas rurales.

Existe una relación positiva entre el nivel de ingresos o de remesas recibidas y la tenencia de un producto financiero: las cantidades promedio y la media de los ingresos personales o familiares y las remesas recibidas por año son mayores para aquellos que son dueños de un producto que para quienes no lo son.

Al examinar los temas de educación financiera, es notable que al igual que con los ahorros, el 60% de los que presupuestan tiene un producto financiero, en comparación con sólo el 47% que no lo hace. Esta tendencia se observa en todos los países, pero sobresale más en Paraguay y Guatemala, donde el 50 y el 78% de los que ahorran o invierten de alguna manera tienen un producto financiero, mientras que sólo el 16 y el 40% no tienen, respectivamente. Además, un porcentaje más alto de personas que ahorran o invierten posee un producto financiero que el de aquellos que no lo hacen. De las personas que indican ahorrar o invertir manteniendo su dinero en casa, el 46% no tiene un producto financiero en comparación con el 53% que sí lo tiene. Esto de nuevo puede ser visto como una oportunidad para atraer a más personas al sector financiero formal. Esta oportunidad se puede ver en el papel clave que juega la educación financiera en la adquisición de productos: el 43% de los que adquirieron un producto no tenía un producto financiero con anterioridad.

5. Los receptores de remesas y la conversión a través de la educación financiera

Los clientes que reciben asesoría financiera se benefician de una estrategia que busca formar, informar y vender productos financieros que satisfagan sus necesidades. Uno de los objetivos de esta asesoría o educación es motivar a las personas a tener nuevas metas financieras, tales como aprender a hacer un presupuesto o adquirir un producto financiero. A lo largo de los entrenamientos y las asesorías, se buscó motivar a los clientes de remesas a mejorar el manejo de sus ingresos por medio de la aplicación de los conocimientos adquiridos. A continuación, se analiza cómo los clientes respondieron a la asesoría.

5.1. Decisiones de los clientes después de recibir educación financiera: cambio en las creencias y prácticas

Al final de la sesión de educación financiera, más del 90% de los clientes de remesas en todos los países dijeron que planeaban seguir las recomendaciones aprendidas en la asesoría. Entre los "próximos pasos" que dijeron que seguirían, se encuentran la recolección de más información, hablar con amigos y familiares acerca de lo que han aprendido, o leer de nuevo los folletos que explican cómo hacer un presupuesto y otras prácticas.

La mayoría de las personas que tomaron la asesoría financiera expresaron que realizarían más de un cambio en su conducta financiera. Los paraguayos fueron el grupo de personas que dijo que realizaría más cambios o sugerencias después de recibir la asesoría. El 98% de paraguayos identificó más de cuatro acciones o cambios a realizar, en promedio.

Cuadro 14
Intenciones de cambiar prácticas financieras
después de recibir educación financiera (%)

	Georgia	Azerbaiyán	Paraguay	Guatemala
Identificó su "próxima movida"	94	91	98	90
Conocimiento-construyendo un plan				
Dirá a amigos y familia	63	62	90	95
Leerá el panfleto	21	16	57	79
Investigaré mis opciones	65	65	66	29
Nueva conducta de ahorro y presupuesto				
Hará presupuesto incluyendo ahorros	55	47	64	48
Usará métodos de ahorro	58	52	71	52
Ahorrará en su hogar	1	1	17	1
Uso de servicios financieros formales				
Abrirá una cuenta bancaria	46	35	39	48
Pedirá un préstamo	9	10	20	2
Adquirirá un producto	13	19	21	4

Fuente: Proyecto de educación financiera (2010).

Independientemente del comportamiento previo que tuvo una persona que realiza un presupuesto, la mayoría de las personas que recibieron la educación financiera consideraron que la asesoría fue lo suficientemente buena e importante como para contarles a amigos y familiares, investigar sus opciones, implementar nuevas prácticas de ahorro y realizar un presupuesto. Sin embargo, las formas en que las personas respondieron a la sesión de educación financiera variaron de manera considerable por país, género, ocupación, y sobre todo, por la combinación de ocupación y el acceso financiero previo como un indicador del nivel de educación.

5.1.1. Prácticas y creencias financieras previas

El comportamiento financiero previo y la tenencia de una cuenta son indicadores importantes que señalan cuál será el próximo paso. Tres de cada diez personas que antes no presupuestaban dijeron que leerían el folleto que recibieron. Este folleto contenía información clara y precisa sobre cómo realizar un presupuesto, tanto personal como para el hogar. Aproximadamente dos de cada tres clientes dijeron que iban a investigar sus opciones, que es un componente importante de la educación financiera. La metodología de la educación financiera empleada busca dotar a los clientes con las herramientas necesarias para tomar decisiones informadas sobre sus finanzas. Para cumplir este objetivo, es preciso informar al cliente de todos los servicios financieros existentes, y de esta manera, evaluar la oferta de estos productos teniendo en cuenta el costo, la conveniencia, la reputación y los servicios adicionales ofrecidos. Aquellos que realizan un presupuesto dijeron que investigarían sus opciones, mientras que aquellas personas que no tienen o no realizan un presupuesto no lo hicieron. Lo anterior sugiere la existencia de un vínculo entre los hábitos de planificación y la recopilación de información.

Cuadro 15
Opciones financieras (%)

	No presupuesta	Presupuesta
Dirá a amigos y familia	69	71
Usará métodos de ahorro	59	57
Investigaré mis opciones	61	68
Leerá el panfleto	34	26
Hará presupuesto incluyendo ahorros	54	56
Abrirá una cuenta bancaria	42	42
Pedirá un préstamo	9	15
Ahorrará en su hogar	5	2
Nada	6	7
Adquirirá un producto	15	17

Fuente: Proyecto de educación financiera (2010).

El 40% de todas las personas dijo que abriría una cuenta bancaria, y el 15,3% adquirió un producto financiero en el lugar en el momento de la asesoría. Durante el curso, el 5% adicional puede haber abierto cuentas.

Otro importante conjunto de resultados recolectados entre las personas que reciben la educación financiera se refiere a las diferencias entre la ocupación, la ubicación, el género y la tenencia de productos financieros. En primer lugar, más personas en las zonas rurales que en las zonas urbanas dijeron que hablarían con sus amigos y familiares acerca de la sesión de asesoría financiera en la que participaron (el 84% en comparación con el 64% entre aquellos que antes no tenían productos financieros, y el 82% comparado con el 68% entre aquellos que sí tienen productos financieros). Del mismo modo, aproximadamente el doble del porcentaje de personas en las zonas rurales como en las zonas urbanas dijo que leería el folleto. Un porcentaje mayor de personas en las zonas urbanas que en las zonas rurales dijo que iba a investigar sus opciones. Por ejemplo, el 66% de las personas en las zonas urbanas que no tenían un producto financiero dijo que iba a investigar las opciones que tenía, mientras que sólo el 53% de personas de las zonas rurales dijo que lo haría.

Si se analiza la cantidad de respuestas dadas por las personas tomando en cuenta su ocupación, se encuentra que los profesores, los profesionales y los estudiantes tienen la mayor cantidad de respuestas. Por otro lado, los desempleados y los jubilados tuvieron cantidades de respuestas promedio relacionadas con el comportamiento de recopilación de información. Sin embargo, este grupo registró los niveles más bajos de respuestas relacionadas con la identificación de pasos concretos a seguir, tales como ahorrar o la apertura de una cuenta de ahorros. El grupo con la mayor cantidad de respuestas sobre la planificación de un curso concreto de acción para ahorrar dinero fue el de los empleados, mientras que los propietarios de pequeñas empresas y los estudiantes respondieron mayoritariamente a favor de abrir una cuenta bancaria.

También se identificaron diferencias interesantes basadas en la tenencia previa de algún tipo de cuenta bancaria. En todos los países, la mayoría de las personas que tenían una cuenta de ahorros antes de recibir la educación financiera dijo que hablaría con amigos y familiares acerca de lo que había aprendido. En el Cáucaso, una cantidad mayor de personas dijo que se abriría una cuenta, a pesar de que no tenía anteriormente una cuenta de ahorros. Mientras que aquellas personas que ya tenían una cuenta registraron una cantidad más baja. Por otro lado, América Latina registró todo lo contrario: más personas con cuentas bancarias que aquellas que no han tenido dijeron que volverían a abrir otra cuenta. Este fue el caso ocurrido en Paraguay. Asimismo, en Guatemala, Georgia y Azerbaiyán, un mayor porcentaje de personas con cuentas bancarias dijo que hablaría con amigos y familia y empezaría a realizar un presupuesto, pero más personas que no tienen cuentas dijeron que leerían el folleto, investigarían sus opciones y utilizarían nuevos métodos de ahorro.

A su vez, se observaron diferencias entre hombres y mujeres en lo que respecta a las intenciones de cambiar el comportamiento. Georgia, Azerbaiyán y Guatemala muestran diferencias importantes. En los tres países, el porcentaje de mujeres que dijeron que les dirían a sus amigos y familiares acerca de lo que aprendieron fue más alto que entre los hombres. En el Cáucaso, más hombres que mujeres dijeron que seguirían las recomendaciones aprendidas, mientras que en Guatemala fue la mujer la que planeó adoptar las recomendaciones.

Paraguay y Azerbaiyán presentaron las diferencias más claras con respecto a las intenciones de cambio de comportamiento entre las zonas urbanas y rurales. En Paraguay, el porcentaje de personas en las zonas urbanas que planearon lo que harían a partir del momento en que recibieron la asesoría financiera (construir un mayor cono-cimiento del tema, ahorrar, realizar un presupuesto y utilizar servicios financieros) fue mayor que el de las personas en áreas rurales. Por ejemplo, el 82% de los paraguayos en las zonas urbanas dijo que haría un presupuesto, mientras que el 54% de los paraguayos en zonas rurales lo haría. Del mismo modo, en Azerbaiyán, más personas en las zo-nas urbanas que en las zonas rurales planearon seguir las recomendaciones, excepto revisar el folleto que se utilizó en la asesoría. En la mayoría de los casos, los educadores utilizan el panfleto como una herramienta didáctica y una hoja de trabajo para crear o modificar el presupuesto del cliente. En el caso de los guatemaltecos, aquellos que son de zonas urbanas dijeron tomar en cuenta la información recibida en la educación más que aquellas personas de las zonas rurales. Georgia fue una excepción, donde el porcentaje de personas en las zonas rurales que dijo que quería hablar con amigos y familiares, investigar sus opciones y abrir cuentas fue mayor que en las zonas urbanas. Sin embargo, al igual que otros países, los georgianos en las zonas urbanas dijeron que realizarían un presupuesto para acumular los ahorros más que los habitantes de las zonas rurales.

También existe una relación entre el ingreso y el comportamiento de seguimiento. En todos los países, excepto Guatemala, las personas que identificaron los próximos pasos a tomar en relación con sus finanzas tenían mayores ingresos que los que no lograron decir cuáles serían sus próximos pasos. Por ejemplo, las personas que identificaron qué hacer una vez recibido el asesoramiento en Azerbaiyán tenían un ingreso personal anual de 6.413 dólares estadounidenses, en comparación con los 4.678 dólares que recibían las personas que no tomaron medidas después de recibir la asesoría. Al analizar cuáles fueron esas medidas o decisiones tomadas para dar seguimiento a lo expuesto en las asesorías, en todos los países las personas dijeron que hablarían con amigos y familiares; segundo, que investigarían sus opciones, que realizarían un presupuesto y abrirían una cuenta bancaria. Todas estas personas tenían un mayor ingreso anual del hogar que aquellas que dijeron que no harían estas cosas.

5.1.2. Adquisición de un nuevo producto financiero

Después de la sesión de asesoramiento financiero, el 15,3% de las personas decidió abrir o comprar un producto financiero de la institución donde recibieron la educación. En el Cáucaso, donde varios bancos estuvieron involucrados en el proyecto en cada país, el 13% de los georgianos y el 19% de los azerbaiyanos adquirieron un producto nuevo después de recibir la educación financiera. En América Latina, donde una sola institución implementó el proyecto en cada país, el 21% de los paraguayos y el 4% de los guatemaltecos adquirieron un producto.

En Georgia, por lo menos 5.000.000 de dólares estadounidenses fueron depositados por los clientes receptores de remesas, y en Azerbaiyán, donde el programa duró menos tiempo, la cantidad de dinero depositado era la mitad de lo depositado en Georgia. El promedio de las cantidades de dinero ahorrado es muy distinto entre ambos países. Esto posiblemente se debe a las condiciones de vida disímiles. La baja tasa de adquisición de productos en Guatemala se debe, en parte, al alto nivel de personas que ya eran previamente clientes de alguna institución bancaria, donde el 62% de los guatemaltecos que han recibido educación ya tenía un producto financiero, frente al 40% de los paraguayos, el 57% de los azerbaiyanos, y el 59% de georgianos, como se mencionó antes. Por lo tanto, la estrategia consistió en animar a los clientes a aumentar sus depósitos. En realidad, la cantidad aumentó el 300%, pasando de 90.000 dólares estadounidenses a 300.000 dólares estadounidenses en los dos meses de iniciar el proyecto de educación financiera.

Algunos indicadores importantes en la adquisición de productos fueron: la ocupación, el comportamiento financiero previo y la tenencia de una cuenta anteriormente. En todos los países, las personas que estaban desempleadas mostraron un menor porcentaje en la compra de un nuevo producto financiero, mientras que los maestros y los dueños de pequeñas empresas tienen un porcentaje mayor. En Georgia y Azerbaiyán, sólo el 10% de las personas desempleadas adquirió un producto nuevo, mientras que el 18 y el 26% de los profesores en esos países, respectivamente, adquirieron los productos. En Paraguay, el 12% de los desempleados adquirió nuevos productos, en comparación con el 31% de los profesores, el 26% de los propietarios de negocios, y el 29% de los profesionales. En Guatemala, el 7% de los propietarios de negocios adquirió un producto nuevo, mientras que ningún profesor o jubilado adquirió un producto.

Un hallazgo importante fue que las personas que tenían un producto financiero antes de la capacitación se encontraban más dispuestas a adquirir nuevos productos. Por ejemplo, en Azerbaiyán y Paraguay, el 36% de los que ya tenían tres o más productos adquirieron un producto adicional. Del mismo modo, en esos países, sólo el 17% de las personas que no eran clientes de ninguna institución financiera adquirieron un nuevo producto; mientras que en Georgia y Guatemala las personas mostraron tendencias parecidas, en un menor grado.

Cuadro 16
Adquisición de un nuevo producto financiero por
tenencia previa de un producto financiero (%)

Número de productos tenidos	Georgia	Azerbaiyán	Paraguay	Guatemala
0	13	17	17	4
1	14	17	19	5
2	12	26	31	0
3 o más	15	36	36	0

Fuente: Proyecto de educación financiera (2010).

Cuadro 17
Adquisición de un producto financiero por ocupación
y por previa tenencia de un producto financiero (%)

	Previa tenencia de producto financiero	Georgia	Azerbaiyán	Paraguay	Guatemala
Negocio	No	19	14	20	6
	Sí	15	21	31	8
Agricultura	No	10	14	21	4
	Sí	9	24	24	6
Profesor	No	18	22	9	0
	Sí	18	28	43	0
Retirado	No	10	11	4	0
	Sí	14	18	17	0
Ama de casa	No	13	14	18	4
	Sí	13	20	24	4
Desempleado	No	10	8	8	0
	Sí	10	15	19	14
Profesional	No	16	25	21	N/A
	Sí	13	21	34	N/A
Estudiante	No	17	26	22	N/A
	Sí	14	16	9	N/A

Fuente: Proyecto de educación financiera (2010).

5.1.3. Determinantes estadísticos preliminares de la conversión

Estas cifras anteriores brindan algunas ideas acerca de cómo determinados factores pueden influir en la conversión, o bien ayudan a identificar qué grupo de personas responde más eficazmente a la educación financiera. Un modelo de regresión se realizó para identificar algunos de los rasgos y características señalados antes. Los resultados muestran que vivir en una zona rural disminuye la probabilidad de conversión. Las personas que ahorraron son más propensas a aceptar consejos financieros y a abrir cuentas bancarias que las que no ahorraron. Sin embargo, aquellos que no tienen un presupuesto también son más propensos a cambiar sus prácticas y abrir una cuenta bancaria. Del mismo modo, aquellos que recientemente comenzaron a recibir remesas también empezaron a abrir una cuenta en alguna institución financiera.

Estos hallazgos sugieren que la educación financiera es más eficaz entre las personas que habitan en zonas urbanas, que desde hace poco tiempo reciben remesas y que no cuentan con un presupuesto todavía, pero que sí ahorran. La correlación de la regresión no mostró diferencias estadísticas importantes con respecto a la edad o el sexo.

Cuadro 18
Resultados de la regresión sobre los
determinantes de conversión

	B	S.E.	Wald	df	Sig.	Exp(B)
Área rural	-.411	.049	69.333	1	.000	.663
Personas que ahorran	.257	.049	28.058	1	.000	1.294
Presupuesto	-.061	.034	3.283	1	.070	.941
Cantidad recibida	.000	.000	1.300	1	.254	1.000
Años recibiendo dinero	-.018	.009	4.382	1	.036	.982
Ingreso	.000	.000	16.664	1	.000	1.000
Edad	-.003	.002	1.525	1	.217	.997
Género	-.072	.058	1.515	1	.218	.931
Constante	-1.422	.112	162.479	1	.000	.241

Fuente: Proyecto de educación financiera (2010).

5.1.4. Análisis de caso: la educación financiera en Nicaragua

El contexto de las remesas en Nicaragua

La influencia que la migración internacional ha tenido en la historia económica reciente de Nicaragua es indudable. Cerca de un millón de nicaragüenses residen en el exterior, de los cuales más de la mitad mantiene un contacto económico con el país, ya sea a través de su inversión, del envío de dinero a sus familias o del consumo de productos nostálgicos. De hecho, el vínculo entre migración y desarrollo es uno de los varios componentes que definirá el futuro de la migración internacional en el futuro cercano.

Sin embargo, la presencia de políticas que integren las dinámicas de la migración con el desarrollo sigue siendo un enigma, algo esotérico o innecesario para funcionarios públicos. Pocos países mantienen políticas que vinculen estrategias de desarrollo con la realidad migratoria, a pesar de que la experiencia reciente muestra lecciones muy importantes.

Investigaciones y experiencias en todo el mundo demuestran que los receptores de remesas tienen una mayor tendencia a tener cuentas bancarias o a ahorrar que aquellos que no reciben remesas, una situación que se debe en parte al hecho de que las remesas aumentan la cantidad de ingresos disponibles a sus receptores. Por ejemplo, en América Latina, los receptores de remesas tienden a ser dueños de más cuentas bancarias que aquellos que no reciben remesas. Sin embargo, la tasa es muy baja: existe muy poco acceso al sistema financiero.

Adicionalmente, por lo menos el 50% de las personas que reciben remesas ahorran, y dependiendo del país, el monto de sus ahorros acumulados provenientes suma por lo menos 1.000 dólares, cantidad superior a la de aquellos que no reciben dinero. El flujo de remesas cumple la función de contribuir a la acumulación de activos, tanto líquidos como fijos. De manera fundamental, este patrón no es exclusivo de los hogares urbanos, sino que ocurre también en las comunidades rurales en todo el mundo.

Aunque este patrón es observado a lo largo y ancho de países en desarrollo, uno de los mayores retos es que la mayoría de los ahorros que las personas poseen son informales. En América Latina, por ejemplo, el porcentaje de receptores de remesas que ahorran en una cuenta bancaria es menor al 20%. Las razones por las que esto es así dependen de aspectos como falta de oferta de servicios financieros a la población promedio, poca educación y poco conocimiento de finanzas por parte del consumidor, leyes que no protegen al consumidor o restringen la competencia, o poca tecnología accesible al mercado. La comunidad internacional y otras instituciones han introducido iniciativas que apalanquen esta acumulación informal de activos de manera que generen más crecimiento y opciones de desarrollo. Entre esas iniciativas está la educación financiera.

La asesoría financiera ofrece técnicas básicas a una persona para manejar su presupuesto, mejorar sus ahorros y administrar sus deudas y riesgos de manera eficiente. Esto típicamente aumenta la independencia financiera. Hay muchos ejemplos de educación financiera, pero lo importante es diseñar un método educativo que busque formar, informar y "bancarizar" o "cooperativizar" a una persona en un corto plazo. La estrategia formativa crea lealtad y fidelidad de manera tal que garantiza un mayor acercamiento a la institución, tanto en confianza como en transacciones financieras.

Los receptores de remesas en Nicaragua: tendencias y características

Las características de los receptores de remesas en Nicaragua dependen mucho del país de destino de su pariente migrante. Nicaragüenses tienden a llegar a tres países como migrantes con más frecuencia: Estados Unidos, Costa Rica y, más recientemente, España. Las distintas economías de estas naciones implican diferencias entre los receptores de remesas. Por su mayoría, las personas que reciben remesas son mujeres (el 80%) con un promedio de 37 años de edad y un ingreso mediano de C$87.000 al año. La mitad de los receptores tienen entre 26 y 47 años de edad, lo que implica que la mayoría de los receptores están dentro de la población económicamente activa. Casi la mitad de los receptores se encuentran empleados (ver cuadro 19), y este número aumenta a más de la mitad cuando se excluyen los entrevistados muy jóvenes y muy mayores de edad. Esta observación contribuye a contradecir la hipótesis muchas veces repetida de que los receptores de remesas se remueven del mercado laboral y dependen únicamente de la remesa.

Cuadro 19
Ocupación de receptores de remesas (%)

Ocupación	(%)
Empleado	48,6%
Ama de casa	31,5%
Desempleado	8,3%
Estudiante	9,2%
Jubilado	2,4%

La dependencia de la remesa en Nicaragua es un promedio del 55%. En otras palabras, los receptores de remesas dependen de estos envíos por la mitad de sus ingresos anuales, pero la otra mitad lo consigue en su propia labor. Sin embargo, el 23% de los receptores depende 100% de la remesa como ingreso. Este patrón se mantiene en los varios países de destino de los migrantes. Sin embargo, como se nota en el cuadro 20, los receptores de remesas que tienen parientes en países de alto desarrollo, como es el ejemplo de Estados Unidos y España, disfrutan de ingresos anuales más altos y tienden a tener mayor dependencia de la remesa. Esto se debe a que los migrantes ganan más por su trabajo en estos países y como resultado envían más dinero a su familia de lo que su pariente puede ganar trabajando en Nicaragua.

Cuadro 20
Ingresos anuales y dependencia en
las remesas, por país (%)

	Recepción de remesa (%)	Ingresos anuales (en córdobas, medio)	Dependencia en la remesa
Estados Unidos	50%	103.000	55%
Costa Rica	30%	62.000	51%
España	11%	126.000	65%
Panamá	3%	73.000	55%
El Salvador	1%	53.000	60%
Otro	5%	88.000	56%

Los receptores de remesas suelen recibir dinero de un pariente cercano en el exterior, y la cantidad y la frecuencia de la remesa tienden a incrementar con la cercanía del parentesco. En el cuadro 21, notamos que la cantidad de las remesas varía entre los tres países emisores, pero la tendencia de la remesa a decaer con la relación más lejana se mantiene igual. De manera similar, los esposos y los padres mandan remesas con más frecuencia que otros parientes, aunque la gran mayoría manda dinero una vez al mes. Aunque existen variaciones en la cantidad y frecuencia enviada, esta diferencia no es muy marcada. Esta observación es una indicación de que los migrantes mandan la remesa a un pariente, pero con el fin de beneficiar a toda la familia. Por ejemplo, si un sobrino recibe la remesa de su tío en los Estados Unidos, puede ser porque su familia cuida a los padres del migrante. Tal situación es un ejemplo de finanzas complejas en el hogar que los receptores de remesas tienen que manejar.

Cuadro 21
Recepción de remesas por familiar

	Recepción de la remesa	EE.UU.		Costa Rica		España	
		Cantidad por Trasferencia (promedio)	Veces al año	Cantidad por Trasferencia (promedio)	Veces al año	Cantidad por Trasferencia (promedio)	Veces al año
Esposo/a	21%	C$6.657	17	C$2.795	15	C$11.229	12
Padre/madre	17%	C$5.291	16	C$2.281	15	C$8.962	13
Hermano/a	23%	C$4.470	13	C$2.315	12	C$7.292	12
Hijo/a	20%	C$5.021	13	C$2.350	12	C$8.285	12
Tío/a	7%	C$3.673	12	C$2.756	12	C$9.028	12
Primo/a	3%	C$4.787	12	C$1.884	12	C$5.264	12
Otro	9%	C$3.781	12	C$2.209	12	C$7.470	10

Conocimiento del manejo de las finanzas entre los receptores de remesas

Como parte de la asesoría financiera brindada dentro del programa piloto, catorce educadores fueron asignados a once sucursales de Banpro en Managua, Chinandega, Masaya y Estelí para ofrecer conocimientos acerca de educación financiera a los receptores de remesas. Durante estas conversaciones, los educadores captaron y evaluaron información del manejo de las finanzas de los clientes, con el resultado de que existe poco entendimiento sobre las técnicas de ahorro entre esta población. Sin embargo, logran ahorrar cantidades significativas de manera mayormente informal.

El conocimiento del manejo financiero de esta población y, en particular, el uso del presupuesto para contabilizar gastos y ahorrar dinero son muy bajos. Un tercio de los clientes contaba con un presupuesto, aunque no todos lo cumplían, y los que afirmaron que cumplían su presupuesto frecuentemente lo hicieron de manera no muy rigurosa.

La mitad de los clientes que no presupuestaban sintieron que mantuvieron una lista de sus ingresos y gastos en su cabeza, y que no era necesario apuntarlos. Se encontraron varios motivos por los cuales no presupuestaron, incluyendo una falta de entendimiento sobre la herramienta y un sentimiento de que presupuestar no valdría la inversión de tiempo y pensamiento. Un porcentaje significativo (el 15%) pensó que el presupuesto es una herramienta para personas con mayores ingresos, y que no era necesario para una familia de bajos recursos.

Cuadro 22
Porcentaje que elabora un presupuesto

Tiene presupuesto	33%
De los que presupuestan, % que lo cumplen	83%
No presupuesto porque conozco mis gastos e ingresos sin presupuesto	50%
No presupuesto porque no conozco el concepto	21%
No presupuesto porque no tengo tiempo escribirlo	15%
No presupuesto porque otra persona lidia con finanzas	12%
No presupuesto porque no creo que sea útil	8%
No presupuesto porque no tengo suficiente dinero	15%

La inclusión al sistema financiero también fue muy baja entre los clientes, con el resultado de que sólo el 25% de ellos cuenta con un producto financiero, primeramente, una cuenta de ahorro (el 17% del total). Para la mayoría que no está incluida en el sistema financiero, la razón más señalada era que el proceso de abrir una cuenta bancaria era demasiado complicado. Esta respuesta significa que existe el interés de ahorrar formalmente entre la población de receptores de remesas, pero el proceso y los requisitos impiden su inclusión. La otra respuesta que se dio con frecuencia era la opinión de que el cliente no tenía suficiente dinero para ahorrar en un banco o pedir un producto financiero. La frecuencia de esta respuesta señala dos opiniones que mantiene esta población. Primero, que los servicios financieros están destinados para personas de mayores recursos, y que frecuentemente conllevan requisitos de, por ejemplo, un saldo mínimo bancario muy alto. Segundo, la respuesta indica el sentimiento entre esta población de que no puede beneficiarse de un producto financiero.

Cuadro 23
Motivos por los cuales los migrantes
no realizan un presupuesto

El proceso es demasiado complicado	37%
No tiene suficiente dinero	30%
Guarda dinero en casa	11%
No conoce el concepto	7%
No necesita un producto financiero	5%
No confía en los bancos	4%
Otra razón	11%

A pesar de sus bajos niveles de incorporación en el sistema financiero formal, los receptores de remesas ahorran cantidades significativas de dinero, con un mediano de ahorros de C$5.000. Como se espera, esta cantidad varía con los niveles de ingreso y el país de recepción de la remesa. Aquellos clientes con mayores niveles de ingresos anuales tienen ahorros medianos mayores que familias de bajos ingresos. Sin embargo, la suma de los ahorros de los clientes con ingresos menores a los del ingreso mediano es de más de C$20.000.000 o casi un millón de dólares estadounidenses.

Los clientes que reciben remesas de países desarrollados tienen mayores ingresos (cuadro 24) y también tienen mayores niveles de ahorro. Personas con familia en España o Estados Unidos ahorran más del doble que personas con familia en Costa Rica, situación que de nuevo enfatiza las diferencias en la capacidad de las ganancias que tienen los migrantes en cada país y, por ende, sus familias en Nicaragua.

Cuadro 24
Estimaciones del remitente

	Cantidad de ahorros (mediana)	Total de ahorros de esta población
Ingresos anuales		
Hasta C$51.600	C$2.500	C$15.400.000
De C$51.600 a C$87.600	C$3.520	C$5.500.000
De C$87.600 a C$150.000	C$5.000	C$69.700.000
Más de C$150.000	C$10.000	C$44.300.000
Bancarización		
No tiene producto financiero	C$6.101	C$38.300.000
Tiene producto financiero	C$4.430	C$107.500.000
País de origen de la remesa		
Estados Unidos	C$6.202	C$45.700.000
Costa Rica	C$3.000	C$6.500.000
España	C$6.495	C$81.400.000
Panamá	C$4.000	C$700.000
El Salvador	C$3.000	C$40.000
Otro	C$4.350	C$3.400.000

Resultados de la educación financiera

Dentro del proyecto piloto, 10.000 personas fueron capacitadas sobre el manejo financiero, y el 55% de ellos indicó su intención de "bancarizarse" al final de la capacitación. Estos resultados muestran un gran interés y la percepción de la utilidad de incorporarse al sistema financiero. Casi la mitad afirmó su intención de tomar pasos para incorporar el manejo de finanzas del hogar en su vida diaria, incluyendo el manejo de un presupuesto y el uso de las técnicas de ahorro. El hecho de que los clientes no indicaron tanto interés en las técnicas de ahorro como en los productos financieros puede deberse al tiempo y el esfuerzo que requiere el manejo de un presupuesto. La mayoría (el 75%) de los clientes indicaron su intención de revisar los materiales del manejo financiero y conversar con su familia sobre la asesoría, mientras pocos (el 8%) rehusaron la asesoría, prefiriendo mantener sus ahorros en casa y sin un presupuesto (ver cuadro 25). La población económicamente activa (entre las edades de 20 y 60 años) demostró mayor intención de "bancarizarse" que la población más joven o mayor, mientras que los jóvenes sí indicaron estar más listos a aplicar las técnicas de manejo financiero, y los clientes mayores respondieron su intención de no cambiar con más frecuencia que los otros dos grupos.

Cuadro 25
Participación en la banca (%)

Taza de bancarización	56%
Implementación del aprendizaje	45%
Pasos iniciales	75%
No cambiará	8%

El interés en bancarizarse también incrementa con los ingresos de la persona (ver cuadro 26), posiblemente por el sentimiento de que los productos financieros pueden ofrecer más beneficios a personas de mayores ingresos. La intención de implementar el aprendizaje es muy baja entre clientes de bajos ingresos, posiblemente por niveles de estudios más bajos que impidan la aplicación de un presupuesto escrito.

Comparando los receptores de remesas que dependen el 100% de la remesa como ingreso con los que dependen menos del 100%, vemos que existe poca diferencia entre su intención de bancarizarse, aunque hay menos interés de implementar el aprendizaje entre los remesa-dependientes.

Cuadro 26
Participación en la banca por cantidades

	Hasta C$51.600	De C$51.600 a C$87.600	De C$87.600 a C$150.000	Más de C$150.000	Dependencia de menos del 100%	Dependencia del 100%
Taza de bancarización	47%	59%	63%	63%	55%	56%
Implementación del aprendizaje	33%	45%	52%	54%	48%	36%
Pasos iniciales	72%	76%	77%	78%	76%	74%
No va a cambiar	9%	7%	5%	6%	8%	6%

A pesar del alto nivel de interés demostrado por los receptores de remesas en bancarizarse, durante el proyecto piloto no fue posible acertar el número que logró abrir una cuenta bancaria en Banpro, debido a sistemas no muy fluidos dentro de esta institución. Sin embargo, ha sido el objetivo del Diálogo Interamericano obtener una taza de conversión de la mitad de las personas que expresaron interés en abrir una cuenta bancaria. En el caso de Nicaragua, podemos estimar que el 25% de los capacitados intentaron bancarizarse abriendo una cuenta de ahorros en Banpro.

El porcentaje que logró abrir su cuenta puede ser aun más bajo, debido a algunos aspectos institucionales y otros de conocimiento y costumbre del cliente que contribuyen a la baja tasa de bancarización. Específicamente, existen reglamentos, procesos y restricciones en el sistema financiero de Nicaragua que dificultan la apertura de cuentas.

Como resultado, un número alto de los clientes asesorados experimentaron una negación de la apertura de una cuenta bancaria. Entre los aspectos que impedían la incorporación al sistema financiero durante el proyecto piloto, se incluyen:

- La apertura de una cuenta podía durar entre 2 y 4 horas, cantidad de tiempo que pocas personas tenían disponible.
- El requisito oficial de una línea fija de teléfono para las dos recomendaciones. Muchos de los clientes potenciales viven en comarcas o barrios en donde desconocen a alguien con línea fija, complicando la apertura de la cuenta. En Nicaragua, sólo hay 240.000 teléfonos fijos, por lo que esto representa una restricción muy grande.
- Había cierta discrecionalidad en cada sucursal en determinar los requisitos para abrir una cuenta, con algunas sucursales exigiendo documentos adicionales de los oficialmente requeridos, por ejemplo, los recibos de servicios básicos o de remesas.
- Algunas sucursales piden tres recibos de remesas, y para la gente que recibe cada tres meses, la espera se vuelve larga.
- Varios clientes experimentaron el rechazo de documentos por llevar manchas o letras borradas, o porque la firma no es igual a la de la cédula, y porque la dirección de la cédula no es la actual.

En resumen, la cultura del sistema financiero en Nicaragua parece ser más orientada a una pequeña porción de la población que ya está mayormente integrada en este sistema y que tiene un nivel de vida bastante privilegiado. Será importante reconocer el impacto de esta cultura y comenzar a cambiarla antes de esperar que los receptores de remesas se incorporen activamente al sistema financiero.

El proyecto ha comprobado la realidad que se observó en otros países: aunque el receptor de remesa tiene poca experiencia para presupuestar su dinero, tiene una capacidad de ahorro muy importante y se adapta con la asesoría financiera. Las implicaciones de este esfuerzo piloto y su estrategia son múltiples para un país como Nicaragua, en donde más de 650.000 personas reciben remesas en sus hogares, las cuales crecieron en el año 2010. Primero, esta transferencia contribuye al crecimiento económico, ya que representa casi el 60% del ingreso total de los hogares, y contribuye a generar ahorro. Segundo, este ahorro asciende al menos a más de 200.000.000 de dólares, cantidad que en conjunto es superior a los depósitos anuales acumulados por todas las instituciones bancarias del país. La captación del 25% de ese ahorro informal equivaldría a casi el total de depósitos captados en el año 2010 por la banca. Tercero, la movilización del ahorro informal permitiría reactivar el sector productivo en la medida que el sistema financiero aumente su cartera crediticia en las zonas de alta migración, en donde están los receptores de remesas (muchos de ellos tienen una demanda de financiamiento para vivienda, construcción, mejora de casa o pequeño negocio). La movilización de un cuarto de estos ahorros para préstamos a microempresarios aumentaría la oferta crediticia significativamente en este país. Cuarto, la educación financiera en una persona fortalece su independencia económica, agregando madurez en su relación con el sistema financiero y sus finanzas diarias.

6. Consideraciones finales: en busca de más inclusión y asesoramiento financiero entre los receptores de remesas

La educación financiera ha demostrado ser una herramienta clave para incrementar el acceso a las instituciones financieras. Algunos de los factores relevantes que permiten la conversión pueden variar: entre no tener un presupuesto y ahorrar, o entre recibir remesas por años y tener residencia urbana. Otros indicadores diferencian entre los que presupuestan y los que no lo hacen. Las zonas rurales tienen una menor incidencia en la realización de un presupuesto, al igual que las personas con ingresos futuros inciertos. Además, hay un mayor porcentaje de tendencia al ahorro entre los habitantes de las ciudades, como profesores, empresarios y profesionales. Tanto los que presupuestan como los que ahorran tienden a tener ingresos más altos y reciben más remesas que aquellos que no presupuestan o ahorran.

Entre los receptores de remesas, pocos tienen un presupuesto, y aunque muchos ahorran, la mayoría de los que ahorran lo hacen de manera informal. La razón más comúnmente citada para no ahorrar en términos formales y no contar con un presupuesto es la falta de conocimiento. Esto evidencia el vacío existente que puede ser llenado por una adecuada educación financiera.

Estos hallazgos indican el tipo de clientes que podrían verse beneficiados en el futuro si contaran con una educación financiera. En concreto, las personas que viven en zonas rurales, las personas con ingresos inciertos o bajos, y los que no suelen realizar un presupuesto, se encuentran entre quienes menos participan en las prácticas financieras importantes. Como se ha señalado, más del 90% de las personas que han recibido educación financiera han comprado un producto financiero de la misma institución que les ha dado la asesoría.

En este sentido, y teniendo en cuenta los resultados y las conclusiones, es importante continuar con la educación financiera y con el asesoramiento como estrategias políticas que se centran en dos áreas: la primera, que profundiza en áreas que requieren atención e intervención (como las mujeres, las comunidades rurales y los receptores de remesas que no tienen o no hacen un presupuesto); la segunda, que permite que los esfuerzos de aquellas personas que ahorran formalmente continúen y que a la vez puedan seguir beneficiándose de una adecuada comprensión de lo que significa hacer un presupuesto. En el primer caso, la educación financiera puede ampliar sus esfuerzos por llegar más a las zonas rurales, y en especial, a mujeres con necesidades financieras y materiales. En el segundo caso, como lo sugiere la evidencia en Guatemala, la educación financiera estimula a los ahorrantes formales a conocer aun mejor todas las opciones que tienen a su disposición y que les permiten mejorar su condición financiera.

Otra área clave, no totalmente explorada en el presente documento, se refiere al papel de las alianzas en el sector privado. El análisis de los datos no incluye las diferencias entre los bancos y sucursales que reflejan el nivel de compromiso de cada institución bancaria por proporcionar un adecuado asesoramiento a los clientes. Los bancos comprometidos con la difusión de la educación financiera se encuentran entre los más exitosos, ya que logran convertir a sus clientes en titulares de depósitos bancarios. Las asociaciones públicas también contribuirían a fortalecer este enfoque de manera significativa.

Hay muchas otras lecciones aprendidas, y hay muchas áreas para perfeccionar aun más la estrategia, pero lo más importante es lograr consolidar una masa crítica interesada en el asesoramiento financiero como una herramienta clave que permite la independencia financiera de los receptores de remesas.

Capítulo 12. El futuro de la migración internacional y el efecto en los inmigrantes

Introducción

La tendencia del envío de dinero ha mostrado ciertas características asociadas con la naturaleza de las transacciones, así como con la migración misma. Estas tendencias exhiben patrones que hasta hace poco se reconocían como típicos. Sin embargo, hay una ola de cambios sociales y políticos en el entorno migratorio y de envío que es importante tener presente en vista al futuro. En este capítulo esbozamos estas tendencias.

Las transformaciones mundiales, como la creciente estandarización de precios de alimentos, la nueva revolución digital industrial, los cambios políticos, así como un ascendente nativismo, tendrán una incidencia muy fuerte sobre el futuro de la migración internacional. Esta migración mostrará un crecimiento mayor después del desaceleramiento que se ha observado en los últimos diez años. Por ello, hoy más que nunca, hay que tomar en serio la migración y actuar conforme a esta realidad, porque tendrá una manifestación diferente a los factores que históricamente han incidido sobre su crecimiento.

1. La tendencia histórica de la migración internacional

El número de migrantes en todo el mundo, estimado oficialmente en 214 millones de personas, ha mostrado un incremento tanto en los países receptores de migrantes tradicionales, así como también en otros lugares de destino menos tradicionales. De hecho, el 62% de los migrantes del mundo se encuentran en cinco bloques económicos, y el resto se dispersa entre muchos países en desarrollo intra-rregionalmente, como nicaragüenses en Costa Rica. Esta migración es parte de una ola migratoria que surgió en la década de 1970.

En los últimos cuarenta años, esta migración ha sido un subproducto de múltiples dinámicas, tales como los cambios demográficos, la feminización del trabajo, la consolidación de mercados regionales económicos, los lazos transnacionales y la estabilidad política. Por ejemplo, la disminución de la población en la mayoría de los países industrializados ha dado lugar a una mayor demanda de mano de obra extranjera, que a su vez ha motivado a las personas a emigrar. Las Naciones Unidas estiman que un promedio de 2.300.000 de personas emigrarán de países en desarrollo a los países desarrollados cada año desde el 2010 hasta el 2050. El número neto de migrantes internacionales registrará a 103.000.000 de migrantes entre 2005 y 2050, una cifra que contrarresta el exceso de muertes en partos esperadas por los países en desarrollo (74.000.000) en ese período.

También la movilidad laboral es cada vez más cambiante. Por ejemplo, se está feminizando más la movilización laboral en parte como resultado de una demanda de mano de obra femenina extranjera de bajo costo o en industrias particulares. Las mujeres están migrando cada vez más hacia los países de altos ingresos para trabajar en diversos sectores, tales como el trabajo doméstico, textil y de prendas de vestir, de entretenimiento y la agricultura. Hoy en día, representan el 50% de la población migrante total en algunos de estos sectores. Por caso, la mayoría de los migrantes del sur de Asia oriental que trabajan en Japón, Hong Kong o Singapur son cada vez más mujeres. Por otra parte, la participación de las mujeres en la migración intrarregional está aumentando a un ritmo más rápido que la de los hombres. Este es el caso de las nicaragüenses en Costa Rica: el 20% se ocupa en el trabajo doméstico y representa más del 50% de los nicaragüenses.

El crecimiento económico regional también está impulsando la demanda de mano de obra extranjera. La distribución migratoria mundial, a nivel regional, coincide sustancialmente con la distribución geográfica del producto mundial bruto. Es más, la dependencia sobre los inmigrantes como fuerza laboral ha crecido en la medida que la competitividad industrial depende de la mano de obra extranjera. Un indicador importante de una economía emergente es la demanda de mano de obra extranjera. Por ejemplo, en "mercados emergentes" notables en Asia y América Latina, en donde economías como las de China, México, Brasil, Malasia, Kazajstán, India o Costa Rica están creciendo y buscando en gran medida mano de obra migrante en tanto que sus tasas de crecimiento y de competitividad demandan una fuerza laboral mayor.

Los lazos transnacionales se han convertido en motores importantes de la migración. Uno de los resultados más significativos de la globalización y la migración ha sido la formación de familias y comunidades transnacionales, definidas como grupos o familias que mantienen relaciones y conexiones que abarcan tanto el hogar como las sociedades anfitriones. En tanto que los vínculos entre las familias permanecen, particularmente mediante el uso de la tecnología, el costo de migrar y permanecer en contacto está facilitando la movilidad laboral. Por otra parte, las personas están ampliando sus vínculos económicos para operar a través de las economías de los países de origen y de destino, promoviendo la interdependencia de la mano de obra migrante.

Como se mencionó en el primer capítulo, la *estabilidad política* es otra característica que influye en la migración. Los países que son más estables políticamente y disfrutan de esa estabilidad durante largos períodos de tiempo tienen una emigración más baja que aquellos países con mayores niveles de inestabilidad.

2. Lo que ocurre actualmente

Aunque la dinámica migratoria ha continuado con cierto ritmo de crecimiento, hay nuevas realidades que inciden sobre la forma en que la gente estará saliendo. En este momento, la migración internacional ha entrado en un proceso de desaceleración en su crecimiento, en parte explicado por un movimiento fuertemente antiinmigracionista, de naturaleza nativista, que ha expulsado a inmigrantes o los ha desmotivado.

Sin embargo, en el largo plazo, hay tendencias que girarán en torno al aumento de la migración. La desaceleración actual está también asociada con un proceso cíclico que se inicia en los años 1970, en donde las olas migratorias están ligadas con cambios en procesos económicos como la creciente demanda de mano de obra trabajadora en la zona exportadora de petróleo o en las actividades de manufactura textil, y posteriormente, en la industria hospitalaria.

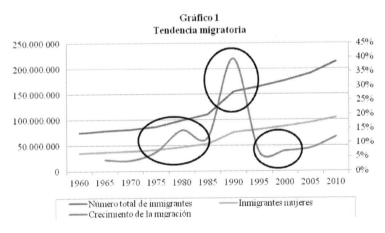

Gráfico 1
Tendencia migratoria

3. La naturaleza del futuro crecimiento migratorio

Nuestro mundo actual forma parte de una ola del futuro que enfrenta lo que Sigmund Bauman llama "la era de los tiempos líquidos". Una condición por la cual nuestras vidas funcionan a una velocidad tan rápida que no permite el suficiente tiempo para que nuestras actividades sociales se solidifiquen y creen estructuras nuevas cuando emergen otros procesos sociales que sustituyen lo anterior. Mientras tanto, nuestros valores se ven cada vez más comprometidos por urgencias y necesidades cambiantes. Esta vida líquida define *la era de la revolución* industrial digital. Esta revolución se caracteriza por la forma en que la producción opera de manera más descentralizada, que incluye la satisfacción de gustos complejos y operaciones de producción con fuerte demanda de mano de obra extranjera ubicada en muchos centros económicos, con una generación de gentes que mantiene una identidad e individualidad de múltiples formas de expresión y ser. Este contexto está influyendo en la ola migratoria del futuro junto con otras dinámicas.

Tal contexto viene acompañado de cambios coyunturales que incluyen la desaceleración demográfica, una mayor integración económica mundial en el tiempo y el espacio de bienes y servicios, el aumento de las amenazas globales procedentes de redes de delincuencia organizada (tal como el narcotráfico), y una creciente estandarización de un costo global de vida en donde los precios de productos básicos están mostrando costos similares en todo el mundo, de tal modo que la vida de aquellos con más limitaciones se vuelve más difícil, y la presión a emigrar aumenta.

También nos enfrentamos a cambios en la dinámica de género, en donde las mujeres están asumiendo cada vez más puestos gerenciales y están adquiriendo índices más altos de educación que los hombres. Esto ha dado como resultado una mayor demanda de mano de obra calificada. Las mujeres que estudiaron en los años 1980 carreras administrativas y ejecutivas hoy en día están cotizadas altamente en la medida que la competitividad en la era actual depende más de los métodos gerenciales que de la producción misma. Esto se refleja en que el porcentaje de mujeres migrantes con estudios universitarios es mayor que el de hombres. Eso no sustituye la tendencia de que la fuerza laboral femenina continúa concentrada en los servicios de hospitalidad, sin embargo, la tendencia hacia mayor participación femenina en la migración y de mayor calificación se está observando desde la primera década del siglo XXI.

Cuadro 1
Inmigrantes con estudios universitarios por sexo (%)

	Mujer	Hombre
España	36	31
Italia	42	38
Francia	31	34
Estados Unidos	27	22

Fuente: encuestas realizadas por el autor (2009).

Igualmente, se observa un cambio político trascendental coyuntural con el que nos acercamos al final de las transiciones democráticas iniciadas en los años 1970, situación que resalta una serie de incertidumbres acerca de lo que esté por venir. Las coyunturas políticas a nivel mundial están creando vacíos de poder ante la ausencia de reemplazo de cuadros políticos que han gobernado en los últimos treinta años. Esta situación no sólo se refiere a la guerra y la violencia que ocasionan los flujos de refugiados, sino que además incluye la posibilidad de anarquía política y la creciente amenaza de la delincuencia organizada transnacional que ha provocado temor entre la gente. En esto último, los principales países en donde se origina la migración latinoamericana son también aquellos entre los cuales hay altas tasas de homicidio.

Cuadro 2
Tasa diaria de homicidios en Centroamérica

País	2000	2001	2002	2003	2004	2005	2006	2007	2008	2009	2010
Belice	0	0	0	0	0	0	0	0	0	0	
Costa Rica	1	1	1	1	1	1	1	1	1	1	1
El Salvador	7	7	6	7	8	10	11	10	9	9	9
Guatemala	9	9	10	12	13	15	17	16	18	19	15
Honduras	9	10	12	12	6	7	9	10	12	12	17
Nicaragua	1	1	1	2	2	2	2	2	2	2	2
Panamá	1	1	1	1	1	1	1	1	2	2	2
Centroamérica	28	29	32	34	31	37	41	40	44	46	

Fuente: UNDP, *Freedom House.*

Otra dinámica emergente consiste en los cambios en el crecimiento económico regional, los cuales están generando nuevas demandas de mano de obra extranjera. Los mercados emergentes en América Latina, tales como el de Brasil, Costa Rica, México, Argentina y Venezuela, se apoyan cada vez más en mano de obra migrante.

Los vínculos transnacionales no sólo continúan, sino también se han convertido en importantes impulsores de la migración y el desarrollo con mayor intensidad. Uno de los resultados más importantes de la globalización y la migración ha sido la formación de familias y comunidades transnacionales, definidas como grupos o familias que mantienen relaciones y conexiones con su hogar o país de origen y las sociedades de acogida. La vinculación económica de los inmigrantes con su país de origen se expresa en al menos cuatro prácticas que implican gasto o inversión: 1) las remesas familiares; 2) la demanda de bienes de consumo, los servicios de telecomunicaciones o de viaje; 3) la inversión de capital; y 4) las donaciones a organizaciones filantrópicas que recaudan fondos para las comunidades de origen de los migrantes. En el año 2007, por ejemplo, el nivel de relaciones económicas de los inmigrantes en la zona de la Unión Europea fue superior a 150.000 millones. Estas actividades están creciendo en intensidad y diversidad, de manera que se están constituyendo en prácticas generalizadas con incidencia en las sociedades.

Cuadro 3
Intercambio económico de los inmigrantes en la Unión Europea (2007)

	Migración	Remesas	Comercio de la nostalgia	Donaciones	Inversiones
Este de Asia y el Pacífico	2.514.845	9.045.645.130	1.603.213.688	75.445.350	628.711.250
Europa y Asia Central	21.492.903	58.793.771.294	13.701.725.663	644.787.090	5.373.225.750
Latinoamérica y el Caribe	3.612.577	10.809.719.436	2.303.017.838	108.377.310	903.144.250
Medio Oriente	5.687.140	15.798.504.791	3.625.551.750	170.614.200	1.421.785.000
Norte de África	783.781	11.801.240.998	499.660.388	23.513.430	195.945.250
Sudeste asiático	1.987.553	8.337.859.719	1.267.065.038	59.626.590	496.888.250
África Subsahariana	3.844.638	9.653.208.600	2.450.956.725	115.339.140	961.159.500
Total	39.923.437	124.239.949.967	25.451.191.088	1.197.703.110	9.980.859.250

Fuente: estimación elaborada por el autor.

Otra razón determinante en la migración, y por ende en las remesas, es ambiental. La migración de México, Centroamérica y el Caribe, por ejemplo, está cada vez más determinada por los desastres naturales. En promedio,

México y Centroamérica experimentan un desastre natural grande cada año. Los desastres naturales son una amenaza real para la seguridad económica y humana en toda la región, debido a su frecuencia e intensidad. Por esta razón, los huracanes, los terremotos y las inundaciones en la región han actuado como factores desencadenantes de la migración interna e internacional.

Cuadro 4
Desastres naturales en países selectos de América Latina y el Caribe, 2000-2010

País	Número de desastres, 2000-2010							
	Terremoto	Inundación	Huracán	Erupción volcánica	Sequía	Derrumbe	Dengue	Suma
	Porcentaje de todos los desastres							Número
México	14,3	21,4	46,4	3,6	0	0	14,2	28
El Salvador	15	25	40	5	10	0	5	20
Guatemala	15,8	21,1	21,1	10,5	15,8	10,5	5,3	19
Honduras	15,8	21,1	31,6	0	10,5	0	21,1	19
Nicaragua	15,4	23,1	30,8	0	7,7	7,7	15,4	13

Fuente disponible en línea: http://www.glidenumber.net/glide/public/search/search.jsp?nStart=

Finalmente, una tendencia predominante y distribuida a nivel global es la creciente estandarización de los precios alimenticios y los costos de vida. Esta situación no sólo está haciendo más cara la vida, sino también tiene un efecto directo sobre la calidad de vida en países pobres. Tanto el precio del petróleo como el de huevos, arroz y otros granos básicos o el del vestuario están exhibiendo precios similares en todo el mundo, sea Haití, Costa Rica, Suecia, Estados Unidos o Australia. Por ejemplo, el precio de una docena de huevos a nivel mundial oscila entre 1,3 dólares en países como Haití y 2,20 dólares en Suecia, mientras que los salarios de aquellos que viven en Haití o Jamaica son inferiores a los

300 dólares, contra los 4.000 dólares de quien vive en Suecia. El efecto que esta estandarización con desigualdad salarial crea es un desequilibrio que empuja a la gente a emigrar.

Estas realidades van emergiendo dentro de un contexto bastante adverso que a menudo falla en reconocer sus complejidades. Entre estas complejidades, se identifica una fuerte vulnerabilidad económica y política entre los inmigrantes, así como un enérgico sentimiento y accionar antiinmigracionista, que ha desembocado en tonos violentos a escala mundial.

Los inmigrantes suelen ser típicamente *personas de valores y virtudes importantes* de las cuales sabemos muy poco; éstas incluyen *la solidaridad, la compasión, la lealtad a la obligación para con la familia y un deseo voluntarioso de arrepentirse y pagar sus deudas con la sociedad anfitriona.* Como hijos, compañeros y padres, los inmigrantes cumplen con obligaciones importantes relacionadas con el cuidado de sus familias; como miembros de sus comunidades inmigrantes son personas espiritualmente compasivas, con valores religiosos de respeto a su fe y a los demás, y comprometidas con su comunidad en solidaridad con su país de origen.

Sin embargo, son débiles. *Los inmigrantes son económicamente pobres, marginados y, a menudo, ilegales.* Ellos están en el segmento de ingresos más bajos de la sociedad. En los Estados Unidos, sus ingresos promedio son inferiores al promedio nacional en un 30%, trabajando en múltiples ocupaciones, desde la construcción hasta el trabajo de limpieza. Irónicamente, algunos "expertos en desarrollo" esperan que un inmigrante haitiano contribuya al desarrollo y a la reconstrucción de su patria cuando gana en un año lo que el "¡experto mismo gana en sólo un mes!"

Políticamente, los inmigrantes son en su mayoría privados de sus derechos, ya que muy pocos se han integrado en sus sociedades anfitrionas y votan. De los 40.000.000 de inmigrantes en los EE.UU., menos del 30% son ciudadanos naturalizados, y cerca de la mitad de ellos son votantes activos. Aunado a lo anterior, los inmigrantes son sujetos de graves campañas discriminatorias, muchas veces basadas en suposiciones y actitudes ajenas a su experiencia personal e integridad. El resultado es que los temas que importan y que son discutidos en los altos círculos políticos a menudo olvidan tomar en cuenta a los migrantes.

4. La transformación global y el movimiento nativista

El mundo entero está experimentando una especie de metamorfosis kafkiana. La vida se está volviendo más compleja, híbrida en términos culturales y raciales, pero la resistencia al cambio ha producido un fuerte movimiento antiinmigrante y nativista desde principios de los años 1990. Se están promulgando leyes en todo el mundo contra los inmigrantes, legales e ilegales, y las deportaciones y persecuciones se han incrementado. En los EE.UU., desde el año 2003, casi 3.000.000 de inmigrantes ilegales han sido deportados, pero aún el discurso y el debate continúan apuntando a 12.000.000 de ilegales, aunque sólo por motivos de la deportación el número ha disminuido. En Rusia, la policía local busca perfiles y escoge como blanco a los tayikos moldavos, dependiendo de su piel y formación religiosa. Francia ha seguido el ejemplo al denegar los derechos de los inmigrantes musulmanes a reunirse o usar ropa indígena. En otros países, el derecho a ser ciudadano es denegado a menos que haya pasado por contigüidad sanguínea. Este fenómeno no es exclusivo de Europa, Rusia o Estados Unidos. Los haitianos nacidos en República Dominicana de padres haitianos, por ejemplo, no pueden obtener la nacionalidad dominicana porque la Constitución se los prohíbe.

Cuadro 5

Deportaciones de inmigrantes mexicanos y centroamericanos

Año	1995	2000	2001	2002	2003	2004	2005	2006	2007	2008	2009	2010
México	34.662	151.267	150.762	122.058	155.812	175.865	169.031	186.726	208.996	246.851	465.205	282.003
Belice	71	170	185	178	179	202	219	211	233	218	244	253
Costa Rica	43	328	392	376	514	599	676	795	655	687	699	522
El Salvador	1.932	4.736	3.928	4.066	5.561	7.269	8.305	11.050	20.045	20.031	20.849	19.809
Guatemala	1.763	4.543	4.716	5.396	7.726	9.729	14.522	20.527	25.898	27.594	29.661	29.378
Honduras	1.931	4.768	4.548	4.946	8.182	8.752	15.572	27.060	29.737	28.851	27.293	24.611
Nicaragua	376	513	526	468	820	947	1.292	2.446	2.307	2.250	2.176	1.847
Panamá	90	154	157	163	162	188	187	209	185	192	200	183
Centroamérica	6.206	15.212	14.452	15.593	23.144	27.686	40.773	62.298	79.060	79.823	81.122	76.603

Fuente: *Yearbook of Immigration Statistics 2009*, Department of Homeland Security. Estas cifras no incluyen los cruces ilegales de fronteras, que debe ascender a 30.000 para América Central.

El debate actual sobre la inmigración es significati-vamente unilateral, lo que refleja un fuerte sentimiento antiinmigrante, en lugar de motivar un debate saludable sobre las oportunidades y los retos de la inmigración en los Estados Unidos. La discusión está utilizando la retórica de la seguridad y la legalidad como una forma de defender una ideología nativista que aboga por una sociedad solamente inglesa y estadounidense homogénea, como que si la "cultura" fuera el "peligro actual y presente" en Estados Unidos. Esta unilateralidad no se debe sólo a la movilización de los grupos, sino también a la falta de una oposición que infunda respeto. Existe un compromiso político asimétrico, sobre todo porque los movimientos progresistas están poco movilizados para apoyar una defensa sólida en materia de inmigración. La mayoría de los grupos no están aún seguros sobre la forma de enmarcar un debate sobre la inmigración, a falta de una agenda política de fondo. Por otra parte, la naturaleza "interméstica" de la migración no se integra a la discusión bajo ningún contexto. En concreto, el actual debate esconde realidades políticas que impiden una participación fructífera en cuanto a qué discutir y cómo resolverlo.

Fuentes

"Base de datos de la migratoria global", Centro de Investigación de Desarrollo de la Migración, Globalización y Pobreza, versión IV, marzo de 2007. Disponible en línea: http://www.migrationdrc.org/

Datos compilados por el autor del Banco Mundial en colaboración con DMA. Los datos representan 76 países que recibieron remesas entre los años 2008 y 2010.

Datos compilados por Guadalupe Ortigoza, Elisabeth Burgess, Tim Cheston, Jessica Brackett, Eugenia García-Zanello y Maite Hostetter, entre septiembre de 2009 y junio de 2010.

Encuesta del BID realizada por Bendixen y Asociados en el año 2007.

Entrevista con Sonia Pellecer, OIM-Guatemala.

Oficina del Censo de los Estados Unidos (2006), *American Community Survey.*

Orozco, Manuel (2007), "Estimating Global Remittance Flows: A Methodology", *Sending money home: Worldwide remittance flows to developing countries,* Washington / Roma, IAD and IFAD.

Orozco, Manuel (2007), *Encuesta realizada a migrantes latinoamericanos.*

Orozco, Manuel (2008 y 2009), *Encuesta suplementaria de migrantes latinoamericanos.*

Orozco, Manuel (2008), *Encuestas de hogares realizadas en cada país.*

Orozco, Manuel (2010 y 2011), *Proyectos de alfabetización financiera en Guatemala y Nicaragua.*

Orozco, Manuel (2010), *Análisis de la encuesta sobre vulnerabilidad de las familias rurales realizada por la Asociación Mexicana de Uniones de Crédito del Sector Social A.C. en el 2008*, Washington DC, Estados Unidos, The Inter-American Dialogue, 15 de enero de 2010.

Orozco, Manuel (s/r), *Entrevistas realizadas con catorce gobiernos africanos*, Proyecto FFIAPP.

Orozco, Manuel y Mariellen Jewers (2010), *Diásporas calificadas: ¿una comunidad real o imaginada? Comprender las implicaciones políticas*, s/r, mayo de 2010. Encuesta de datos recopilados por el autor entre 2007 y 2010.

REFERENCIAS BIBLIOGRÁFICAS

"Access to Finance: What Does it Mean and How do Savings Banks Foster Access", en *Perspectives*, núm. 49, enero de 2006.

Adams, Richard (2004), *Remesas y pobreza en Guatemala*, Documento Investigativo de Trabajo sobre Políticas del Banco Mundial, núm. 3.418, Washington DC, Banco Mundial.

Adams, Richard y John Page (2005), "El impacto de la migración internacional y las remesas en la pobreza", en Samuel Munzele Maimbo y Dilip Ratha (eds.), *Remesas: impacto en el desarrollo y prospectos futuros*, Washington DC, Banco Mundial.

AECID. Disponible en línea: <http://www.aecid.es/>.

Álvarez Aragón, Virgilio; Julia Gonzáles Decas y Cristhians Manolo Castillo (2006), *Remesas y mercado de servicios: estudio de caso Salcaja, Quetzaltenango*, Washington DC, Inter-American Dialogue.

Andrade-Eekhoff, Katharine y Xenia Ortiz (2006), *Más allá del río de plata llamado remesas familiares: un vistazo al hábitat de la economía local y la inversión social en el caso de Suchitoto, El Salvador*, Washington DC, Inter-American Dialogue.

Azam, Farooq (2005), "Public Policies to Support International Migration in Pakistan and the Philippines" y "Managing Migration: Lessons from the Philippines",

Arusha Conference, "New Frontiers of Social Policy", 12 a 15 de diciembre de 2005.

Basu, Susanto (1999), *Procyclical Productivity: Increasing Returns or Cyclical Utilization?* NBER documento de trabajo núm. 5.336, Cambridge, National Bureau of Economic Research.

Beck, Thorsten y Augusto de la Torre (2006), "Análisis básico de acceso a servicios Financieros", documento investigativo de trabajo sobre políticas del Banco Mundial, núm. 4.026, 1 de octubre de 2006. Disponible en línea: <http://ssrn.com/abstract=934963>.

BID (2007), s/r.

Cox-Edwards, Alejandra y Manuelita Ureta (2003), "International Migration, Remittances, and Schooling: Evidence from El Salvador", *Journal of Development Economics*, vol. 72, núm. 2, pp. 429-62.

Departamento Administrativo de Ciencia, Tecnología e innovación (Colciencias). Disponible en línea: <http://www.colciencias.gov.co/web/internacional/home>.

Disponible en línea: <htp://www.mindiaspora.am/en/Activities_2010>.

Disponible en línea: <http://www.alwatan.ma/html/FHII/Presentation.html>.

Disponible en línea: <http://remittanceprices.worldbank.org/>.

Disponible en línea: <http://tindallfoster.com/immigrationresources/immigrationinthenews/MexicoWorriesAboutItsSouthBorder.pdf>

Disponible en línea: <http://www.bnr.rw/event.aspx?id=30>.

Disponible en línea: <http://www.focus-migration.de/Morocco.5987.0.html?&L=1>.

Disponible en línea: <http://www.gob.mx/wb2/egobierno/egob_grupo_beta>.

Disponible en línea: <http://www.navtec.gov.pk/webpages/aboutus.html>.

Disponible en línea: <http://www.profeco.gob.mx/html/envio/envio.htm>.

Disponible en línea: <http://www.pubmedcentral.nih.gov/articlerender.fcgi?artid=1955379>.

Disponible en línea: <http://www.sedi.oas.org/ddse/english/cpo_trab_quebec.asp>.

Disponible en línea: <http://www.sl.undp.org/projectoverview.htm>.

Disponible en línea: <www.sendmoneyhome.org>.

Egüez, Pilar y Alberto Acosta (2006), *Economía local y remesas en América Latina: el caso de Catamayo, Ecuador*, Washington DC, Inter-American Dialogue.

Ellerman, David (2003), *Policy Research on Migration and Development*, documento de trabajo de investigación, núm. 3.117, Banco Mundial, agosto de 2003.

García Zamora, Rodolfo (2006), *Economía local y remesas en América Latina: el caso de Jerez, Zacatecas*, Washington DC, Inter-American Dialogue.

Goldstein, Josh (s/r), "Cuba & Remittances: Can the 'Money in the Mail' Drive Reform?", Center for Financial Inclusion. Disponible en línea: <http://centerforfinancialinclusionblog.wordpress.com/2011/02/01/remittances-a-key-driver-of-economic-reformin-cuba/>.

Hain de Haas (2008), *Migración y desarrollo*, s/r.

Hamilton, Eve y Manuel Orozco (2006), *Remittances, Diasporas, and Economic Development*, Report prepared for USAID, Washington DC, Chemonics International.

Hanson, Gordon y Christopher Woodruff (2003), *Emigration and Educational Attainment in Mexico*, Working Paper, San Diego, University of California.

Hendrix, Steve y Pamela Constable (2005), "Lifeline to a devastated Guatemala", *The Washington Post*, 23 de octubre de 2005, p. A01.

Hoffman, Karen (2010), "The Sudden Allure of P2P", *Digital Transactions*, febrero de 2010, pp. 24-29.

Horrigan, John (2009), *Wireless Internet Use*, s/r, Pew Internet and American Life.

Institute for the Study of International Migration (s/r), *Development in Latin America and the Caribbean*, Washington DC, Georgetown University.

Inter-American Dialogue. Disponible en línea: <www.the-dialogue.org/page.cfm?pageID=80>.

International Organization for Migration and the Vice-President of Guatemala (2006), *Encuesta sobre remesas 2006: inversión en salud y educación*, Cuaderno de Trabajo sobre Migración, núm. 23, Ciudad de Guatemala, IOM-Guatemala.

IOM (2007), *Cuaderno de Trabajo 2007*, s/r.

IOM-Costa Rica. Disponible en línea: <http://www.iom.int/jahia/Jahia/activities/americas/central-america-and-mexico/costa-rica>.

IOM-Guatemala. Disponible en línea: <http://www.iom.int/jahia/Jahia/media/press-briefing-notes/pbnAM/cache/offonce?entryId=25318>.

Jacob, Katy; Orozco Manuel y Tescher Jennifer (2007), *Card-Based Remittances: A Closer Look at Supply and Demand*, s/r, The Center for Financial Services Innovation.

Levitt, Peggy (2001), *The Transnational Villagers*. Los Ángeles, University of California Press.

López-Córdova, Ernesto (2005), *Globalization, Migration and Development: The Role of Mexican Migrant Remittances*, Washington DC, Inter-American Development Bank.

Mas, Ignacio y Dan Radcliffe (2010), *Mobile Payments Go Viral: M-PESA in Kenya*, s/r, Bill and Melinda Gates Foundation.

McAdam, Paul (2010), "My Phone is Still Smarter than Yours", *eComAdvisors presentation at NACHA Electronic Payments Association conference*, Seattle, WA, 27 de abril de 2010.

Menjívar, Cecilia (2002), "The Ties that Heal: Guatemalan Immigrant Women's Networks and Medical Treatment", *International Migration Review*, vol. 36, núm. 2.

Millis, Bryanna; Manuel Orozco y Zaki Raheem (2008), "Análisis de datos sobre remesas: consideraciones prácticas sobre el diseño de la investigación y administración", *Microreporte*, núm. 119.

Ministerio de Finanzas. Disponible en línea: <http://supernet.superfinanciera.gov.co>.

Mittelman, James H. (2000), *The Globalization Syndrome: Transformation and Resistance*, Princeton, Princeton University Press.

Oficina del Censo de los Estados Unidos (2008), s/r.

OIM *et al.* (2006), s/r.

Orbe, Mauricio (2006), *Capacidad de las remesas*, Quito, Ecuador, Inter-American Dialogue.

Orozco, Manuel (2006), "Consideraciones conceptuales, desafíos empíricos y soluciones para la medición de remesas", reporte presentado al Centro de Estudios Monetarios Latinoamericanos (CEMLA) durante la reunión en México DF del 1 de septiembre de 2005, marzo de 2006.

Orozco, Manuel (2006a), *Between Hardship and Hope: Remittances and the Local Economy in Latin America*, Report commissioned by the Multilateral Investment Fund of the Inter-American Development Bank, Washington DC, Inter-American Dialogue.

Orozco, Manuel (2006b), *Understanding the Remittance Economy in Haiti*, Report commissioned by the World Bank, Washington DC, World Bank.

Orozco, Manuel (2007), "Central American Diasporas and Hometown Associations", en Barbara J. Merz, Lincoln C. Chen y Peter F. Geithner (eds.), *Diasporas and Development*, Cambridge, Harvard University Press.

Orozco, Manuel (2007), "Migrant Foreign Savings and Asset Accumulation", en Caroline O. N. Moser (ed.), *Reducción de la pobreza global: el caso de la acumulación de activos*, Washington DC, Brookings.

Orozco, Manuel (2007), *Worker Remittances and the Financial Sector: Issues and Lessons in the South Caucasus*, Report commissioned by the European Bank for Reconstruction and Development in cooperation with Bendixen and Associates, 25 de junio de 2007.

Orozco, Manuel (2008), "Tasting Identity", *Micro NOTE #56*, Washington DC, United States Agency for International Development, septiembre de 2008.

Orozco, Manuel (2008), *Planting the Seeds of Financial Inclusion: Financial Literacy for Remittance Recipients in Moldova*, Budapest, Interational Labour Organisation, junio de 2008.

Orozco, Manuel (2009), "Asegurando futuros: el interés de inversión y estrategia de comercialización para los salvadoreños en el exterior", s/r, 7 de mayo de 2009.

Orozco, Manuel (2009), "In Search of Policy Options and Solutions: Family Remmitances, Diaspora Partnerships and Development Opportunities", s/r, 9 de noviembre de 2009.

Orozco, Manuel (2009), *On Diasporas and Development in the Global Era*, Inter-American Dialogue, Grupo de Trabajo 4, Euromed, Sesión 4, 5 de mayo de 2009.

Orozco, Manuel (2010), *Análisis de la encuesta sobre vulnerabilidad de las familias rurales realizada por la*

Asociación Mexicana de Uniones de Crédito del Sector Social A.C. en el 2008, Washington DC, Estados Unidos, The Inter-American Dialogue, 15 de enero de 2010.

Orozco, Manuel (2011), *Migration and Development in National Policy: Issues, Instruments and Lessons Learned*, Kosovo, Banco Mundial, enero de 2011.

Orozco, Manuel (s/r), "América Central: remesas y variables macroeconómicas", s/r.

Orozco, Manuel y B. L. Lowell (2005), *Transnational Engagement, Remittances and their Relationship to Development in Latin America and the Caribbean*, Institute for the Study of International Migration, Washington, Georgetown University.

Orozco, Manuel y Katryn Hansing, "Black and Hispanic Studies at Baruch College", *Palabra Nueva*, núm. 209, 2 de mayo de 2011. Disponible en línea: <http://www.palabranueva.net/contens/pag_segmento1.html>.

Orozco, Manuel; Elisabeth Burgess; Nancy Castillo y Landen Romei (2010), "Remittances and Development: Financial Literacy in an International Perspective", Washington DC, Inter-American Dialogue. Paper presented at the Inter-American Development Bank's Multilateral Investment Fund's "Remesamericas 2010, Remittances for the Future", en Mexico City, 6 de mayo de 2010.

Orozco, Manuel; Katy Jacob y Jennifer Tescher (2007), *Card-Based Remittances: A Closer Look at Supply and Demand*, Chicago, The Center for Financial Services Innovation, febrero de 2007.

Peachey, Stephen y Alan Roe (2006), *Acceso a las finanzas: ¿qué significa y cómo los bancos de ahorro promueven el acceso?*, Bruselas, Instituto Mundial de Ahorro.

Reifsteck, Jill (2006), *Remittances and the Local Economy in May Pen, Jamaica*, Report commissioned by the

Inter-American Dialogue, Washington DC, Inter-American Dialogue.

Robinson, William I. (s/r), "Transnational Processes, Development Studies and Changing Social Hierarchies in the World System: a Central American Case Study", *Third World Quarterly*, vol. 22, núm. 4, p. 529.

Ruiz, Neil G. (2008), "Migration and Remittances Team", *Migration and Development Brief*, núm. 66, Development Prospects Group, The World Bank, 11 de agosto de 2008, p. 200.

Strauss, John y Duncan Thomas (1995), *Empirical Modeling of Household and Family Decisions*, Paper núm. 95-12, Reprint Series, Santa Monica, RAND.

UNESCO (2004), *Statistics in Brief: Education in Guatemala*. Disponible en línea: www.uis.unesco.org/profiles/EN/EDU/countryProfile_en.aspx?code=3200 [acceso: 17 de enero de 2007.

UNESCO (2006), s/r.

World Bank (2006), *World Development Indicators*, Washington DC, World Bank.

Made in the USA
Lexington, KY
27 May 2014